Kein Tag der deutschen Einheit
17. Juni 1953

Thomas Flemming

Kein Tag der deutschen Einheit **17. Juni 1953**

be.bra verlag
berlin.brandenburg

Die Deutsche Bibliothek – CIP-Einheitsaufnahme
Ein Titelsatz für diese Publikation ist bei der
Deutschen Bibliothek erhältlich.

© be.bra verlag GmbH, Berlin-Brandenburg, 2003
KulturBrauerei Haus S,
Schönhauser Allee 37, 10435 Berlin
info@bebraverlag.de
www.bebraverlag.de
Lektorat: Gabriele Dietz, Berlin
Gestaltung: Farnschläder & Mahlstedt, Hamburg
Schrift: Excelsior 9/11,5 pt.
Lithografie: bildpunkt, Berlin
Druck und Bindung: Friedrich Pustet, Regensburg
Alle Rechte vorbehalten.

ISBN 3-89809-038-8

Umschlagfotos

Vorne oben: Demonstranten am Nachmittag des
17. Juni 1953 in der Leipziger Straße in Berlin.
Landesarchiv Berlin

Vorne unten: Stahlarbeiter aus Hennigsdorf am
Morgen des 17. Juni auf dem Weg ins Zentrum Berlins.
West-Berliner Polizei eskortiert sie bei ihrem Marsch
durch den französischen Sektor. *Archiv der sozialen
Demokratie der Friedrich-Ebert-Stiftung, Bonn*

Umschlagrückseite: Russische Panzer am 18. Juni
an der Ecke Bernauer/Rheinsberger Straße in Berlin.
Landesarchiv Berlin

Inhalt

Vorwort

Der 17. Juni 1953 war ein entscheidendes
Ereignis in der Geschichte der DDR und be-
einflusste deren weitere Entwicklung nach-
haltig. Aus einem Streik Berliner Bauarbeiter gegen Normerhöhungen entwickelte sich
innerhalb weniger Stunden eine Aufstandsbewegung, die nahezu die gesamte DDR erfasste und die SED-Herrschaft ins Wanken
brachte. Auf dem Höhepunkt des Geschehens waren mehr als eine Million Menschen
auf den Straßen, um soziale Verbesserungen
und politische Freiheiten zu fordern.
Gefängnisse und Parteibüros wurden gestürmt; an einigen Orten bildeten die Aufständischen bereits neue Stadtregierungen.
Nur durch das militärische Eingreifen der
sowjetischen Besatzungsmacht konnten sich
die SED und Walter Ulbricht an der Macht
halten.

Die politische und wirtschaftliche Lage
in der DDR hatte sich dramatisch zuge-
spitzt, seit Ulbricht im Juli 1952 den »beschleunigten Aufbau des Sozialismus« verkündet hatte. Der 17. Juni bildete den Höhepunkt dieser Krise, deren prominentestes
Opfer Ulbricht selbst zu werden schien.
Doch es kam anders, nicht zuletzt wegen
der internationalen politischen Lage.

Neben einer ausführlichen Schilderung
der Ereignisse versucht dieses Buch, die verschiedenen Akteure und politischen Ebenen
zu beleuchten, die Entstehung und Verlauf
der ersten Volkserhebung im sowjetischen
Herrschaftsbereich beeinflussten. Dabei ist
nach dem Charakter des 17. Juni ebenso zu
fragen wie nach den Folgen für die politischen Verhältnisse in der DDR.

Bei meiner Arbeit an diesem Projekt
habe ich vielfältige Unterstützung erhalten.
Zu danken habe ich den Mitarbeitern der
genutzten Archive, die mir bei der Beschaf-
fung einschlägigen Quellenmaterials halfen.
Des weiteren danke ich namentlich Ernst
Kretzschmar (Görlitz) und Hermann Hunger
(Frankfurt a. M.) für die Vermittlung des
Kontakts zu zahlreichen Zeitzeugen. Den
Gesprächen mit Michael W. Wolff, Peter
Strunk und Gerhard Weiduschat verdanke
ich viele nützliche Anregungen und Hin-
weise.

Gabriele Dietz hat als Lektorin den Fortgang der Arbeit mit großer Kompetenz und
unermüdlichem Engagement begleitet.

Mein besonderer Dank für eine frucht-
bare Zusammenarbeit gilt Hans von Bres-
cius vom Sender Freies Berlin sowie Artem
Demenok, Andreas Christoph Schmidt und
Sergej Michounine von ConCord-Fernseh-
filme, Berlin. Insbesondere mehrere Zeit-
zeugen-Interviews wurden mir von ihnen
freundlicherweise zur Verfügung gestellt.

Thomas Flemming
November 2002

Zwei Tage im Juni

Es war ein Feiertag für die einen und ein Arbeitstag für die anderen. Wobei diejenigen, die am 17. Juni 1953 in der DDR demonstriert hatten, immer arbeiten mussten, während die anderen, die aus sicherer Ferne zugesehen hatten, frei bekamen und gedenken durften oder ins Grüne fuhren.

Berlin, Baustelle Krankenhaus Friedrichshain

Ein Demonstrationszug von mehreren hundert Menschen bewegt sich am Vormittag des 16. Juni 1953 auf der Straße Unter den Linden in Richtung Brandenburger Tor. Es sind Bauarbeiter von der Ost-Berliner Stalinallee und dem Krankenhaus Friedrichs-

hain, die in lockeren Zehnerreihen die gesamte Breite des Prachtboulevards einnehmen.

In ihren Gesichtern spiegelt sich eine ruhige Entschlossenheit, keinerlei Zeichen von Angst oder Fanatismus. Auf einem eilig gemalten Transparent ihre Forderung: »Normensenkung«. Auch in Sprechchören wird immer wieder die Rücknahme der von der SED-Führung drei Wochen zuvor verfügten Normerhöhungen verlangt. Doch schon bald kommt ein anderer Ton dazu: »Kollegen reiht euch ein, wir wollen freie Menschen sein!«

Das Maß ist voll: Am Morgen des 16. Juni ziehen Ost-Berliner Bauarbeiter zum Sitz der DDR-Regierung, um die Senkung der Arbeitsnormen zu erzwingen.

DDR-Regierungschef Otto Grotewohl wird kurz nach 10 Uhr ein alarmierender Zettel auf den Schreibtisch gelegt: »Der Demonstrationszug der Bauarbeiter befindet sich gegenwärtig Unter den Linden und bewegt sich in Richtung Leipziger Straße auf die zentralen Regierungsgebäude zu. Die Sprechchöre sind ... aggressiver geworden. Es sollen Einzelrufe laut geworden sein wie: Nieder mit der Arbeiterregierung!«[1] Vielen SED-Leuten fährt an diesem Vormittag ein gehöriger Schreck durch die Glieder. Arbeiter gegen die Arbeiterregierung – das passt so gar nicht in ihr fest gefügtes Weltbild, in dem der Feind im Westen steht, angeführt von Monopolkapital und »imperialistischen Kriegstreibern«.

Kurz vor dem Brandenburger Tor biegt der Demonstrationszug ab in Richtung Haus der Ministerien, dem Sitz der DDR-Regierung. Die dort postierten Volkspolizisten ziehen sich angesichts der herannahenden Menge – sie ist mittlerweile auf 4000 Menschen angewachsen – in den Hof des riesigen Gebäudekomplexes zurück und lassen die Gitter herunter. Die Regierung des »Arbeiter- und Bauernstaates« DDR hat sich vor den Bauarbeitern hinter Eisentoren und Mauern verschanzt. Aus mehreren Fenstern des düsteren Baus – einst das Reichsluftfahrtministerium – werfen Regierungsmitarbeiter ängstlich-misstrauische Blicke auf die demonstrierenden Arbeiter.

Diese lassen sich durch Polizei und Sperrgitter nicht abweisen, sondern machen ihrem angestauten Unmut immer wütender Luft. Sie wollen mit der Regierung sprechen und verlangen, dass Ulbricht und Grotewohl zu ihnen herauskommen. Beide sind aber nicht am Ort des Geschehens, sondern in einer Sitzung des Politbüros einige Straßen entfernt.

Inzwischen hat sich die Stimmung vor dem Regierungsgebäude weiter aufgeheizt. Aufgebrachte Bauarbeiter fordern jetzt offen den »Rücktritt der Regierung«.

Gegen 13 Uhr endlich ermannt sich Industrieminister Fritz Selbmann (SED) und geht zu den Demonstranten hinaus. Von einem irgendwoher organisierten Tisch herunter versucht er die Menge zu beruhigen: »Ich bin auch Arbeiter. (...) Wir sind eure Regierung, keine Kapitalisten wie im Westen ...«[2], setzt er an, doch seine Worte gehen im Johlen und Pfeifen unter. Schließlich springt ein junger Bauarbeiter auf den Tisch und stößt den Minister zur Seite. »Du bist kein Arbeiter. Was du hier erzählst, interessiert uns nicht.« Die Forderungen, die jetzt in einer Atmosphäre wachsender Erregung gestellt werden, gehen weit über die nach Rücknahme der Normerhöhung hinaus: »Weg mit der Regierung«, ruft jemand. Andere springen auf den Tisch: »Wir wollen freie Wahlen! Wir wollen Freiheit!« Die Menge antwortet mit lautem Jubel.[3] Die Volkspolizei hinter den Absperrgittern sieht dem unerhörten Geschehen tatenlos zu.

Noch eine halbe Stunde warten die Demonstranten auf Ulbricht und Grotewohl, dann zieht die Mehrheit zurück zur Stalinallee. »Wir kommen wieder«, rufen sie und drohen lautstark mit Generalstreik, sollten Ulbricht und Grotewohl sich auch am nächsten Tag nicht zu ihnen heraustrauen.

Berlin, Haus der Ministerien

»Wir kommen wieder!« – diese Drohung machen die Arbeiter am nächsten Morgen wahr. Gegen 10 Uhr sind vor dem Haus der Ministerien in der Leipziger Straße mehr als 8000 Menschen versammelt. Ständig bekommen sie Zulauf aus allen Teilen Ost-

Dieses Schreiben bringt den Stein ins Rollen: Arbeiter von der Baustelle Krankenhaus Berlin-Friedrichshain fordern in einer Resolution am 15. Juni von Ministerpräsident Grotewohl die Rücknahme der Normerhöhung.

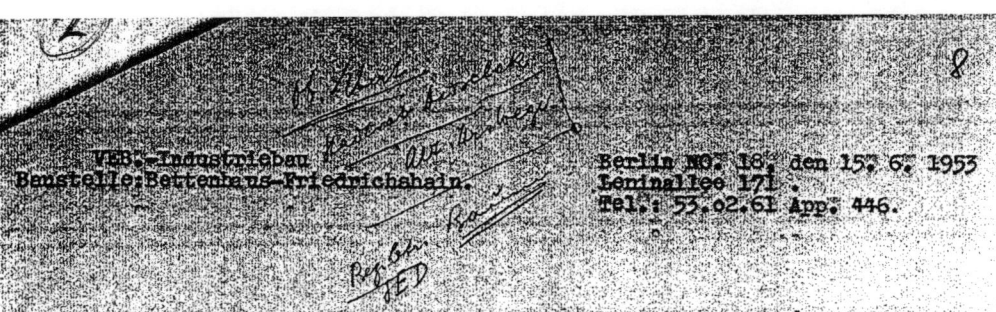

VEB.-Industriebau   Berlin NO. 18, den 15. 6. 1953
Baustelle:Bettenhaus-Friedrichshain.   Leninallee 171
                                                     Tel.: 53.02.61 App. 446.

Wir Kollegen der Grossbaustelle des Krankenhauses Friedrichshain vom VEB. Industriebau wenden uns an Sie, Herr
Ministerpräsident, mit der Bitte, von unseren Sorgen Kenntnis zu nehmen.

Unsere Belegschaft ist der Meinung, dass die 10 %ige Normenerhöhung für uns eine grosse Härte ist. Wir fordern, dass
von dieser Normenerhöhung auf unserer Baustelle Abstand
genommen wird.

Wir haben aus dem Ministerrats-Beschluss zur Kenntnis ge=
nommen, dass alle republikflüchtigen Grossbauern und Ge=
werbetreibenden ihr Eigentum zurückerhalten werden, so
dass wir Werktätigen demzufolge unsere Normen, wie sie
vorher bestanden, beibehalten wollen.

In Anbetracht der sehr erregten Stimmung der gesamten Belegschaft fordern wir, zu diesen schwerwiegenden Punkten
unverzüglich befriedigend Stellung zu nehmen und erwarten
Ihre Stellungnahme bis spätestens morgen Mittag .

                        Für die Belegschaft der Baustelle :

                                          B.G.L. Fetting

An den   Betriebsgewerkschaftsleitung
Herrn Minister-Präsidenten   des VEB Industriebau
Otto G r o t e w o h l ,   Baustelle
B e r l i n W.

Leipziger Strasse .

Berlins. Aus Hennigsdorf treffen rund 6000 Stahlwerker ein, die durch den französischen Sektor – eskortiert von West-Berliner Polizei – ins Zentrum gezogen sind. Die Stimmung an diesem Mittwoch ist weit aggressiver als am Vortag.

Ein Augenzeuge schildert die Situation vor dem Regierungssitz: »30 bis 40 Volkspolizisten in Ledermänteln sperren die Wilhelmstraße ab. In der Prinz-Abrecht-Straße [die heutige Niederkirchner Straße, d. Verf.] aber sind die dort sonst vorhandenen Eisenschranken weggerissen, der Verkehr wogt frei an den Fenstern von Ministerpräsident Grotewohl vorüber. Über Ruinen komme ich in die Leipziger Straße, wo – vom Potsdamer Platz bis zur Friedrichstraße – ein Riesengewühl herrscht. (...) Mehrere Glieder Volkspolizisten, die sich gegenseitig am Koppel festhalten, haben den viereckigen Platz vor den Gebäudeeingängen umstellt. (...) dahinter sind drei grün gestrichene Panzerspähwagen mit drohenden MG-Läufen aufgefahren. Davor aber drängen sich die Massen. Ich komme gerade dazu, als ein Hagel von Steinen gegen die Regierungsfenster prasselt und fast alle Scheiben im Parterre und ersten Stock zertrümmert. Aus dem vergitterten Eingangstor in der Leipziger Straße sendet ein Wasserwerfer der Volkspolizei einen Strahl.«[4] Vopos prügeln auf Demonstranten ein. Diese setzen sich mit Steinen zur Wehr. Die wütende Menge skandiert: »Freie Wahlen«, »Nieder mit der Regierung«.

Ein damals 20-jähriger Angehöriger der Kasernierten Volkspolizei ist am Morgen des 17. Juni zur Bewachung des DDR-Regierungssitzes eingeteilt. Später erinnert er sich an die Situation, als tausende Demonstranten auf die Postenkette zukamen. »Als ich merkte, dass die Leute ziemlich wild und entschlossen waren und auch sehr zornig waren, habe ich es natürlich mit der Angst zu tun bekommen. Vor allem als die ersten Steine fielen. Als die Lage immer kritischer wurde, wurde auch geschossen. Da kam der Befehl, in die Luft zu schießen. (...) Es kam ein russischer Panzer. Da liefen die Leute dann weg, und wir haben sie bis zum Potsdamer Platz getrieben.«[5]

Ein Demonstrant schilderte wenige Stunden später den Polizei-Einsatz aus seiner Sicht einem RIAS-Reporter: »In der Leipziger Straße vor dem Ministerium, Ecke Wilhelmstraße, da stieg dann die Empörung noch aus dem Grunde, weil dort ... Volkspolizei sich ansammelte. Die kamen mit Autos, wurden ausgeladen und haben die Straße quer 'rüber abgesperrt. Erst in einer Reihe, dann nachher zwei und drei Reihen. Und da wir ja nicht die ganzen hinten so schnell informieren konnten, ... haben wir den Druck nicht aufhalten können und mußten natürlich die Polizisten zurückdrängen. Darauf hieß es dann eben ›Knüppel frei‹, und die Polizisten schlugen auf Frauen, Kinder, auf die Bauarbeiter ein. Daraufhin haben wir ... uns so weit wie's möglich ging gewehrt und haben mit den Fäusten da zugehauen, ... und es wurden jedenfalls etliche schwer verletzt, und mir selbst ist der Arm etwas lahmgeschlagen worden. Ein Kollege, der läßt sich gerade verbinden, der kann jetzt hier nicht mitsprechen ...« Frage des Reporters: »Haben Sie auch beobachtet, daß Volkspolizisten sich mit den Demonstranten solidarisch erklärt haben oder sich demonstrativ zurückhielten?«

»Ja, ja, das fiel mir sehr auf. Verschiedene Volkspolizisten zögerten eben, als das Kommando kam ›Knüppel frei‹, zuzuschlagen. Sie haben wohl einmal den Knüppel hochgehoben und – um eben das Kommando auszuführen – wohl zugeschlagen, und daraufhin hielten sie sich zurück.«[6]

Berlin-Karlshorst

Wie schon am Vortag wird vor dem Haus der Ministerien lautstark nach Ulbricht verlangt. Die Demonstranten wollen ihm persönlich sagen, was sie von seinem Sozialismus halten. Doch Ulbricht ist für das Volk nicht zu sprechen. Während Tausende am Vormittag des 17. Juni den Regierungssitz belagern und den Rücktritt der Regierung fordern, sitzt ein niedergedrückter SED-Generalsekretär mit Regierungschef Grotewohl, Staatssicherheitsminister Wilhelm Zaisser und Rudolf Herrnstadt, dem Chefredakteur der Parteizeitung »Neues Deutschland«, in der Dienstvilla des sowjetischen Hochkommissars in Berlin-Karlshorst. Dort versuchen SED-Führung und Sowjets ein Bild von der Lage zu gewinnen und beraten über Gegenmaßnahmen. Wladimir Semjonow, als Hoher Kommissar mächtigster Vertreter Moskaus in der DDR, steht in ständiger Telefonverbindung mit dem Kreml. Nach einem dieser Gespräche kommt er zurück und sagt wie nebenbei zu einem Offizier, aber laut genug, dass alle es hören können: »Der RIAS gibt durch, daß es in der DDR keine Regierung mehr gibt.« Und mit einem ironischen Seitenblick auf den schweigsamen Ulbricht fügt Semjonow hinzu: »Na, fast stimmt es doch.«[7]

Einige Minuten später telefoniert Ulbricht aus Karlshorst mit Karl Schirdewan, einem hohen SED-Funktionär, der ihm die Lage vor dem ZK-Gebäude schildert: Menschenmassen vor dem Regierungssitz – Sprechchöre »Nieder mit der Regierung!« – zurückweichende Volkspolizei. Als Ulbricht das hört, wendet er sich ab und sagt nur ein einziges Wort: »Aus.«[8]

Inzwischen herrscht fast überall in der DDR Aufruhr. Mehr als 450 000 Arbeiter und Angestellte in rund 600 Betrieben befinden sich im Streik. Westliche Radiosender, vor allem NWDR und RIAS, haben die Nachricht von den Ost-Berliner Demonstrationen vom 16. Juni in der gesamten DDR verbreitet. Nun sind hunderttausende DDR-Bürger in mehr als 550 Städten und Gemeinden auf den Straßen und fordern nicht mehr nur Normensenkung und höhere Löhne, sondern den Rücktritt der Regierung und freie Wahlen. Die Herrschaft der SED beginnt zu wanken.

Zum Beispiel in **Rathenow/Brandenburg**. Von dort erreicht Grotewohl um 9.45 Uhr eine Alarm-Meldung: »Die Stadt ... befindet sich in Aufruhr. Die Menschen demonstrieren unter den Losungen ›Weg mit der Regierung‹, ... ›Freie Wahlen‹, ›40%ige Preissenkungen‹ ... Der Protestdemonstration ... haben sich kleine Teile der Volkspolizei ... angeschlossen.«[9] Wenn sich schon Volkspolizisten an den Unruhen beteiligen und zu den Demonstranten überlaufen, ist das nicht tatsächlich das Ende der SED-Herrschaft?

Von den Optischen Werken Rathenow zieht die Belegschaft in Richtung Innenstadt, um vor der Stadtverwaltung zu demonstrieren. Unterwegs schließen sich Arbeiter aus anderen Betrieben sowie Frauen und Jugendliche an. Ein Augenzeuge erinnert sich: »Es gab erschütternde Szenen. Frauen und alte Arbeiter weinten vor Freude. Immer wieder ertönten Sprechchöre ›Willst du ein echter Deutscher sein, reih dich ein!‹«[10] Als einige SED-Funktionäre versuchen, die Arbeiter in den Werken zurückzuhalten, kommt es zu Prügeleien.

Vor dem Rathaus angekommen, ruft die Menge: »Wir wollen unseren Bürgermeister Szillat wiederhaben!« Gemeint ist der Sozialdemokrat Paul Szillat, der nach 1945 schon einmal Oberbürgermeister war, bevor er als Gegner des stalinistischen SED-Kurses 1950 verhaftet und in einem Schauprozess wegen »Wirtschaftsverbrechen« verurteilt wurde.

Gegen Mittag findet auf dem zentralen Platz von Rathenow eine Kundgebung statt, an der annähernd 20 000 Menschen teilnehmen. Unter dem Jubel der Menge ergreift der stadtbekannte Sozialdemokrat Karl Renziehausen das Wort. Er bekennt sich zu den Forderungen der Berliner Arbeiter –

Normensenkung, Rücktritt der Regierung, freie Wahlen – und ruft die Arbeiter dazu auf, ihren Streik fortzusetzen. Zum Abschluss der Kundgebung singen die Menschen »Brüder, zur Sonne, zur Freiheit.« Dann kehren die meisten in ihre Betriebe zurück.[11]

In **Halle an der Saale** drängt sich gegen Mittag eine wütende Menge vor dem Gefängnis in der Kleinen Steinstraße. Lautstark fordert sie die Freilassung der Häftlinge. Ständig kommen weitere Demonstranten hinzu, die auf der Suche nach Brennpunkten der Unruhen kreuz und quer durch die Innenstadt ziehen. Im Gefängnis liegen Wachpersonal und Kasernierte Volkspolizei (KVP) in Deckung, Karabiner im Anschlag. Plötzlich ist das schwere Tor aufgebrochen und die Menschen stürmen über den Gefängnishof in den Zellentrakt. Vom Dach herunter fallen Schüsse, doch die Übermacht der Demonstranten hat binnen Minuten das Gefängnis in ihrer Gewalt. Sämtliche Häftlinge werden befreit, wobei keiner mehr einen Unterschied macht, ob sie wegen politischer oder krimineller Delikte einsitzen.

Das Zentrum der Ereignisse hat sich in Halle unterdessen auf den Altstädter Hallmarkt verlagert, wo um 13 Uhr über 35 000 Menschen den »Sturz der Regierung«, »Wegfall der Zonengrenze« und »Zulassung aller Parteien in Deutschland« fordern.[12] Es wird ein »Initiativ-Komitee« gebildet, das die weiteren Schritte der Demonstranten koordinieren soll.

Die Lage in der DDR wird immer dramatischer. Aus Streiks und Demonstrationen entwickelt sich vielerorts ein regelrechter Aufstand. Es fallen Schüsse. Zum Beispiel in **Magdeburg**, wo gegen Mittag das Zuchthaus Sudenburg von einer 1000-köpfigen Menschenmenge belagert ist. Hinter den schmutzig-roten Mauern haben sich einige Dutzend KVP-Leute verschanzt. Es gelingt

den Demonstranten, das Haupttor aufzudrücken und in den Gefängnishof vorzudringen. Sofort schießt die KVP gezielt in die Menge. Mehrere Demonstranten werden tödlich getroffen. Mit erbeuteten Gewehren erwidern die Aufständische nun das Feuer. Es kommt zu einem Gefecht um das Zuchthaus Magdeburg, bei dem auch zwei KVP-Angehörige und ein Stasi-Mitarbeiter getötet werden. Die Übermacht von KVP und Volkspolizei ist zu groß, so dass in Sudenburg der Angriff zurückgeschlagen wird.

Doch insgesamt ist auch in Magdeburg die Lage am Mittag des 17. Juni 1953 längst nicht mehr unter Kontrolle der Staatsmacht. So haben die Demonstranten, während sie am Zuchthaus eine blutige Niederlage erleiden, an anderen Stellen der Stadt zahlreiche öffentliche Gebäude, darunter die SED-Bezirksleitung und das Fernmeldeamt, in ihre Gewalt gebracht.[13]

Auch zahlreiche Dörfer werden am 17. Juni von den Unruhen erfasst. Zum Beispiel **Zodel**, ein 1100-Seelen-Dorf im Bezirk Dresden. Wie überall auf dem Land ist dort die Stimmung durch erhöhtes Abgaben-Soll, die massive Propaganda für die LPG und Druck auf die »Großbauern« seit Monaten aufgeheizt. Vor allem die Groß- und Mittelbauern leben in ständiger Furcht, wegen irgendwelcher »Wirtschaftsverbrechen« – vor allem Nichterfüllung des Abgabe-Solls – ins Gefängnis zu wandern.

Auf die ersten RIAS-Meldungen von den Ereignissen in Berlin macht sich auch in Zodel der aufgestaute Unmut Luft. Am frühen Nachmittag ziehen mehrere Dutzend Einwohner durch den Ort und verlangen in Sprechchören die Herabsetzung des Abgabe-Solls. Auch politische Forderungen werden gestellt, darunter die »Beseitigung der SED« und der Wiederanschluss Schlesiens an Deutschland. Man zwingt einige SED-Funktionäre zum Mitmarschieren, darunter Bürgermeister und LPG-Vorsitzenden, und setzt sie dem Hohn und Spott der Dorfbewohner aus. Vereinzelt kommt es zu Handgreiflichkeiten zwischen Protestierenden und SED-Funktionären. Nicht nur die Arbeiter, auch zahlreiche Bauern stellen sich am 17. Juni 1953 gegen den »Arbeiter- und Bauernstaat«.

Insgesamt sind in den Mittagsstunden dieses 17. Juni 1953 in Ost-Berlin und der DDR mehr als 1 Million Menschen auf den Straßen. Sie fordern den Rücktritt der Regierung, freie Wahlen, die Freilassung politischer Häftlinge. Der Aufruhr hat inzwischen über 150 von 217 Stadt- und Landkreisen erfasst.[14]

Walter Ulbricht, der währenddessen bei den »sowjetischen Freunden« in Berlin-Karlshorst sitzt – meist finster vor sich hinbrütend –, hat allen Grund, an seiner politischen Zukunft zu zweifeln.

Staatstrauer. Woroschilow, Berija und Malenkow (v.l.n.r.) halten am Sarg des am 5. März 1953 verstorbenen Stalin Ehrenwache. Bald darauf versucht Berija den Griff nach der Alleinherrschaft.

Moskau

In Moskau hat man in diesen Tagen eigentlich ganz andere Sorgen, als sich mit den Problemen in der DDR zu beschäftigen. Seit dem Tod von Generalissimus Josef Stalin am 5. März 1953 tobt im Kreml ein erbitterter Kampf um die Macht. Formal hat zwar ein kollektives Führungsgremium mit Georgij M. Malenkow, Wjatscheslaw M. Molotow und Lawrentij P. Berija das Ruder übernommen, doch bereitet Berija, der allseits gefürchtete Innenminister, hinter den Kulissen die alleinige Machtübernahme vor. Seine Kontrahenten sind vor allem Nikita S. Chruschtschow, Nikolai A. Bulganin und Malenkow. Auch sie sammeln Verbündete, um einem innerparteilichen Putsch Berijas zuvorzukommen. Die Flure und Hinterzimmer im Moskauer ZK-Gebäude sind erfüllt vom Flüstern der Verschwörergruppen. Vorsichtige Blicke über die Schultern: Wem kann man vertrauen? Wer gehört zu uns, wer zu den anderen?

In seinen Erinnerungen beschreibt Chruschtschow einen kurzen Wortwechsel mit Malenkow: »»Sehen Sie nicht, wohin das führt? Wir steuern auf eine Katastrophe zu. Berija wetzt schon die Messer!‹ Malenkow antwortete: ›Ja, aber was können wir machen?‹ Chruschtschow: ›Jetzt ist es soweit, daß man sich widersetzen muß.‹«[15]

Ausgerechnet in diesen Tagen, da sich im Kreml der erbitterte Kampf um die Stalin-Nachfolge zuspitzt, häufen sich die Hiobsbotschaften aus der DDR. Ohne es zu ahnen, werden somit die Demonstranten in der DDR zu einem wichtigen, womöglich mitentscheidenden Faktor in den Diadochenkämpfen von Moskau. Der Aufruhr in der DDR sollte von dieser Koinzidenz der Ereignisse nicht unberührt bleiben.

In den westlichen Hauptstädten ist man im Juni 1953 eher auf Entspannung eingestimmt. So stehen im Korea-Krieg, seit 1950 ein »heißer« Schauplatz des Kalten Krieges zwischen Ost und West, die Waffenstillstandsverhandlungen kurz vor dem Abschluss. Allerdings steuert der neue US-Präsident Dwight D. Eisenhower einen schärfe-ren Kurs gegenüber Moskau als sein Vorgänger Harry S. Truman. Wollte dieser den sowjetischen Einfluss lediglich »eindämmen« (containment), so haben Eisenhower und sein Außenminister John F. Dulles jetzt die Parole ausgegeben, den Kommunismus »zurückzudrängen« (Roll Back).

Ansonsten ist man in Washington intensiv damit befasst, die weitere politische und militärische Integration der Bundesrepublik in die westliche Staatengemeinschaft voranzutreiben. Ein Projekt, das auch Bundeskanzler Konrad Adenauer sehr am rheinisch-konservativen Herzen liegt.

Der britische Premierminister Winston S. Churchill entwickelt unterdessen ganz eigene Vorstellungen von Entspannungspolitik. Nach dem Tod Stalins sieht er reale Chancen, den Kalten Krieg beizulegen und plädiert im Gegensatz zu Eisenhower dafür, die »Friedensinitiativen« der neuen Kreml-Führung ernst zu nehmen. Ein wiedervereinigtes und neutrales Deutschland konnte er sich dabei als »Preis« für ein Ende des Ost-West-Konfliktes durchaus vorstellen.

Der Weg in die Krise

Angefangen hatte all das, was sich nun in der DDR abspielte, schon lange vor dem 17. Juni 1953. Und wie bei allen historischen Ereignissen muss auch hier zwischen Anlass und Ursache unterschieden werden. Auslöser für den Aufstand vom 17. Juni 1953 war die wenige Wochen zuvor von der DDR-Regierung verfügte Normerhöhung. Aber die Ursachen dafür, dass aus Protestdemonstrationen gegen höhere Normen binnen Stunden eine Aufstandsbewegung wurde, die weite Gebiete der DDR erfasste, lagen tiefer.

Ausgangspunkt war jene II. SED-Parteikonferenz im Juli 1952, auf der Walter Ulbricht den »beschleunigten Aufbau des Sozialismus« in der DDR verkündete. Oder bereits 1948, als die SED zur »Partei neuen Typus« nach stalinistischem Vorbild umgebaut wurde? Vielleicht hatte es schon im April 1946 begonnen, als in der sowjetischen Besatzungszone KPD und SPD zur »Sozialistischen Einheitspartei Deutschlands« SED zwangsvereinigt wurden.

Ulbrichts »Aufbau des Sozialismus«

Den 1565 völlig überraschten Delegierten in der Ost-Berliner Werner-Seelenbinder-Halle verkündete SED-Generalsekretär Walter Ulbricht am 9. Juli 1952 nicht weniger als den Beginn einer neuen Epoche. »In Übereinstimmung mit den Vorschlägen aus der Arbeiterklasse, aus der werktätigen Bauernschaft und aus anderen Kreisen der Werktätigen hat das ZK der Sozialistischen Einheitspartei Deutschlands beschlossen, der II. Parteikonferenz vorzuschlagen, daß in der Deutschen Demokratischen Republik

der Sozialismus planmäßig aufgebaut wird.« Denn, so Ulbricht weiter, die »Schaffung der Grundlagen des Sozialismus entspricht den Bedürfnissen der ökonomischen Entwicklung und den Interessen der Arbeiterklasse …« Das Protokoll verzeichnet »lang anhaltenden Beifall und Hochrufe auf das ZK der SED«.[16]

Nach dem Willen Ulbrichts sollte nun also ernst gemacht werden mit dem Sozialismus in der DDR, nachdem die SED-Politik in den vergangenen Jahren unter der Parole der »antifaschistisch-demokratischen Umwälzung« gestanden hatte. Zwar waren seit 1946 in der sowjetischen Besatzungszone, ab 1949 DDR, zahlreiche Großbauern und Unternehmer enteignet, ihr Besitz aufgeteilt bzw. in »Volkseigene Betriebe« (VEB) umgewandelt worden. Doch Anfang der fünfziger Jahre gab es nach wie vor mehr als 15 000 private Industriebetriebe, mehr als 80 000 private Einzelhandelsgeschäfte und eine große Zahl von selbstständigen Mittel- bzw. »Großbauern« (mit mehr als 20 Hektar Land).[17] Der Anteil der Privatwirtschaft an der gesamten DDR-Produktion betrug im Sommer 1952 noch rund 19, der des privaten Handels etwa 37 Prozent.[18] Damit sollte nun allmählich Schluss sein – so die erklärte Absicht der SED-Führung. Teilen der Privatwirtschaft räumte Ulbricht zwar gönnerhaft weiterhin einen Platz in der volkswirtschaftlichen Planung ein, doch in der Praxis sah es dann anders aus.

Die offizielle Zustimmung Josef Stalins zu dieser Radikalisierung der SED-Politik – eine unabdingbare Voraussetzung für eine derart einschneidende Maßnahme – war erst einen Tag vor Konferenzbeginn eingetroffen. Ulbricht hatte sich in einem Brief gegenüber Stalin Anfang Juli 1952 mächtig ins Zeug gelegt und behauptet, die Strahlkraft der DDR werde durch den Übergang zum Sozialismus verstärkt und auch hinein nach Westdeutschland wirken.

In Dresden machte sich der Romanist Victor Klemperer, der die Nazi-Herrschaft dank seiner nichtjüdischen Frau überlebt hatte und der SED durchaus wohlgesonnen war, seine eigenen Gedanken über diese Entwicklung. Mitte Juli 1952 notierte er in sein Tagebuch: »… gestern noch war es absolut verboten, vom sozialistischen Aufbau unserer Republik zu reden. Wir waren eine ›antifaschistisch demokratische Republik‹, keine, ausdrücklich keine ›Volksdemokratie‹ … ist es mein alter Liberalismus u. Skeptizismus, sind es die immer drückenderen Peinlichkeiten der SED, was mich immer bedenklicher stimmt?«[19]

Ohne verstärkte Anstrengungen würde der Sozialismus aber nicht zu haben sein. Auch das erklärte Ulbricht unmissverständlich den Delegierten der II. Parteikonferenz: »Jeder Werktätige möge sich bewußt sein, daß von der Erhöhung der Arbeitsproduktivität … das Tempo unseres sozialistischen Aufbaus und die Verbesserung der Lebenshaltung der Bevölkerung abhängen.«[20] Und noch ein anderes Stichwort fiel an diesem 9. Juli 1952 in Ost-Berlin. Zur Erhöhung der Produktivität, so Ulbricht, sei es unabdingbar, »technisch begründete Arbeitsnormen festzulegen.« Wieder war »starker Beifall« die Antwort.[21] Noch konnte niemand ahnen, welch ein Ei die SED sich da ins Nest legte.

»Technisch begründete Arbeitsnormen« – für die SED-Spitze war das im Jahr 1952 geradezu eine Zauberformel, welche die Mangelwirtschaft der DDR nach vorn katapultieren sollte. Unter Ausnutzung des technischen Fortschritts könnte, so Ulbricht, die Arbeitsproduktivität deutlich erhöht werden, was binnen kurzem zur spürbaren Anhebung des Lebensstandards führen werde.

Welche Konsequenzen diese neuen Normen konkret für die Arbeiter in den Betrieben haben würden, ließ Ulbricht offen. Unter »verbesserter Arbeitsorganisation« und »voller Ausnutzung des Arbeitstages« konnte man sich durchaus Verschiedenes vorstellen. Allerdings – irgendwie klang das alles nach Mehrarbeit und niedrigeren Prämien.

Noch eine wirtschaftspolitische Weichenstellung verkündete Ulbricht im Juli 1952. Als Voraussetzung für den forcierten Aufbau des Sozialismus müsse die Schwerindustrie der DDR vordringlich ausgebaut werden. Entsprechend diesen Vorgaben flossen in den folgenden Monaten staatliches Geld und Material bevorzugt in große Stahl-, Maschinen- und Energiebetriebe – auf Kosten der Konsumgüter-Industrie. Energisch vorangetrieben wurden u.a. der Bau einer Hochseewerft in Rostock und eines Eisenhütten-Kombinats in Stalinstadt (Eisenhüttenstadt).

Die Folgen dieser planwirtschaftlichen »Tonnen-Ideologie« bekamen die Menschen in der DDR bald zu spüren, denn in der Versorgung mit Konsumgütern, Kleidung, Haushaltswaren etc. gab es immer häufiger Engpässe. Auch auf zahlreiche »kleine Annehmlichkeiten« des Alltags mussten die Menschen weiterhin verzichten, von Luxusgütern, mit denen sich mancher West-Besucher dicke tat, ganz zu schweigen.

Zwar zeigten die Produktionsziffern der VEB Maschinenbau- und Hüttenwerke in den folgenden Monaten tatsächlich nach oben. Doch die Zufriedenheit der Bevölkerung mit ihren Lebensumständen konnte dadurch nur bedingt gesteigert werden.[22]

»Verschärfter Klassenkampf«

Klar war auch, dass der proklamierte Übergang zum Sozialismus nicht ohne gesellschaftliche Konflikte abgehen würde. So sprach Ulbricht im Juli 1952 ganz unverblümt von der »Verschärfung des Klassenkampfes«, welcher »größte Wachsamkeit und die eiserne Entschlossenheit aller Werktätigen« erfordern werde.[23]

Eine wichtige Vorkehrung hatte die DDR-Führung bereits getroffen. Am 27. Mai 1952 hatte sie die rund 1300 Kilometer lange Grenze zur Bundesrepublik geschlossen und ein dichtes Sperrsystem mit Stacheldraht, Sperrzonen und Schusswaffengebrauch bei Fluchtversuchen errichtet. In der entsprechenden Polizeiverordnung hieß es: »Das Überschreiten des 10-m-Kontrollstreifens ist verboten. (…) Bei Nichtbeachtung der Anordnung der Grenzstreifen wird von der Waffe Gebrauch gemacht.«[24] Wer fortan die DDR auf Dauer verlassen wollte, musste den Weg über die weiterhin offenen Sektorengrenzen in Berlin nehmen.

Die Grenzsperrung erfolgte – wie nahezu alle wichtigen Maßnahmen der DDR jener Zeit – auf direkte Anweisung Stalins, der Anfang April 1952 in Moskau gegenüber Ulbricht, Pieck und Grotewohl äußerte: »Ihr müßt auch euren eigenen Staat organisieren. Die Demarkationslinie zwischen West- und Ostdeutschland muß als eine Grenze betrachtet werden, und zwar nicht als einfache, sondern als eine gefährliche Grenze. Der Schutz dieser Grenze muß verstärkt werden.«[25] Des weiteren forderte Stalin bei diesem Treffen die Aufstellung einer eigenen Armee in der DDR.

Auf internationaler Ebene sprach Stalin bereits im Mai 1952 – nach Abweisung der so genannten Stalin-Noten durch die Westmächte[26] – von einer Zuspitzung des Ost-West-Konfliktes. Unter anderem die Unterzeichnung der EVG-Verträge (Europäische Verteidigungsgemeinschaft) und des Deutschland-Vertrages – welcher der Bundesrepublik die (eingeschränkte) Souveränität gewährte – hatten dazu beigetragen, dass im Kreml die »Zwei-Lager-Theorie« wieder den politischen Kurs bestimmte. In

kleinem Kreis erklärte Stalin wiederholt, er halte nunmehr eine militärische Auseinandersetzung mit dem »Imperialismus«, d. h. mit den USA und ihren Verbündeten, für unausweichlich.

Walter Ulbricht machte sich umgehend an die Erfüllung der sowjetischen Forderung. Die ideologische Begründung lieferte er in einem Artikel in der Zeitschrift »Einheit« vom Dezember 1952: Auch der Klassengegner verschärfe seine Aktivitäten gegen den Sozialismus. Es sei offenkundig, »daß anläßlich der kürzlich aufgetreten Versorgungsschwierigkeiten die Vertreter der überlebten kapitalistischen Kräfte versucht haben, mit allen Mitteln die ökonomischen Gesetze des Kapitalismus im Kampf gegen die Schaffung der Grundlagen des Sozialismus auszunutzen. Es besteht kein Zweifel daran, daß die kapitalistischen Kräfte diesen Kampf verschärfen werden.«[27]

Es war also nur folgerichtig, dass die II. Parteikonferenz mit dem Aufbau des Sozialismus zugleich die Schaffung einer regulären Armee beschloss. Zu diesem Zweck wurde bereits im Juli 1952 die »Kasernierte Volkspolizei« aufgestellt, die Ende 1952 (einschließlich Luft- und Marineeinheiten) 90 200 Mann umfasste. Es handelte sich durchweg um Freiwillige, da die Wehrpflicht in der DDR erst 1962, nach dem Mauerbau, eingeführt wurde. Dass die KVP nicht nur gegen äußere Feinde gerichtet, sondern auch zur Abwehr von Gegnern im Innern gedacht war, ließ Ulbricht mit seiner Bemerkung anklingen, die »Schaffung einer Volksarmee ist … auch deshalb notwendig, weil das große Werk unseres nationalen Aufbaus gegen die Feinde geschützt werden muß, die es durch Sabotagebanden … bedrohen.«[28] Für den Eintritt in die KVP wurde ab Mitte 1952 massiv geworben, wobei Bewerber aus der Arbeiterschaft und loyale SED-Anhänger bevorzugt wurden. Dieses gewaltige Aufrüstungsprogramm belastete den Staatshaushalt 1952/53 mit zusätzlich fast 2 Milliarden DDR-Mark. Ein-schließlich der Besatzungskosten für die sowjetischen Truppen, die von der DDR aufgebracht werden mussten, betrugen die Militärausgaben 1952 3,1 Milliarden, 1953 rund 3,5 Milliarden Mark, was 11 bzw. 10 Prozent des gesamten Staatshaushalts ent-sprach.[29] Zudem entzog es der DDR-Wirt-schaft eine nicht geringe Zahl junger, leis-tungsstarker Arbeitskräfte. Die Anweisung zur Aufstellung der Kasernierten Volkspoli-zei war offenbar direkt von Stalin gekom-men, der im April 1952 einer nach Moskau beorderten SED-Delegation verkündete, dass die »Phase des Pazifismus« in der DDR beendet sei und reguläre Streitkräfte nebst Rüstungsindustrie errichtet werden müss-ten.[30] Überhaupt erfolgten politische Wei-chenstellungen für die DDR zumeist in Mos-kau und waren anschließend von der SED-Spitze auszuführen. Es gab aber Ausnah-men von dieser Regel – und bis zu einem ge-wissen Grad gehörte jener Beschluss zum »beschleunigten Aufbau des Sozialismus« dazu. Der war vor allem Ulbrichts Idee.

Den angekündigten »verschärften Klas-senkampf« bekamen in den folgenden Mo-naten vor allem private Unternehmer, selbstständige Bauern und andere Angehö-rige des Mittelstandes zu spüren. Auch die Kirchen, vor allem die evangelische »Junge Gemeinde«, sollten bald erfahren, mit wel-cher Härte und Entschlossenheit Ulbricht den Sozialismus in der DDR aufbauen ge-dachte.

Gemäß dem Motto eines maßgeblichen DDR-Ökonomen, dass »Steuerfragen Fra-gen des Klassenkampfes und nicht der ewi-gen Gerechtigkeit« sind[31], wurden für die Privatbetriebe u.a. die Umsatz- und Kör-perschaftssteuer drastisch angehoben. Als weiteres Druckmittel erhöhte die DDR-Regierung Anfang März 1953 die Einkom-mensteuer auf über 80 Prozent, wodurch sich die finanzielle Lage vieler Privatunter-nehmer dramatisch verschlechterte. Zudem

wurde die Kreditvergabe an die Privatwirt-schaft stark eingeschränkt und dadurch im-mer mehr Betriebe zur Aufgabe gezwungen. Zudem wurden die ohnehin rigiden Bestim-mungen der »Wirtschaftsstrafverordnung« verschärft angewandt, so dass sich Ge-richtsverfahren gegen Unternehmer häuf-ten, die sich zum Beispiel fehlende Ersatz-teile oder Rohstoffe per Tauschhandel be-schafften oder »irreführende Angaben« über Geschäftsvorgänge machten – ein sehr dehnbarer Begriff.

Als besondere Perfidie empfanden es viele DDR-Bürger – nicht nur die Betroffe-nen selbst –, dass Anfang April 1953 den »kapitalistischen Elementen«, also selbst-ständigen Unternehmern und Geschäftsleu-ten, die Lebensmittelkarten entzogen wur-den. Sie waren damit gezwungen, zu höhe-ren Preisen nur in der HO einzukaufen, wo es aber auf Grund einer staatlichen Verfü-gung zu dieser Zeit weder Butter, Margarine noch Zucker gab.

Die Zwangsmaßnahmen verfehlten nicht ihre Wirkung. 1952/53 wurden mehr als 2500 private Industriebetriebe aufgegeben. Auch die Zahl privater Geschäfte sank ra-pide, während die staatliche Handelsorgani-sation (HO) immer neue Verkaufsstellen er-öffnete und bis Mitte 1953 ihren Umsatzan-teil am gesamten Binnenhandel der DDR auf über 35 Prozent erhöhte. Ein Großteil der von Staats wegen ruinierten privaten Geschäftsleute kehrte der DDR postwen-dend den Rücken und vergrößerte den Flüchtlingsstrom nach Westen. Eine von manchen besonders »klassenbewussten« SED-Genossen nicht ungern gesehene Ent-wicklung. Nicht wenige erfüllte die Flucht bestimmter Bevölkerungsgruppen mit Genugtuung. So berichtete die Politabtei-lung der Volkspolizei in Ost-Berlin: »Es wird der Standpunkt vertreten, dass es gut sei, jetzt seien sie [die Flüchtlinge, d. Verf.] wenigstens weg und die Genossen gehen mit einer wahren Freude an das Versiegeln der

... Wohnungen heran.«[32] Allerdings wurde diese Haltung von der SED-Führung bald als »radikale Erscheinung« kritisiert.

Tatsächlich hatte der 1952 verkündete »beschleunigte Aufbau des Sozialismus« zu einem weiteren Anwachsen des Flüchtlingsstroms geführt. Ab Mitte 1952 befanden sich darunter auffallend viele Landwirte, denn auch auf dem Lande hatte die SED eine Periode des »verschärften Klassenkampfes« eingeläutet. Hauptziel war, die Kollektivierung voranzutreiben, das heißt die Zahl der Landwirtschaftlichen Produktionsgenossenschaften (LPG) deutlich zu erhöhen und immer mehr selbstständige Bauern, nicht zuletzt Mittel- und »Großbauern«, zum Eintritt in die LPGs zu bewegen. Dabei übten die Agitatoren der SED häufig massiven Druck aus. Ebenso wie private Industriebetriebe bei der Rohstoffversorgung wurden selbstständige Bauern bei der Zuteilung von Düngemittel, Saatgut oder Maschinen gegenüber den »werktätigen Bauern« in den LPGs benachteiligt. Zusätzlich verschärft wurde der Druck durch die Erhöhung des Abgabe-Solls, bei dessen Nichterfüllung schwere Strafen bis zu mehreren Monaten Gefängnis drohten. Allein bis Ende Januar 1953 wurden gegen rund 1200 Bauern Strafverfahren wegen angeblicher »Wirtschaftsverbrechen« eingeleitet. Hinzu kam, dass die Preise, die den Privat-Bauern in den Erfassungsstellen gezahlt wurden, kaum noch kostendeckend waren.

Im Frühjahr 1953 begann sich infolge dieser Maßnahmen auf dem Lande eine regelrechte Panikstimmung zu verbreiten, wie etwa aus dem Kreis Finsterwalde an die SED-Führung berichtet wurde: »Dem Gen. Liese wurde erklärt, daß die Leute Angst haben, daß sie abgeholt werden, daß in einigen ... Dörfern Bauern alles im Stich gelassen hätten und nach dem Westen gegangen sind. ... Weiter ist feindliche Stimmung gegen die Bildung von Produktionsgenossenschaften vorhanden.« Die führenden SED-

Genossen waren also sehr genau über die Widerstände auf dem Lande gegen den beschleunigten »Aufbau des Sozialismus« orientiert. Doch damit hatten sie gerechnet – Stichwort »Verschärfung des Klassenkampfes« – und die Erklärung für diesen Widerstand bekamen sie von ihren Zuträgern gleich mitgeliefert: »Vermutlich handelt es sich um organisierte Feindarbeit.«[33]

Immer mehr selbstständige Bauern sahen in der DDR keine Perspektive mehr. Um sich nicht einer Produktionsgenossenschaft anschließen zu müssen, verließen sie Haus und Hof und »machten in den Westen«. 1952/53 wählten über 52 000 Bauern diesen Weg.[34]

Parallel dazu stieg die Zahl der Landwirtschaftlichen Produktionsgenossenschaften, wie von der SED gewünscht, in rasantem Tempo. Im Dezember 1952 gab es in der DDR 1906 LPGs, Anfang Juni 1953 bereits 5074.

Eine bessere Versorgungslage für die Bevölkerung bedeutete dies aber nicht. Im Gegenteil. In den Geschäften kam es ab Herbst 1952 verstärkt zu Engpässen bei der Belieferung mit Obst und Gemüse, Fleisch und Fett. Im Frühjahr 1953 häuften sich sogar die Berichte über Versorgungsprobleme bei Brot und Mehl.[35] In den Ladenfenstern hingen immer öfter Schilder mit Aufschriften wie »Margarine dienstags«, »Geflügel donnerstags«, »Butter nicht eingetroffen«.

Derlei war nicht dazu angetan, in der Bevölkerung große Begeisterung für den »Aufbau des Sozialismus« zu entfachen. Die drastische Meinung eines Berliner Arbeiters hält ein Stimmungsbericht der Volkspolizei vom März 1953 fest: »In Alt-Biesdorf brachte ein Arbeiter unter Hinweis auf die Versorgungsschwierigkeiten zum Ausdruck, ›dass bei uns die Hungersnot ausbrechen müsse, da sie in der Sowjetunion im Aufbau des Sozialismus 1927–28 ebenfalls ausgebrochen war.‹«[36] Dass der DDR-Führung der Wind im Frühjahr 1953 zunehmend ins Gesicht blies, erfuhren ihre Informanten auch andernorts. In Berlin-Friedrichshain »tauchen [im März 1953] Gerüchte auf, die das Weiterbestehen der DDR und des demokratischen Sektors [d. h. Ost-Berlins, d. Verf.] in Frage stellen, wobei die Formulierung etwa lautet: ›Es kann sich nur noch um einige Monate handeln und dann beginnt das normale Leben‹ – offensichtlich vom Westen gelenkte Gerüchte.«[37]

Eine der Hauptursachen für die drückenden Versorgungsmängel bestand darin, dass im Frühjahr 1953 rund 500 000 Hektar Land brach lagen, weil ihre Besitzer in den Westen geflohen und die LPGs mit der raschen Nutzung der Flächen organisatorisch wie personell überfordert waren.

Im Mai 1953 zog der oberste Planungschef der DDR, Bruno Leuschner, vor dem ZK der SED eine alarmierende Zwischenbilanz: »Auch die Butter ist knapp. Fette sind knapp. Margarine ist knapp. Die staatlichen Pläne für Ölsaaten wurden nicht erfüllt.«[38]

In Dresden notiert Victor Klemperer am 20. April 1953 in sein Tagebuch: »Überall … höre ich von der großen Unzufriedenheit der Arbeiter u. Bauern. Man erhöht Preise, man erschwert, verschlimmert u. schreibt andauernd, es gehe uns immer besser. Das Elend der Rüstung.« Einige Tage später: »In der HO kein Fett, kein Zucker zu haben. Weitgehend tiefste Unzufriedenheit. Aber in der Zeitung geht es uns herrlich.«[39]

Zusätzlich geschürt wurde die allgemeine Unzufriedenheit durch drastische Sparmaßnahmen der DDR-Regierung bei den Sozialausgaben. Gestrichen wurden Anfang 1953 unter anderem die Lohnzulage für schwere und gesundheitsschädliche Arbeiten sowie Zuschüsse für Fahrten zum Arbeitsplatz.

Das Durchschnittseinkommen eines Industriearbeiters betrug im Frühjahr 1953 322 Mark, so dass diese Kürzungen sich bei vielen schmerzlich bemerkbar machten. Besonders schwierig war es für die rund zwei Millionen Rentner. Viele mussten mit Renten

zwischen 65 und 80 Mark auskommen und hatten unter den empfindlichen Preiserhöhungen von Anfang 1953 stark zu leiden.[40]

Kampf gegen die »Junge Gemeinde«

Auch gegenüber den Kirchen verstärkte die SED im Zeichen des »verschärften Klassenkampfes« ihren Druck. Betroffen war vor allem die »Junge Gemeinde«, eine evangelische Jugendorganisation, vom SED-Regime als eines der gefährlichsten »Agentennester« auf dem Boden der DDR betrachtet. So hieß es in einer Beschlussvorlage für das Politbüro vom Juli 1952: »Die von der Jugendkammer Ost in Westberlin geleitete Jugendarbeit zeigt deutlich die auf den USA- und westdeutschen Imperialismus ausgerichtete Politik, die in der ›Jungen Gemeinde‹ ihren Niederschlag findet. (…) Der Einfluß der reaktionären Kirchenleitungen und ihrer Handlanger zeigt sich bei den Mitgliedern der ›Jungen Gemeinde‹ in … hetzerischen, verleumderischen und provozierenden Argumenten.«[41]

Das war eine eindeutige Kampfansage. Bibelstunden und evangelische Freizeitveranstaltungen waren der SED ein Dorn im Auge, vor allem wenn dort kritische Frage nach den politischen und ökonomischen Verhältnissen gestellt wurden. Zudem sahen viele Parteifunktionäre die »Junge Gemeinde« als Konkurrenz zur 1952 gegründeten »Gesellschaft für Sport und Technik« (GST), in der die DDR-Jugend vormilitärisch ertüchtigt werden sollte. Auch an Universitäten und Oberschulen – an letzteren gehörten mitunter 50 bis 70 Prozent der Schülerinnen und Schüler zur »Jungen Gemeinde« – hielten sich deren Mitglieder mit kritischen Äußerungen nicht zurück.

Sie aber rundweg als »Tarnorganisation für Kriegshetze, Sabotage und Spionage« zu bezeichnen, die »von westdeutschen und amerikanischen imperialistischen Kräften dirigiert wird«[42], entsprang entweder berechnendem Machtkalkül der SED-Führung oder ideologischer Verblendung – oder einer Mischung aus beidem. Zumal es sich bei der »Jungen Gemeinde« keineswegs um eine fest gefügte Organisation handelte, vielmehr um die Gesamtheit der Mädchen und Jungen, die an den vielfältigen Jugendaktivitäten der evangelischen Gemeinden teilnahmen. Die einzelnen Gruppen hatten untereinander nur lose Verbindungen über Kreisjugendpfarrer und eine in West-Berlin ansässige »Jugendkammer Ost« beim Rat der EKD.[43] Zugehörigkeit zur »Jungen Gemeinde« bekundeten viele Jugendliche durch das offene Tragen ihres Abzeichens, des so genannten Kugelkreuzes, ein Kreuz vor stilisierter Weltkugel.

Ob dezentrale Jugendarbeit oder straff geführte Nachwuchsorganisation der Kirchen – die SED sah jedenfalls in der »Jungen Gemeinde« eine gefährliche Konkurrenz im Kampf um die Köpfe und Herzen der DDR-Jugend. Ab Sommer 1952 ging sie darum verstärkt gegen ihre Mitglieder vor. Nicht zuletzt befürchtete die SED-Führung, dass junge Christen ihren ehrgeizigen Aufrüstungsplänen – Kasernierte Volkspolizei, Aufstellung einer »Volksarmee«, »Gesellschaft für Sport und Technik« – in die Quere kommen könnten.[44] Dass nicht wenige Mitglieder der »Jungen Gemeinde« zugleich der FDJ angehörten, machte für die SED-Funktionäre die Angelegenheit keineswegs besser. Vielmehr stand ihnen das Schreckensbild einer christlich unterwanderten Parteijugend vor Augen.

Bereits im Juli 1952 erließ die DDR-Regierung ein generelles Tätigkeitsverbot für Studentenpfarrer mit der Begründung, diese seien »zu Werkzeugen der kirchlichen staatsfeindlichen Kräfte geworden.«[45] In den folgenden Monaten wurden mehr als 700 Oberschüler wegen Mitarbeit bei der »Jungen Gemeinde« der Schule verwiesen. Damit

war ihnen eine akademische Ausbildung in der DDR verbaut. Ebenso erging es rund 700 Studenten, die als Angehörige der »Jungen Gemeinde« ihren Studienplatz verloren.

Im März/April 1953 verschärfte das SED-Regime seinen Kampf gegen die kirchliche Jugendarbeit. Die evangelische Jugendzeitschrift »Stafette« musste ihr Erscheinen einstellen, vorgeblich wegen »Papiermangels« (eine Methode, welche die SED bereits mehrfach gegen unliebsame Presseerzeugnisse angewandt hatte). Parallel dazu schuf die Staatssicherheit ein Klima der Verunsicherung und Denunziation unter den Jugendlichen. An den Oberschulen fanden regelrechte Tribunale statt, bei denen einzelne Schülerinnen und Schüler vor der versammelten Schüler- und Lehrerschaft wegen ihrer Mitgliedschaft angefeindet und schließlich von der Schule relegiert wurden.

Wolfgang Liebehenschel hat als Schüler des Görlitzer Gymnasiums ein solches »Tribunal« gegen Mitglieder der »Jungen Gemeinde« miterlebt:

»Ende April 1953 mussten sich alle Schüler unserer Schule im Union-Theater versammeln. Es wurde zunächst irgendein sowjetischer Film gezeigt. Dann hielt ein besonders SED-treuer Lehrer eine aggressive Rede und machte allen Schülern unmissverständlich klar, dass sie in den ›Jungen Gemeinden‹ nichts mehr zu suchen hätten. Wer doch noch zur ›Jungen Gemeinde‹ geht, der sei für die Reifeprüfung in der DDR nicht geeignet. Konkret hieß das, dass diejenigen nicht das Abitur machen und studieren dürften.

Dann rief er aus den vorderen Reihen einige Schüler, die zur ›Jungen Gemeinde‹ gingen, nach oben. ›Ihr kommt mal hoch. Du und du und du!‹ so im Befehlston. Dann mussten die Schüler – natürlich angstschlotternd – aufs Podium klettern und ihnen wurde das ›Kugel-Kreuz‹, das Abzeichen der ›Jungen Gemeinde‹, von den Jacken gerissen. ›Schluss jetzt mit der Sache!‹ Diese Veranstaltung hat bei mir schwere Gewissensnöte ausgelöst in dem Sinne: Was mache ich jetzt bloß? Ich will doch durchs Abitur. Was soll man da machen als Schüler? Übrigens – wenn ich mich recht erinnere – hat am 17. Juni ein Schüler gerade diesem Lehrer eine heftige Ohrfeige verpasst, wahrscheinlich wegen dieser Veranstaltung.«[46]

Gegen diesen Kirchenkampf erhoben die evangelischen Bischöfe in der DDR und in Westdeutschland energischen Protest, sowohl schriftlich als auch im direkten Gespräch mit Regierungschef Grotewohl. Dabei beriefen sie sich auch auf die in Artikel 41 der DDR-Verfassung garantierte »volle Glaubens- und Gewissensfreiheit« sowie das Recht auf »ungestörte Religionsausübung«. Doch hatten sie damit ebenso wenig Erfolg wie mit einem Brief, den sie Anfang April 1953 direkt an den obersten Vertreter der Sowjetunion in der DDR, General Wassili I. Tschuikow, Chef der Sowjetischen Kontrollkommission in Berlin-Karlshorst, schickten. Auch die öffentlichen Proteste des kämpferischen Bischofs von Berlin-Brandenburg, Otto Dibelius (mit Sitz in West-Berlin), verhallten ungehört, wie zuvor schon ein Schreiben des Schweizer Theologen Karl Barth an Staatssicherheitsminister Zaisser vom März 1953. Der international hoch angesehene Kirchenmann Barth warnte eindringlich, dass der Eindruck entstehen könne, im »Machtbereich der DDR (wie einst im Machtbereich des Hitlerstaates) [könne] nur eine der offiziellen Kulturdoktrin gleichgeschaltete, also unfreie, also notwendig unchristliche Kirche legitimen Bestand haben ...«[47]

Doch die Klassen- und Kirchenkämpfer der SED ließen sich von derlei Protesten nicht beirren. Bis Juni 1953 wurden über 70 Pfarrer und Jugendgruppen-Leiter verhaftet. Besonderes Aufsehen erregte im Januar 1953 die Verurteilung des Zwickauer Pfar-

rers Erich Schumann wegen »Boykotthetze« und »Verbreitung tendenziöser Gerüchte« zu sechs Jahren Zuchthaus.

An den Schulen wurde die »Christenlehre« weiter eingeschränkt, indem keine Räume mehr zur Verfügung gestellt oder diese freiwilligen Religionsstunden auf den späten Nachmittag gelegt wurden. Ministerpräsident Grotewohl drohte in einer Aussprache mit regimefreundlichen Pfarrern Ende Mai 1953 mit noch schärferen Maßnahmen gegen die »Junge Gemeinde«: »Es ist ... erwiesen, dass in dieser illegalen Organisation Menschen sitzen, die getarnt im kirchlichen Rock sich dazu hergegeben haben, ... diese Arbeit der Zersetzung in der DDR zu betreiben. Das bedeutet, dass die Junge Gemeinde keine Zusammenfassung junger Gemeidemitglieder ist, sondern eine Organisation, die unsere Jugend zu staatsfeindlichen Zwecken missbraucht. Das werden wir nicht zulassen.«[48]

Ulbricht brachte die anti-kirchlichen Maßnahmen wiederholt in Zusammenhang mit dem Vorgehen westdeutscher Behörden gegen die FDJ, wodurch sie als Teil jenes seit Juli 1952 immer wieder beschworenen »verschärften Klassenkampfes« erscheinen sollten. Doch selbst ein Walter Ulbricht bemühte sich zuweilen um Differenzierungen. So warnte er mit Blick auf die »Junge Gemeinde« in einer Rede vor Stasi-Mitarbeitern im Mai 1953 vor pauschalen Verdächtigungen: »Wir bringen noch nicht fertig, zu unterscheiden zwischen wirklichen Agenten und solchen, die dummes Zeug reden. Das ist der Unterschied. Das ist so, wie in Leipzig an der Universität, wo die Parteiorganisation beschlossen hat, eine Reihe Jugendlicher von der Universität zu entfernen, mit der Begründung, dass die Betreffenden der Agentenorganisation ›Junge Gemeinde‹ angehören. Als ich den Beschluss las, haben wir Anweisung gegeben, dass die Parteiorganisation in Leipzig die Untersuchungen sofort einzustellen hat und dass die Organe des Zentralkomitees diese selbst übernehmen, mit der Begründung: Selbstverständlich ist die Führung der ›Jungen Gemeinde‹ als Agenten zu bezeichnen. Aber die Jugendlichen, die irregeführt worden sind, sind dem nicht gleichzustellen. (…) Es gibt auch einige, die direkt im Auftrage von Westberlin arbeiten, die ebenfalls Agenten sind. Aber Genossen, das müssen wir schon beweisen.«[49]

Derartige Differenzierungsversuche Ulbrichts waren jedoch die Ausnahme. In den allermeisten Fällen handelte er nach dem Prinzip »Für uns oder gegen uns«. Zwischentöne waren seine Sache nicht. Während »Junge Gemeinde« und Studentenpfarrer immer stärker ins Visier von Polizei und Justiz gerieten, sollte nach dem Willen der SED-Führung die Attraktivität der staatlichen Jugendorganisation FDJ erhöht werden. So gab das Politbüro Ende Januar 1953

die Anweisung, »gerade in der entsprechenden Zeit … der Maßnahmen [gegen die »Junge Gemeinde«, d. Verf.] mit der bedeutenden Verstärkung der Arbeit der FDJ auf dem Gebiet des frohen Jugendlebens durch die Organisierung von Winterwanderungen, Pferde- und Motorschlittenfahrten, Faschings- und Frühlingsbällen, Zeitungsfesten usw. zu beginnen.«[50]

Ob aber junge Christen sich mit Schlittenfahrten und Wanderungen für das Regime gewinnen ließen, sei dahingestellt. Tatsächlich setzte die SED im Frühjahr 1953 im Kampf gegen die »Junge Gemeinde« und unbotmäßige Pfarrer denn auch eher auf Kampagnen und Repressionen als auf attraktive Freizeitangebote zur Werbung für den Sozialismus. Für überzeugte Christen jedenfalls wurden die Lebens- und Lernverhältnisse in der DDR ab Anfang 1953 immer bedrückender.

Front im Kalten Krieg

»Feindliche Agentennester«

Begleitet waren all diese Maßnahmen von einer wachsenden Agentenfurcht der SED, die sich bis zur Hysterie steigern konnte. Mögen die meisten Warnungen vor »Agenten und Saboteuren«[51] auch politisches Kalkül gewesen sein, um von eigenen Fehlern abzulenken, so spricht doch einiges dafür, dass Ulbricht und Genossen einen Teil dessen, was sie über »feindliche Agentennester« von sich gaben, selber glaubten. Entsprach es doch ganz ihrem fest umrissenen Weltbild, in dem sich zwei feindliche Lager – hier der Sozialismus, drüben der imperialistische Monopolkapitalismus und seine Helfershelfer – unversöhnlich gegenüberstanden.

So äußerte Ulbricht im Juli 1952 vor SED-Funktionären: »Mit der gesteigerten Kriegsvorbereitung verstärken der amerikanische Imperialismus und seine Bonner Vasallen ihre Spionage-, Sabotage-, Zersetzungs- und Schädlingstätigkeit im Gebiet der Deutschen Demokratischen Republik von Tag zu Tag. Hierbei spielen die deutschen Agentenzentralen, die bürgerlichen Parteien sowie die rechte SPD-Führung in Westdeutschland und Westberlin als Hilfstruppe des angloamerikanischen Geheimdienstes eine wichtige Rolle. (...) [Es] wurde festgestellt, daß die Verbrechergruppe Hildebrandt-Tillich [»Kampfgruppe gegen Unmenschlichkeit«, d. Verf.] eine ausschließlich von amerikanischem Geld existierende , dem amerikanischen Geheimdienst unterstehende und von ihm für seine Zwecke benutzte Organisation ist. (...) [Durch sie] wird mit Sprengstoff, Giften, Säuren, Brandsätzen usw. im Gebiete der Deutschen Demokratischen Republik gearbeitet. (...)

Auch das sogenannte ›Ostbüro der SPD‹ wurde im Auftrage und mit Mittel des anglo-amerikanischen Geheimdienstes gegründet.«[52]

Auf diese Weise ließen sich fast alle Schwierigkeiten beim Aufbau des Sozialismus erklären. So berichtete das Ministerium für Staatssicherheit (MfS) im Mai 1953 aus Zwickau an das Büro Ulbricht: Der »Referatsleiter im Karl-Marx-Schacht ... erkannte in seinem Objekt nicht, dass hinter dem Produktionsausfall und der Nichterfüllung des Planes sich Feindestätigkeit verbirgt. In allen diesen Erscheinungen sah er nur Materialschwierigkeiten und sonstige natürliche Ursachen.«[53]

Dazu passten Berichte wie der folgende. »Am 15.3.53 ... meldet der Einwohner Horst Mensch, Staßfurt, daß auf dem Hofe des Grundstücks ein Fallschirm mit einem Gerät amerikanischer Herkunft gefunden wurde. Dieser Sender wurde ... vermutlich in der Nacht vom 13. zum 14.3.53 auf dem Grundstück niedergelassen.«[54]

Ende 1952 war die Agentenfurcht in der DDR durch den Prager Schauprozess gegen Rudolf Slansky, den früheren Generalsekretär der KPČ, noch weiter angeheizt worden. Slansky wurde im November 1952 mit zehn Mitangeklagten wegen angeblicher Agententätigkeit für einen westlichen Geheimdienst zum Tode verurteilt und hingerichtet. Den Slansky-Prozess mit seinen absurden Anklagen und den durch Folter erpressten Geständnissen stellte die SED-Führung als Beweis heraus, dass der imperialistische Feind seine Agenten bereits bis ins Zentrum der kommunistischen Parteien geschleust habe. Eine Broschüre mit dem Titel »Lehren aus dem Prozess gegen das Verschwörerzen-

trum Slansky« war Pflichtlektüre für alle
SED-Mitglieder. Der Slansky-Prozess in der
Tschechoslowakei war der vorerst letzte in
einer ganzen Reihe von Schauprozessen, in
denen seit 1949 in Ungarn, Polen, Rumänien
und Bulgarien einst mächtige KP-Funktio-
näre als »westliche Agenten« zum Tode verurteilt worden waren. Nicht wenige SED-
Genossen fragten sich Anfang 1953 im Stil-
len, wann dieses Schreckenskarussell der
Schauprozesse auch in der DDR Halt machen werde.[55] So notierte Otto Grotewohl
während einer Politbüro-Sitzung Anfang
Mai 1953 auf einem Zettel: »Ein großer
Slansky bei uns noch nicht gefunden –
Wer?«[56]

Tatsächlich liefen im Frühjahr 1953 die
Vorbereitungen für einen deutschen
»Slansky-Prozess« in der DDR auf Hochtouren. Als Hauptangeklagte hatte Ulbricht
seine entmachteten Rivalen Franz Dahlem
und Paul Merker vorgesehen. Nicht zuletzt
infolge des 17. Juni wurde der geplante
Schauprozess dann aber abgeblasen.[57]

Im Zuge ihrer »Agentenhatz« verschärfte
die SED auch ihre Gangart gegenüber den
Blockparteien CDU, LDPD und NDPD. Die
Spitzen der »bürgerlichen Parteien« hatten
sich zwar weitgehend damit abgefunden,
kaum mehr als Erfüllungsgehilfen der SED
zu sein, unter den Mitgliedern regte sich
aber ab und an noch Unmut. Das war für
Ulbricht Grund genug für immer neue Dis-
ziplinierungen. Manchmal ließen sich damit
zwei Fliegen mit einer Klappe schlagen. So
wurde im Dezember 1952 der Minister für
Handel und Versorgung, Karl Hamann
(LDPD), als Sündenbock für die schlechte
Versorgungslage verhaftet und im Juli 1954
unter dem Vorwurf der Sabotage zu zehn
Jahren Zuchthaus verurteilt. Nur einen Monat später erwischte es Außenminister Georg Dertinger. Der CDU-Politiker wurde
unter dem Vorwurf der »Verschwörung und
Spionage« verhaftet und im Juni 1954 zu
15 Jahren Zuchthaus verurteilt. Insgesamt

führte der von Ulbricht erklärte »verschärfte Klassenkampf« dazu, dass sich die Anzahl der Gefängnisinsassen (Straf- und
Untersuchungsgefangene) in der DDR zwischen Juli 1952 und Mai 1953 von 31 000 auf
rund 66 300 mehr als verdoppelte.[58]

Die Angst vor Agenten und Saboteuren
war allerdings keine bloße Wahnvorstellung
der SED-Spitze. Es herrschte Kalter Krieg,
und tatsächlich gab es massive Einflussver-
suche des Westens auf die politische Entwicklung in der DDR, wobei einzelne Gruppen – mehr oder minder stark unterstützt
von Regierungen und Geheimdiensten –
auch vor Gewaltanwendung nicht zurück-
schreckten. So schleuste der Ost-Berliner
Ingenieur Siegfried Berger Anfang 1953 im
Auftrag des Ostbüros der SPD ein Funkgerät nach Halle. »Der Koffer mit dem Funkgerät wurde mir von einem Kurier in Ost-
berlin übergeben. (…) Unbehelligt kam ich
nach Halle. Dort lieferte ich den Koffer bei
einem jungen Ehepaar ab … Diese waren
von dem Gerät … begeistert. Aber ihre Begeisterung wurde beiden zum Verhängnis.
Am 17. Juni 1953 wurden sie beim Funken
von einem Meßwagen der Roten Armee an-
gepeilt und verhaftet.«[59]

Propaganda und Sabotage

Der Kalte Krieg rief im Westen eine ganze
Reihe von antikommunistischen Eiferern,
Propagandisten und Abenteurern auf den
Plan, die sich den Sturz des SED-Regimes
auf die Fahnen schrieben. In der Wahl ihrer
Mittel waren sie nicht immer zimperlich.

Zu den aktivsten Gruppen zählten der
»Untersuchungsausschuß freiheitlicher Juristen« (UfJ) und die »Kampfgruppe gegen
Unmenschlichkeit« (KgU). Letztere war
1948 in West-Berlin von Rainer Hildebrandt
gegründet worden, einem idealistischen
Feuerkopf mit schriftstellerischen Ambitio-
nen, der 1943/44 Kontakt zum militärischen

Widerstand gegen Hitler gehabt hatte und einige Monate inhaftiert worden war. In ihrer Anfangsphase beschäftigte sich die Gruppe hauptsächlich mit der Betreuung entlassener DDR-Häftlinge und der Sammlung von Informationen über die wirtschaftliche, politische und militärische Lage in der SBZ/DDR. Zugleich riefen Hildebrandt und sein Mitstreiter Heinrich von zur Mühlen, ein früherer Mitarbeiter des NS-Abwehrdienstes, der dem Widerstandskreis des »20. Juli« nahe gestanden hatte, von West-Berlin aus in illegalen Flugblättern ihre Landsleute in der DDR zu passivem Widerstand auf, wie ihn Mahatma Gandhi in Indien erfolgreich praktizierte. Doch entsprechende Aktionen – zum Beispiel ein »Tag des Schweigens«, an dem Kinos und Theater in der DDR leer bleiben sollten – erwiesen sich als Fehlschläge.

1950 radikalisierte sich die KgU und begann nun auch mit Sabotageakten. Das war durchaus im Sinne des US-Geheimdienstes, dessen Berliner Leiter etwa um dieselbe Zeit die Parole ausgegeben hatte »In der Zone muß es bumsen, bumsen!«[60] Sabotage war allerdings der CDU-geführten Bundesregierung unter Konrad Adenauer denn doch zu brenzlig, so dass sie 1952 ihre verdeckte finanzielle Unterstützung für die KgU weitgehend einstellte. Zur Begründung erklärte der zuständige Staatssekretär Otto Lenz gegenüber US-Stellen, Bonn sei nicht länger bereit, eine Gruppe zu unterstützen, von »deren Arbeit man eigentlich nichts wisse« und die »durch sinnlose Sabotageakte und Propagandaaktionen in der Ostzone viele Leute dem ostzonalen Sicherheitsdienst ans Messer geliefert« habe.[61]

Die »Kampfgruppe« aber focht das wenig an, da nun die Amerikaner, namentlich der CIA, diese Speerspitze des Antikommunismus verstärkt unter ihre Fittiche nahmen. An Geld sollte es auch in den nächsten Jahren nicht mangeln. Den Gründern Rainer Hildebrandt und Heinrich von zur Müh-

len ging die Radikalisierung der KgU entschieden zu weit. Sie verließen Ende 1952 die Gruppe bzw. wurden entmachtet und hinausgedrängt. Die Führung übernahm Ernst Tillich, ein so zungenfertiger wie rühriger und machtbewusster Theologe, wie Hildebrandt einst Gegner des Nazi-Regimes und von 1936 bis 1939 inhaftiert.

Die »Kampfgruppe« ging unter dem neuen Chef in die Offensive, intensivierte das Verbreiten von Flugblättern – zumeist mittels Luftballons –, die Sammlung wirtschaftlicher und militärischer Informationen und betrieb bald auch gezielte Sabotage. Der US-Geheimdienst unterstützte derlei nach Kräften, entsprach es doch ganz seiner nach dem »Korea-Schock« von 1950 – Einmarsch des kommunistischen Nordkorea in den Süden des Landes – verschärften Gangart, die u.a. den Aufbau von Untergrundorganisationen in Polen, der Ukraine oder Albanien einschloss, die jedoch nur geringe Wirkung entfalteten.[62]

Im November 1951 erklärte Ernst Tillich vor der Presse, dass die Zuträgerkartei der KgU in der »Zone« mittlerweile 242 000 Namen umfasse, darunter etliche Mitarbeiter des Regierungsapparates. Mittels Luftballons und einem illegalen Verteilernetz hat die KgU nach eigenen Angaben 1952 mehr als 3,3 Millionen, im Jahr 1953 über 10,2 Millionen Flugblätter und Broschüren in der DDR verbreitet.[63] Über die Strategie der »Kampfgruppe« äußerte sich Tillich im Dezember 1951 in der »New York Harold Tribune«: »Die Form unseres Widerstandes wird von der politischen Position abhängen, die der Westen im Kalten Krieg errungen hat. Wir können jetzt noch nicht die Verantwortung für Aufforderungen zu Streiks oder irgendeine Art von Revolte tragen. Wir sind überzeugt, daß eine solche Aktion früher oder später ... möglich sein wird.«[64]

1951/52 unternahm die KgU eine Reihe gezielter Sabotageakte in der DDR. So wurden im Rahmen »administrativer Störungen« fingierte Briefe an DDR-Behörden oder Betriebe verschickt, die Produktionsabläufe durcheinanderbringen oder ausländische Geschäftsverbindungen kappen sollten. Gefälschte Anweisungen führten dazu, dass Güterzüge umgeleitet wurden und die transportierte Ware, z. B. Butter oder Gemüse, verdarben. Im April 1953 scheiterte eine groß angelegte Aktion, bei der erhebliche Geldbeträge durch gefälschte Überweisungsorder von den Konten mehrerer DDR-Betriebe abgezogen werden sollten. Die Anregung zu diesen »administrativen Störungen« soll übrigens direkt vom US-Geheimdienst gekommen sein, und naturgemäß war eine zentral gelenkte Planwirtschaft dafür besonders anfällig.[65] Insgesamt scheint das West-Berliner Büro des US-Geheimdienstes an der Radikalisierung der KgU nicht unbeteiligt gewesen zu sein.[66]

Durch konspirative Gruppenmitglieder in der DDR ließ die KgU zehntausende Flugblätter verbreiten, in denen das SED-Regime angeprangert und über wirtschaftliche Probleme berichtet wurde. Mittels Brandsätzen wurden Transparente und Schaukästen der SED zerstört, in Brandenburg Anschläge auf eine Brücke sowie Reichsbahnschienen verübt, bei denen aber nur geringer Schaden entstand. Es waren auch Anschläge auf Hochleitungsmaste geplant, die aber nicht zur Ausführung kamen. Im Februar 1952 wurden an einigen Güterzügen die Bremsschläuche durchschnitten, Mitte August eine Diesellokomotive zum Entgleisen gebracht. Rund 250 000 Mark Schaden verursachte in einer Zellstofffabrik die zeitweise Blockierung einer Turbine mittels Sand im Getriebeöl.[67]

Die DDR reagierte mit großer Härte. So wurden führende Mitglieder des »Untersuchungsausschusses freiheitlicher Juristen« in den Osten entführt, wo sie – wie das UfJ-Mitglied Walter Linse – spurlos verschwanden oder hohe Zuchthausstrafen erhielten. 1952 wurden in der DDR annähernd 200

KgU-Mitglieder verhaftet und in Schauprozessen zu drakonischen Strafen, darunter zwei Todesurteile, verurteilt. Im Oktober 1951 erhielten in Werdau/Sachsen 18 Oberschüler, die für die KgU gearbeitet hatten, teilweise hohe Zuchthausstrafen. Gerade die Teilnahme von Jugendlichen zum Beispiel an Handzettel-Aktionen mehrte nun auch im Westen die öffentliche Kritik an diesem militanten Kurs. Daraufhin erklärte Tillich im Dezember 1952 die Abkehr von Sabotage und »administrativen« Störungen. Zukünftig wolle sich die KgU auf »politische Seelsorge« konzentrieren. »Die Seelsorge an diesen einzelnen Menschen muß ... die erste Aufgabe jeder psychologischen Kriegführung sein.« Denn, so ein ernüchterter Tillich: »Man kann die Bolschewisierung der Sowjetzone nicht verhindern, aber man kann sie verzögern.«[68]

Vor allem ihre Anti-SED-Propaganda und das Sammeln von Informationen und Stimmungsberichten aus der »Zone« setzte die KgU aber auch 1953 unvermindert fort. Ein im Frühjahr 1953 verbreitetes Flugblatt wandte sich ausdrücklich »an die Deutschen in der SED«: »Stalin ist tot. Die SED befindet sich in der Krise ... Endlich ist in Washington eine Regierung, die genau weiß, was sie will, und die alle Kräfte daran setzt, im kalten Krieg selbst offensiv zu werden. (...) tausende von Augen beobachten Euch gerade in dieser Stunde, in der das SED-Regime ins Wanken gerät. Wie werdet Ihr Euch in den nächsten Monaten verhalten: Als Karrieristen und Bonzen oder *als anständige Deutsche*?«[69]

Das »Ostbüro« der SPD

Wie die Sozialdemokraten unterhielten auch CDU und FDP spezielle Ostbüros, mit denen sie in der DDR verbliebene Mitglieder betreuen und generell die SED-Herrschaft zu bekämpfen suchten. Allerdings waren ihre Aktivitäten zu keiner Zeit so vielfältig und effektiv wie das Pendant der SPD.[70] Die Sozialdemokratische Partei Deutschlands versuchte Anfang der fünfziger Jahre, das SED-Regime von innen her zu schwächen, wobei sie sich nicht selten geheimdienstähnlicher Methoden über eben das so genannte Ostbüro bediente, das zunächst von Hannover, seit Juni 1951 von Bonn aus gegen die SED operierte.

Zwischen Sozialdemokraten und Kommunisten, den größten Parteien der Arbeiterbewegung, bestand seit Jahrzehnten eine Gegner- bzw. Feindschaft. Die Sozialistische Einheitspartei Deutschlands (SED) nahm für sich in Anspruch, diese »Spaltung der Arbeiterbewegung«, die als eine Hauptursache für den Sieg des Faschismus 1933 in Deutschland angesehen wurde, überwunden zu haben. Tatsächlich war es aber im April 1946 in der SBZ zu einer Zwangsvereinigung der SPD mit der KPD gekommen, wobei die Kommunisten sich mit sowjetischer Unterstützung bald sämtliche Führungspositionen in der neuen Partei wie in der Regierung sicherten. Einige wenige Galionsfiguren wie der frühere SPD-Politiker Otto Grotewohl, seit 1949 Ministerpräsident, sollten den Anschein von Einheit und Gleichberechtigung wahren. Die Realität sah anders aus. Nach 1946 wurden hunderte Sozialdemokraten, die sich der stalinistischen SED-Politik widersetzten, verhaftet, tausende flohen in den Westen, um dort für einen freiheitlich-demokratischen Sozialismus zu arbeiten. Nicht wenige Sozialdemokraten gingen in eine Art »inneres Exil«; sie blieben SED- oder FDGB-Mitglieder, ohne ihren sozialdemokratischen Überzeugungen untreu zu werden.

Das Ostbüro der SPD war 1946 in Hannover gegründet worden, um Kontakt zu ostdeutschen Sozialdemokraten zu halten und geflohene SPD-Mitglieder zu betreuen. Schon bald nahmen die Sammlung von Nachrichten aus der SBZ bzw. DDR und die Verbreitung von Aufklärungs- und Propagandamaterial immer breiteren Raum ein. In den ersten Jahren geschah dies – bei noch offener innerdeutscher Grenze – hauptsächlich durch Kuriere. Auf diese Weise gelang es dem Ostbüro, ein ganzes Netz von so genannten »Vertrauensleuten« in der SBZ/DDR aufzubauen, die Informationen sammelten sowie Flugblätter und SED-kritische Broschüren in Umlauf brachten.

Unter dem Leiter Stephan Thomas, einem Berliner Sozialdemokraten polnischer Herkunft, der nach 1933 als Student und Verlagsmitarbeiter zeitweilig illegale Widerstandsarbeit geleistet hatte, nach zweimaliger Verhaftung durch die Gestapo zur Wehrmacht eingezogen und 1942 in britische Gefangenschaft geraten war[71], unter Thomas verbesserte das Ostbüro ab 1949 seine konspirative Arbeit, nachdem zahlreiche Kuriere und V-Leute auf Grund dilettantischer Fehler »hochgegangen« waren. Es arbeitete zunehmend nach den Methoden eines Geheimdienstes und achtete streng auf die Einhaltung konspirativer Regeln. Allerdings blieb die Kooperation mit amerikanischen und britischen Geheimdiensten locker und sporadisch, zumal das Ostbüro es ablehnte, militärische Informationen aus der DDR zu beschaffen.[72] Auch von anderen antikommunistischen Organisationen wie der »Kampfgruppe gegen Unmenschlichkeit« grenzte sich das Ostbüro der SPD scharf ab. Lediglich seine Berliner Zweigstelle scheint engen Kontakt mit den Amerikanern gehalten zu haben. Ein dortiger Mitarbeiter hat wahrscheinlich direkt für den CIA gearbeitet.

Hauptaktivitäten des Ostbüros waren die Informationsbeschaffung und die Verbreitung von Flugblättern und Broschüren, in denen sie die Menschen in der DDR über wirtschaftliche Probleme informierte und politische Repressionen anprangerte. Allein 1950 gelangten 670 000 Flugblätter, Klebezettel und Broschüren aus dem Westen in die DDR, wobei die Verteilung durch Kuriere wegen verschärfter Kontrollen bald zu unsicher und weitgehend durch getarnten Postversand und Ballons ersetzt wurde. Eine beliebte Methode bestand auch darin, Pakete mit Aufklärungsmaterial versteckt an Interzonenzügen zu montieren. In der DDR wurden sie von V-Leuten abgenommen und weiter verteilt.

Nach Aufhebung der Papierrationierung in der Bundesrepublik konnte die Gesamtauflage der illegalen Propagandaschriften ab Februar 1952 wesentlich gesteigert werden. Unter dem illegal verbreiteten Material war auch die »Kleine Tribüne« – der Titel nahm auf das offizielle FDGB-Organ »Tribüne« Bezug –, die sich vor allem an Gewerkschaftsmitglieder in der DDR wandte und mit der SED-hörigen Politik der DDR-Gewerkschaften scharf ins Gericht ging.

Vielfach zog das Ostbüro in seinen Schriften Parallelen zwischen dem Nationalsozialismus und dem SED-Regime, so in den Broschüren »Von der HJ zur FDJ« und »Von der Gestapo zum SSD«, die in einer Auflage von knapp 20 000 Exemplaren in die DDR geschmuggelt wurden.[73] Das war ganz auf der Linie des SPD-Vorsitzenden Kurt Schumacher, der die Kommunisten in der DDR einmal als »rotlackierte Faschisten« bezeichnet hatte.

Auch mit dem RIAS (Rundfunk im amerikanischen Sektor) arbeitete das Ostbüro der SPD zusammen. Stephan Thomas sprach seit 1949 regelmäßig zu den Landsleuten in der »Zone«, vor allem zu den sozialdemokratischen Genossinnen und Genossen, die den Mut nicht sinken lassen sollten. Ab 1952 war das Ostbüro auch direkt an der Gestaltung von RIAS-Jugendsendungen beteiligt, einer attraktiven Mischung aus Musik und Politik.[74]

Selbstredend bezeichnete die SED später das Ostbüro der SPD als einen der Hauptdrahtzieher des 17. Juni. Das »Ostbüro der SPD [war] offensichtlich maßgeblich an der Vorbereitung der faschistischen Verbrechen vom 17. Juni beteiligt«, hieß es beispielsweise im SED-Blatt »Lausitzer Rundschau« vom 14.10.1953. Tatsächlich aber war das Ostbüro von der Massenerhebung in der DDR völlig überrascht. Von gezielten Vorbereitungen für einen Aufstand gegen das SED-Regime konnte keine Rede sein.[75]

Auch der V-Mann Siegfried Berger stand der Situation am Morgen des 17. Juni in seinem Köpenicker Funkwerk etwas ratlos gegenüber. »Vom Volksaufstand wurde ich, wie wohl alle, überrascht. Daher gab es auch keine ›Anweisungen‹ des SPD-Ostbüros, wie ich mich … verhalten sollte.«[76] Allerdings nahm das Ostbüro später für sich in Anspruch, zumindest in Ost-Berlin auf den Verlauf der Erhebung einigen Einfluss genommen zu haben. So berichtete Stephan Thomas Ende Juni 1953 an den Parteivorstand: »In Ostberlin hatten wir einen eigenen Nachrichtendienst eingerichtet, der uns sofort über den augenblicklichen Stand der Ereignisse auf dem Laufenden hielt. Die Leiter des Ostbüros (Thomas und Alfred Weber alias Peter Wandel) waren an Ort und Stelle, um die Vorgänge zu beeinflussen. Mit Streikkomitees sind Verhandlungen über den weiteren Verlauf und die Taktik des Aufstands geführt worden.« Etwas vollmundig heißt es weiter: »Hätte die Besatzungsmacht nicht eingegriffen, so gehörte das SED-Regime der Vergangenheit an, und unser illegaler Apparat könnte in aller Öffentlichkeit seine Aufgaben erfüllen.«[77]

In der Tat spielten Sozialdemokraten bei Streiks und Demonstrationen am 17. Juni oft eine tragende Rolle. Vielerorts , so in Rathenow und Görlitz, traten stadtbekannte frühere SPDler als Redner auf und wurden von den Menschen gefeiert. In traditionellen Zentren der Arbeiterbewegung, in Sachsen, im Raum Halle-Bitterfeld, waren frühere SPD-Mitglieder in den Streikkomitees vertreten, da sie häufig das besondere Vertrauen ihrer Kollegen genossen. Das spricht allerdings weit mehr für die Verwurzelung sozialdemokratischer Werte in diesen Regionen als für eine Lenkung durch das Ostbüro.[78] In einigen Städten, beispielsweise Leipzig und Magdeburg, bestanden seit 1946 illegale SPD-Gruppen; andernorts, beispielsweise im Raum Görlitz, gab es am 17. Juni Initiativen zur Wiedergründung von SPD-Ortsvereinen. In mehreren »Sowjetischen Aktiengesellschaft« (SAG), u.a. in Dresden, sollen Arbeiter geäußert haben: »Wir haben die Schnauze voll, wir wollen nichts anderes als eine neue Regierung unter Beteiligung der Sozialdemokraten.«[79] Dass diese Tradition in der DDR lebendig gehalten wurde, war nicht zuletzt ein Verdienst des Ostbüros, wie Thomas, übrigens ein überzeugter Marxist, Mitte Juli 1953 im RIAS erklärte. Die Ereignisse hätten bewiesen, »daß die Millionen von Flugblättern und Hunderttausende von Zeitungen nicht unwirksam gewesen sind und ihren Niederschlag gefunden haben in den Kampfparolen, die in den Tagen des Aufstandes in den Betrieben und Städten der Zone … erhoben worden sind.«[80]

Übrigens gab es in Ost-Berlin auf Grund des Viermächte-Status 1953 noch eine legale SPD mit rund 6000 Mitgliedern. Deren Aktivitäten wurden zwar behindert, Versammlungen mussten oft im Westteil abgehalten werden, und SPD-Mitglieder waren Benachteiligungen und Schikanen bis zu offener Verfolgung ausgesetzt. Da sie faktisch aber unter dem Schutz der Alliierten standen, musste die SED die Existenz sozialdemokratischer Kreisverbände in Ost-Berlin zähneknirschend akzeptieren. Nach dem Mauerbau im August 1961 wurde die SPD in Ost-Berlin auf Beschluss des Berliner Landesverbandes aufgelöst, da die Kontakte über die geschlossene Sektorengrenze nicht mehr gehalten werden konnten.[81]

Das Ostbüro der SPD hatte im Frühjahr 1953 einige Vertrauensleute in der DDR mit Vervielfältigungsmaschinen ausgestattet. Weil nach der Grenzschließung im Mai 1952 der illegale Transport von Druckschriften immer schwieriger und gefährlicher geworden war, sollten diese in der DDR selbst gedruckt werden. Einige Maschinen – insgesamt rund ein Dutzend – wurden auch am 17. Juni in Betrieb gesetzt. So stellten in Dresden V-Männer rund 10 000 Handzettel her, auf denen der Rücktritt der »arbeiterfeindlichen Regierung« und »Frieden und Einheit in Freiheit« gefordert wurden.

In Halle versuchten zwei dort ansässige V-Leute mit einem Funkgerät, das sie kurz zuvor von einem Kurier erhalten hatten, Informationen weiterzugeben, wurden aber von sowjetischen Truppen durch Peilung schnell aufgespürt und verhaftet.[82]

All diesen geschilderten Aktionen, so wirkungsvoll und spektakulär sie im Einzelfall sein mochten, zum Trotz: Es hieße Einfallsreichtum und Schlagkraft des Ostbüros der SPD, der CDU oder auch der »Kampfgruppe gegen Unmenschlichkeit« und des »Untersuchungsausschusses freiheitlicher Juristen« weit überschätzen, wollte man ihnen nur annähernd die Wirksamkeit zubilligen, wie sie die SED vor und nach dem 17. Juni nicht müde wurde zu behaupten. Allenfalls hatte vor allem das Ostbüro der SPD, in geringerem Maß auch die Ostbüros anderer Parteien, durch beharrliche Aufklärungs- und Propagandaarbeit in der DDR den Boden bereitet, aus dem im Juni 1953 der Aufruhr spross. Verursacht oder gar gelenkt hatte es die landesweiten Streiks und Demonstrationen nicht.

In Ulbrichts DDR brauchte es 1953 keine »Lenkung aus dem Westen«, damit die Mehrzahl der Menschen der Verhältnisse überdrüssig wurden. »Beschleunigter Aufbau des Sozialismus« und »verschärfter Klassenkampf« sorgten allein dafür. Auf das Jahr 1953 passt nur zu genau eine Losung aus dem deutschen Bauernkrieg : »Das machen die hohen Herren selbst, dass ihnen der gemeine Mann feind ist.«

Nachrichten für die Ostzone: der RIAS

Der RIAS: »Eine freie Stimme der freien Welt«. Seit seiner Gründung 1946 war der »Rundfunk im amerikanischen Sektor« eine Macht in der DDR. Nach US-amerikanischen Schätzungen hörten in den fünfziger Jahren mehr als 70 Prozent der DDR-Bevölkerung regelmäßig den von Washington finanzierten und beaufsichtigen Sender. Er konnte in der gesamten DDR empfangen werden, woran auch zahlreiche Störsender kaum etwas änderten. Im Januar 1953 war eine neue RIAS-Sendeanlage installiert worden, mit 300 kW der damals stärkste Mittelwellensender Europas.[83] Für viele Menschen in Ost-Berlin und der DDR war der in West-Berlin ansässige RIAS die wichtigste Informationsquelle über die gesellschaftlichen und politischen Zustände im zweiten deutschen Staat. Das hieß nicht, dass eine Mehrheit der DDR-Bevölkerung dem RIAS blind vertraut hätte, aber doch weit stärker als der SED-kontrollierten Presse. Der DDR-Rundfunk berichtete am 16. Juni übrigens mit keiner Silbe über die Demonstrationen in Ost-Berlin. Und am 17. Juni spielte der DDR-Rundfunk meist Operettenmelodien bzw. das übliche Routineprogramm mit »wirtschaftlichen Erfolgsmeldungen aus Kasachstan oder Kirgisien«.[84]

Der RIAS erfüllte eine zentrale Funktion innerhalb der westlichen Propagandaarbeit gegen das SED-Regime, neben seiner Aufgabe als ein um Objektivität bemühtes Informations- und Unterhaltungsmedium. Von der US-amerikanischen Hohen Kommission ergingen immer wieder Anweisungen über Tenor und Zielsetzung bestimmter Sendungen. So hieß es beispielsweise in einem internen Plan der Hohen Kommission zur »Intensivierung der psychologischen Kriegsführung in Deutschland« vom September 1951: »In den Sendungen des RIAS und an-

derer offener Propaganda sollten wir einfließen lassen, dass mit der Befreiung Ost-Deutschlands innerhalb von drei bis fünf Jahren gerechnet werden kann. (...) Unsere Propaganda muss klarmachen, dass die Befreiung ohne Krieg erreicht wird, aber nicht ohne Kampf.« Dafür sollte der RIAS auch Unterrichtsprogramme für junge DDR-Bürger vorbereiten, die nach der »Befreiung Ostdeutschlands« verantwortliche Funktionen übernehmen könnten.[85]

Interessanterweise wollten die USA – zumindest jenem strategischen Plan von 1951 zufolge – nach dem angestrebten Sturz der kommunistischen Regime das Rad der Geschichte keineswegs völlig zurückdrehen. »Die Rückkehr [der osteuropäischen Staaten einschließlich DDR, d. Verf.] nach Europa bedeutet keine Rückwendung in die Vergangenheit. [Das neue Europa] wird keine neuen Ungerechtigkeiten an die Stelle der alten setzen, indem es etwa alle ökonomischen oder sozialen Veränderungen aufhebt, die in Osteuropa seit dem Ende des Krieges vollzogen wurden.«[86]

Bei aller Propagandaarbeit der USA und des RIAS – ein nicht immer feinsinniges Geschäft – sollte vermieden werden, bei den Menschen in der DDR allzu große Hoffnungen zu wecken, die sie zu übereilten Aktionen hätten verleiten können. Zumindest vertrat die amerikanische Hohe Kommission Mitte 1950 diesen Standpunkt. »Unter allen Umständen sollten wir es vermeiden, eine Widerstandsbewegung hervorzurufen, die zum Scheitern verurteilt ist.«[87]

Etwa Mitte 1952 schickte die Hohe Kommission ein vertrauliches Schreiben mit Vorschlägen für eine effektivere Propaganda an das US-Außenministerium in Washington. Darin zählte sie verschiedene Formen vor allem des passiven Widerstands auf, die den Menschen in der DDR über den RIAS empfohlen werden sollten, darunter ein Massenboykott sowjetischer Filme oder die Störung politischer Versammlungen durch anhaltendes Husten. »Die Verbreitung dieser Methoden muss über die Radio-Station geschehen, die ständigen Kontakt zur Bevölkerung halten muss.«[88]

Planungen sind das eine, konkrete Sendungen das andere. Die des RIAS folgten durchaus politischen Zielsetzungen, wenn die Redakteure auch nicht jede Anregung zur Propagandaarbeit umsetzten.

Die wichtigsten regelmäßigen Sendungen speziell für Ost-Berlin und die DDR waren Anfang der fünfziger Jahre

- »Werktag der Zone« (Montag bis Samstag 5.35 – 5.40 Uhr),
- »Berlin spricht zur Zone« (Montag bis Samstag 19.45 – 20.00 Uhr),

Im »Werktag der Zone« wurden die Arbeiter in der DDR, bevor sie sich auf den Weg zur Frühschicht machten, laufend über die Lage in den Betrieben, über Arbeitsbedingungen, Materialmangel, Probleme bei der Planerfüllung etc., informiert. Ab März 1953 stand die Frage der Normerhöhung im Mittelpunkt. Nun kam auch der Leiter der »Beratungsstelle Ost« des westdeutschen Gewerkschaftsbundes DGB, Gerhard Haas, in der Sendung mehrmals zu Wort. Haas war alles andere als ein Leisetreter. »In dieser ernsten Situation würden wirklich freie Gewerkschaften den Generalstreik proklamieren.« (RIAS, 24. März 1953)[89] Auf dem Höhepunkt des Normenstreits sagte Haas Anfang Juni im RIAS: »Denkt nicht, Kollegen, daß Euer Kampf aussichtslos ist! (...) Erinnert Euch an die Vorkommnisse mit der Nacharbeit der Feiertage und mit den Gratifikationen! Auf einen groben Klotz gehört ein grober Keil!«[90]

Es war übrigens eben dieser Gerhard Haas, der Anfang 1953 als einer von ganz wenigen Beobachtern eine krisenhafte Zuspitzung in der DDR bis hin zu einem Aufstand für möglich, wenn nicht gar wahrscheinlich hielt. Es bestünde der »Wille zu Vorbereitungen für einen Aufstand, wenn vom Westen dazu aufgerufen würde«, wird er in einem Geheimbericht der Hohen Kommission Berlin an das US-Außenministerium über die Stimmungslage in der DDR vom Februar 1953 zitiert.[91]

Regelmäßig verbreitete der RIAS auch Warnungen vor Zuträgern der SED. Das hörte sich dann etwa so an: »Achtung Äschesleben! Willi D(...) – Willi D(...), wohnhaft Hohestraße, beschäftigt bei der Stadtverwaltung. Als Spitzel und williges Werkzeug der SED bekannt.« Die Namen wurden dem RIAS zumeist von der West-Berliner »Kampfgruppe gegen Unmenschlichkeit« und dem Ostbüro der SPD zugespielt. Bevor der Name gesendet wurde, musste er von drei Personen unabhängig voneinander identifiziert worden sein, was jedoch nicht ausschloss, dass zuweilen auch jemand zu Unrecht als Spitzel bezeichnet wurde.

Viele Informationen erhielt der RIAS direkt von DDR-Bürgern, die die offene Sektorengrenze nach West-Berlin passierten, um dort zu arbeiten, ins Kino zu gehen oder einzukaufen. Im RIAS-Funkhaus berichteten sie quasi aus erster Hand von Vorfällen und Stimmungen in der DDR.

Mit der Sendung »Berlin spricht zur Zone« wandte sich der RIAS allabendlich an die gesamte DDR-Bevölkerung. Auch hier gab es kritisch-sachliche Berichte über Missstände und Repressionen in Verbindung mit scharfen Angriffen gegen das SED-Regime sowie Ratschlägen für die Praxis. So hieß es in der Sendung vom 29. Mai 1953 im Anschluss an einen Streikbericht: »Nun, dieses eine Beispiel zeigt, wie unsere Worte, deren Wirkung wir wahrlich nicht überschätzen wollen, doch zur Tat werden können. Einzeln und isoliert können Sie [die Hörer in der »Zone«, d. Verf.] vom System besiegt werden, aber die Gemeinschaft, der wir mit unsrer Lenkung zu helfen versuchen, ist stark.«[92] Einen anderen Fall schildert Gordon Ewing, 1953 stellvertretender RIAS-Direktor: »Wir berichteten …, daß es in der Abteilung einer bestimmten Fabrik nicht notwendig war, die schlechte Luft zu atmen, daß es ohne Schwierigkeiten geändert werden konnte. Und so sandten sie [die Arbeiter, d. Verf.] eventuell eine Delegation zur Werksleitung und sagten: Wir wollen nicht mehr in dieser Weise verfahren; und es wurde geändert. (…) Man konnte eine Lawine auslösen. Es war faszinierend, die Macht des Rundfunks unter diesen besonderen Umständen zu beobachten.«[93]

Ab Mai 1953 berichtete der RIAS regelmäßig über Arbeitsniederlegungen, mit denen sich die Belegschaften einzelner Betriebe erfolgreich gegen schlechte Arbeitsbedingungen oder Normenhöhungen ge-

wehrt hatten, wie etwa im Mansfelder Kupferrevier (17. April), in den Ost-Berliner Niles-Werken (20. April) oder im VEB Kunstfaser Premnitz/Brandenburg (28. April). Zwar gingen keine ausdrücklichen Streikaufrufe über den RIAS; doch mehrfach wurde geschildert, dass Streiks erfolgreiche Waffen in der Auseinandersetzung mit der SED sein konnten.

Allerdings sollte man die Rolle des RIAS nicht überschätzen. Dass der Streik das wichtigste Kampfinstrument in den Betrieben war, musste man den Menschen in den traditionellen Zentren der Arbeiterbewegung in Sachsen, Berlin oder im Bitterfelder Chemiedreieck nicht erklären. Eine Bestärkung über den Äther aber mag willkommen gewesen sein.

Der Stein kommt ins Rollen

»Mehr produzieren, dann besser leben«: Technisch begründete Arbeitsnormen

Aus den politischen und ökonomischen Entwicklungen in der DDR – »verschärfter Klassenkampf«, wachsende Versorgungsmängel etc. – zogen 1952/53 immer mehr Menschen ihre persönlichen Konsequenzen, indem sie der DDR durch das »Schlupfloch Berlin« den Rücken kehrten. Allein in den ersten sechs Monaten nach Proklamierung des Sozialismus-Aufbaus flohen mehr als 110 000 Personen in den Westen, darunter viele junge und gut ausgebildete Leute sowie, für die SED besonders peinlich, über 6000 SED- bzw. FDJ-Mitglieder. Anfang 1953 schwoll der Flüchtlingsstrom auf über 30 000 Menschen pro Monat an. Im März waren es sogar mehr als 58 000 registrierte Flüchtlinge.[94]

Doch die SED-Führung ließ sich davon nicht beirren und hielt eisern am Kurs auf den »Sozialismus« fest. Die offizielle Parole lautete: »Erst mehr produzieren, dann besser leben.« Demgemäß beschlossen das ZK der SED und die DDR-Regierung am 28. Mai 1953 eine generelle Normerhöhung um 10 Prozent. In Kraft treten sollte sie ausgerechnet zum 30. Juni, Ulbrichts 60. Geburtstag, für den pompöse Feierlichkeiten geplant waren.

Die Arbeiter waren von der Normerhöhung wenig angetan, bedeutete sie doch für die allermeisten einen realen Lohnverlust von 20 bis 30 Prozent. Bereits die Einführung der »technisch begründeten Arbeitsnormen« (TAN) hatte in den vergangenen Monaten für miese Stimmung in den Betrieben gesorgt, da Manipulationen beim Zustandekommen leicht zu durchschauen waren. Die TAN wurden aus dem Mittelwert der Durchschnittsleistungen und der Leistung von Aktivisten gebildet, deren Arbeitsbedingungen zuvor aufwendig verbessert worden waren. Durch Einführung der TAN war es bereits vielfach zu Lohnverlusten gekommen.[95]

Die Normerhöhungen vom Mai 1953 brachten das Fass zum Überlaufen. In mehreren Betrieben kam es nach Bekanntgabe des Ministerratsbeschlusses am 29. Mai zu spontanen Arbeitsniederlegungen, so in einer Leipziger Eisengießerei mit 900 Mitarbeitern, auf einigen Ost-Berliner Baustellen, in Eisleben und Fürstenwalde. In Chemnitz (im Mai 1953 in Karl-Marx-Stadt umbenannt) traten am 2. 6. 1953 in der Nagema-Maschinenfabrik »100 Kollegen, die mit der Normerhöhung nicht einverstanden sind«, für mehrere Stunden in den Streik.[96]

Aus der ganzen DDR berichteten Partei-Informanten über zunehmenden Unmut unter den Arbeitern.[97] Besorgnis erregend für die SED war auch, dass in einigen Betrieben »ein großer Teil der Parteimitglieder und Kandidaten die Arbeit mit niederlegten«, wie die Parteiführung Anfang Juni in einem Sammelbericht zur Stimmungslage erfuhr.[98]

Der »Neue Kurs«

Doch der »Aufbau des Sozialismus« lief weiter auf Hochtouren – ungeachtet aller Versorgungsprobleme und Unmutsäußerungen in der Bevölkerung; ebenso die Vorbereitungen für die Feierlichkeiten zu Ulbrichts 60. Geburtstag. In dieser Situation wurden Ende Mai 1953 Ulbricht und Grotewohl, die beiden mächtigsten Männer in der DDR, überraschend nach Moskau beordert.

Tatsächlich war es keine Ein-, vielmehr eine Vorladung der SED-Spitzenpolitiker. Die Kremlführung nämlich war in höchster Sorge. Seit Wochen erhielt sie von ihren Statthaltern in Ost-Berlin düstere Berichte über den wirtschaftlichen und politischen Zustand der DDR, aus denen hervorging, dass der von Ulbricht proklamierte »beschleunigte Aufbau des Sozialismus« binnen kurzem in einem Desaster enden würde. Es musste etwas geschehen, unverzüglich und ohne falsche Rücksichtnahmen.

Am 3./4. Juni 1953 wurden Ulbricht, Grotewohl und dem mitgereisten Politbüro-Mitglied Fred Oelßner im Kreml die Leviten gelesen, dass ihnen Hören und Sehen verging. Chruschtschow, Berija, Molotow sagten den deutschen Genossen auf den Kopf zu, dass ihre Politik der vergangenen Monate von vorne bis hinten verfehlt wäre. Das Ruder müsse herumgerissen werden, bevor es zu spät sei.

Die handschriftlichen Aufzeichnungen Grotewohls geben einen Eindruck von der Alarmstimmung, in der das Moskauer Treffen stattfand:

»Molotow: So viele Fehler darum so korrigieren dass ganz D.[eutschland] es sieht.

Beria: rasch u. kräftig korrrigieren

Kaganowitsch: schlimm ist Republikflucht

Malenkow: … Wenn wir jetzt nicht korrigieren kommt eine Katastrophe.«[99]

Ulbricht und Genossen erhielten den Auftrag, noch in der Nacht aufzuschreiben, mit welchen Maßnahmen sie aus der völlig verfahrenen Lage herauszukommen gedachten. Doch das hektisch entworfene Papier wurde ihnen am nächsten Morgen von Berija quasi vor die Füße geworfen. Sie sollten keine Phrasen liefern, so ein wutentbrannter Berija, sondern konkrete Vorschläge machen, wie man die drohende Katastrophe abwenden könne. Chruschtschow berichtete

später: »Berija [schrie] den Genossen Ulbricht und andere deutsche Genossen derart an, daß es schon peinlich war.«[100] Nun merkten auch Ulbricht und Grotewohl, was die Stunde geschlagen hatte. Mit einigen Korrekturen war es offensichtlich nicht mehr getan. Es half nur noch eine völlige Neuausrichtung der Politik – ein »neuer Kurs«.

Quasi als Anleitung für diesen »neuen Kurs« wurde Ulbricht und Grotewohl von der Sowjetführung ein Papier mit dem Titel »Über die Maßnahmen zur Gesundung der politischen Lage in der Deutschen Demokratischen Republik« übergeben. Schon der erste Satz redete Klartext: »Infolge der Durchführung einer fehlerhaften politischen Linie ist in der [DDR] eine äußerst unbefriedigende politische und wirtschaftliche Lage entstanden.«[101] Ein deutlicher Beweis dafür sei der anhaltende Flüchtlingsstrom. (Ulbricht hatte ihn bislang eher als unvermeidliche Begleiterscheinung des »verschärften Klassenkampfes« betrachtet.) Hauptursache sei die Proklamierung des Sozialismus »ohne Vorhandensein der dafür notwendigen realen sowohl innen- als auch außenpolitischen Voraussetzungen.« Kein gutes Haar ließ die Moskauer Führung an der bisherigen SED-Politik. Die Propaganda für den »Übergang der DDR zum Sozialismus [ist] als unrichtig zu betrachten, da sie die Parteiorganisationen der SED zu unzulässig vereinfachten und hastigen Schritten sowohl auf dem politischen als auch auf dem wirtschaftlichen Gebiet treibt.«

Das Moskauer Papier nannte mehrere Sofortmaßnahmen, um den Karren wieder aus dem Dreck zu holen. Die Werbung für die LPG und sämtliche Repressionen gegen Mittel- und Großbauern müssten eingestellt werden. Desgleichen wurde der DDR-Führung aufgetragen, private Unternehmer und Geschäftsleute nicht weiter zu drangsalieren und die Bevorzugung der Schwerindustrie auf Kosten der Konsumgüterproduktion zu revidieren. In der Justiz seien Willkür

3. 6. 53   Fortsetzung

35

dieselbe Zusammensetzung

Malenkow: Alles muß ausgehen von der Änderung der Verhältnisse in der DDR.

Beria: Wir alle haben den Fehler mitgemacht; keine Vorwürfe

Molotow: So viele Fehler darin, so korrigieren daß ganz D. es sieht.

Cruschow: L.P.G. größte Freiwilligkeit.

Beria   rasch u. kräftig korrigieren — der Dok. kommt Ihr viele mit einem schlimmer ist

Kaganowitsch   Republikflucht. Unser Dokument ist Wendung einer — ist Reform.

Mikojan: ohne Revision des 5 Jahrplan (Schwerindustrie) ist Umschwung unmöglich. Warum Hüttenbau, man kann doch Grieß kaufen.

Malenkow: Nicht Prestige fürchten; wenn wir jetzt nicht korrigieren kommt eine Katastrophe. Offene Korrektur. Seele

Lenin = Nep-Politik

Verspätete Viel-Zeit verloren. Man muß schnell handeln. Richtiger Arbeitsstil.

Ulbricht: keine Panik bei L.P.G.

1) Senkung des Ablieferungssoll

2) M.T.S. besser ausstatten

und überzogene Härte abzustellen. Auch die Unterdrückung der Kirchen, insbesondere der »Jungen Gemeinde«, müsse sofort aufhören. Im Mittelpunkt der Politik habe fortan der Kampf »für die Wiederherstellung der nationalen Einheit Deutschlands und zur Abschließung eines Friedensvertrages« zu stehen.[102]

Für Ulbricht war das ein mächtiger Schlag ins Kontor. Nun hatte er es schriftlich, dass sein »beschleunigter Aufbau des Sozialismus« in den Augen der neuen Moskauer Führung von Anfang an verfehlt und ideologische Verblendung war. Widerrede war zwecklos und im sowjetischen Herrschaftsbereich auch nicht gerade üblich.[103]

Über die kritische Lage in der DDR war Moskau spätestens seit Februar 1953 sehr genau informiert, u.a. durch einen französischen Geheimbericht, der dem sowjetischen Nachrichtendienst bekannt geworden war. Moskau kam zu der Erkenntnis, dass die DDR »alle Anziehungskraft für die Bürger Westdeutschlands verloren habe.«[104] Im März 1953 berichtete die Sowjetische Kontrollkommission aus Berlin-Karlshorst, dass es für Polizei und Staatssicherheitsdienst der DDR immer schwieriger werde, die Lage unter Kontrolle zu halten. Innenminister Berija gab im Mai 1953 der Moskauer Führung einen unverblümten Bericht über den Flüchtlingsstrom, der »nicht allein durch … feindliche Propaganda«, sondern auch durch »die in der DDR auftretenden Schwierigkeiten bei der Versorgung der Bevölkerung mit Lebensmitteln und Konsumgütern« zu erklären sei.[105] Im April 1953 schließlich reiste ein hoher KP-Funktionär nach Ost-Berlin und drängte die DDR-Führung zu Änderungen in ihrer Wirtschaftspolitik. Vor allem die Versorgungslage müsse kurzfristig verbessert werden.

Während die sowjetische Führung einer DDR-Delegation in Moskau die Leviten liest, macht sich Otto Grotewohl eifrig Notizen.

Doch Ulbricht blieb stur. Im »Neuen Deutschland« vom 7.5.1953 verkündete er unbeirrt: »Der Staat … führt erfolgreich die Funktion der Diktatur des Proletariats aus. Das heißt, er löst die Grundaufgabe der Übergangsperiode vom Kapitalismus zum Sozialismus …« Auch die kritische Einschätzung einiger SED-Funktionäre vom April 1953, der zufolge die Politik des »Aufbau des Sozialismus« nicht durchzuhalten sei, stieß bei Ulbricht auf taube Ohren.[106]

Nun allerdings hatten die Genossen laut genug gesprochen. Noch aus Moskau gaben Ulbricht und Grotewohl erste Anweisungen zur Umsetzung des vom Kreml verordneten »Neuen Kurses«. »Der Druck und die Herausgabe aller Bücher und Broschüren usw. über die II. Parteikonferenz … sind sofort einzustellen.«[107]

Am 6. und 9. Juni beschloss das Politbüro den »Neuen Kurs«. Dieser bestand zunächst einmal in der Zurücknahme fast aller Maßnahmen der vergangenen Monate. Vom beschleunigten Aufbau des Sozialismus war keine Rede mehr. Sämtliche Transparente und Plakate mit dem nunmehr tabuisierten Begriff mussten buchstäblich über Nacht aus dem Straßenbild verschwinden. Repressionen gegen die Privatwirtschaft wurden zurückgenommen, ebenso Zwangsmaßnahmen gegen Mittel- und Großbauern. Die Werbung für Landwirtschaftliche Produktionsgenossenschaften wurde weitgehend eingestellt. Nicht existenzfähige LPGs sollten aufgelöst werden. Gegen diesen seiner Meinung nach voreiligen Beschluss erhob als einziger Rudolf Herrnstadt Einspruch.[108]

Das Politbüro beschnitt zudem die Auswüchse des Personenkults um Ulbricht und andere Führungskader. Die Feiern zu Ulbrichts 60. Geburtstag am 30. Juni 1953 wurden abgeblasen und die Praxis, Fabriken oder Stadien nach lebenden Partei-Funktionären zu benennen (»Walter-Ulbricht-Stadion« – »Walter-Ulbricht-Werke« in Leuna etc.) aufgegeben.[109]

Dokument No.

27

Streng geheim

ÜBER DIE MAßNAHMEN ZUR GESUNDUNG DER POLITISCHEN

LAGE IN DER DEUTSCHEN DEMOKRATISCHEN REPUBLIK

Infolge der Durchführung einer fehlerhaften politischen
Linie ist in der Deutschen Demokratischen Republik eine äußerst
unbefriedigende politische und wirtschaftliche Lage entstanden.

Unter den breiten Massen der Bevölkerung, darunter auch
unter der Arbeitern, Bauern und der Intelligenz ist eine ernste
Unzufriedenheit zu verzeichnen in bezug auf die politischen und
wirtschaftlichen Maßnahmen, die in der DDR durchgeführt werden.
Das kommt am deutlichsten in der massenhaften Flucht der Einwohner der DDR nach Westdeutschland zum Ausdruck. So haben vom Januar 1951 bis April 1953 447 Tausend Personen nach Westdeutschland
geflüchtet, darunter über 120 Tausend lediglich während der vier
Monate des Jahres 1953. Einen bedeutenden Teil der Geflüchteten
machen werktätige Elemente aus. Unter den 1953 geflüchteten befinden sich: Arbeiter - etwa 18 Tausend, mittlere und Kleinbauer,
Handwerker und Rentner - etwa 9 Tausend, Angesellten und Angehörigen der werktätigen Intelligenz - etwa 17 Tausend, Hausfrauen-
über 24 Tausend. Von den Einheiten der kasernierten Polizei sind
nach Westdeutschland 8 Tausend Mann geflüchtet. Es fällt auf, dass
sich unter den innerhalb der vier Monate 1953 nach Westdeutschland Geflüchteten 2.718 Mitglieder und Kandidaten der SED und
2.610 Mitglieder der FDJ befinden.

Als Hauptursache der entstandenen Lage ist es anzuerkennen,
daß gemäß den Beschlüssen der Zweiten Parteikonferenz der SED,
gebilligt vom Politbüro des ZK der KPdSU(B), fälschlicherweise
der Kurs auf einen beschleunigten Aufbau des Sozialismus in Ostdeutschland genommen worden war ohne Vorhandensein der dafür
notwendigen realen sowohl innen- als auch außenpolitischen Voraussetzungen. Die sozial-wirtschaftlichen Maßnahmen, die in Verbindung damit durchgeführt werden, und zwar eine Beschleunigung der
Entwicklung der schweren Industrie, die dabei auch keine gesicher-
te Rohstoffquellen hat, eine jähe Einschränkung der Privatinitia-
tive, die die Interessen einer breiten Schicht der nicht großen

Auch der Kampf gegen die Kirche wurde sofort eingestellt. »An die Genossen Zaisser, Maron und den Generalstaatsanwalt ist Anweisung zu geben, keinerlei weitere Maßnahmen gegen die sogenannte ›Junge Gemeinde‹ und andere kirchliche Einrichtungen vorzunehmen.«[110]

Relegierte Schüler und Studenten sollten umgehend wieder aufgenommen, versäumte Prüfungen nachgeholt werden. Grotewohl gab Anweisung, der evangelischen Kirche unverzüglich 3,961 Millionen Mark zu überweisen. Das entsprach einem Drittel der für 1953 vorgesehenen staatlichen Unterstützung, die bislang aus politischen Gründen zurückgehalten worden war. An die katholische Kirche zahlte die DDR im Jahr 1953 rund 690 000 Mark Unterstützungsgelder, an die jüdische Gemeinde 28 000 Mark.[111]

Am 11. Juni 1953 veröffentlichte das SED-Zentralorgan »Neues Deutschland« ein Kommuniqué zum »Neuen Kurs«. Für die völlig unvorbereiteten Leser in der DDR war diese Kehrtwendung wie ein Schlag vor den Kopf. Selbstredend waren die meisten Menschen erleichtert, ließ sie doch auf größere Freiräume – politische und wirtschaftliche – sowie auf eine bessere Versorgungslage hoffen. Aber gehörig verwirrt waren sie auch, insbesondere aktive SED-Mitglieder und Funktionäre, die in den vergangenen Monaten mit mehr oder weniger Begeisterung jede neue Zwangsmaßnahme der Partei im Zuge des »Sozialismus-Aufbaus« gegenüber Nachbarn und Kollegen gerechtfertigt hatten. Das alles sollte nun nicht mehr gelten.

Rudolf Herrnstadt hatte deshalb vorgeschlagen, den »Neuen Kurs« nur scheibchenweise und nach propagandistischer

Vorbereitung bekannt zu geben – er dachte an einen Zeitraum von 14 Tagen –, um eine zu große Verunsicherung der Bevölkerung zu vermeiden. Der sowjetische Hohe Kommissar Wladimir S. Semjonow bestand jedoch in scharfem Ton auf der unverzüglichen Veröffentlichung. Mit einer denkwürdigen Begründung: »In 14 Tagen werden Sie vielleicht schon keinen Staat mehr haben.«[112]

Vorbereitet oder nicht, für die meisten DDR-Bürger überwogen die positiven Aspekte der politischen Wende. Es würde Erleichterungen für private Unternehmer und Geschäftsinhaber geben, Zugeständnisse an selbstständige Bauern. Zurückkehrende Flüchtlinge sollten ihr Land wiederbekommen. Der Kampf gegen Kirchen und »Junge Gemeinde« wurde eingestellt. Bei der Strafverfolgung sollten »Härten« überprüft werden.

Während die SED mit allen propagandistischen Mitteln versuchte, ihre 180-Grad-Drehung als Beweis von Lernfähigkeit und Stärke hinzustellen, sahen viele DDR-Bürger den »Neuen Kurs« eher als Eingeständnis von Versagen und Schwäche. Dabei wussten sie nicht einmal, dass Ulbricht dieser Richtungswechsel von Moskau faktisch aufgezwungen worden war. Die Stimmungsberichte an die SED-Zentrale sprachen mitunter eine deutliche Sprache. »Einige begrüßten die Maßnahmen und sagten, daß sie schon vorausgesehen hätten, daß es nicht so weitergehen würde. Andere antworteten: ›Na, seht ihr euern Quatsch nun endlich ein, es ist sowieso Dreck, was ihr bisher gebaut habt.‹«

Auf der Mathias-Thesen-Werft in Wismar trat am 13. Juni ein Arbeiter auf, der die »Partei und die Beschlüsse des Politbüros verhöhnt(e)« und rundweg die Absetzung der Regierung und freie Wahlen verlangte.[113]

In vielen Dörfern sorgte die Abwendung von der radikalen Kollektivierungspolitik für Erleichterung. So heißt es in einem

Der »Neue Kurs«: Erste Seite des Dokuments von Anfang Juni 1953, in dem die Moskauer Führung den »beschleunigten Aufbau des Sozialismus« in der DDR als schweren Fehler bezeichnet und der SED einen radikalen Kurswechsel verordnet.

SED-Bericht aus dem Kreis Köthen: Es »sollte eine Gründungsversammlung einer LPG stattfinden, die aber abgesagt wurde. Die Genossen aus dem Gründungskomitee waren froh, daß sie keine Genossenschaft gründen brauchten.«[114]

Mancherorts weckte der »Neue Kurs« bereits weitergehende Fantasien, wie zum Beispiel im Kreis Dessau, wo laut Meldung eines SED-Instrukteurs vom 12. Juni in einem Betrieb über »eine einheitliche Währung zwischen Westdeutschland und der DDR« diskutiert wurde.[115]

Keineswegs versöhnt zeigte sich der Besitzer eines Fahrradgeschäfts in Berlin: »Das werde ich Euch nie vergessen, daß ihr mir die Lebensmittelkarte entzogen habt und wenn es auch nur 1 Monat war.«[116]

Mit drohendem Unterton äußerten sich am 12. Juni auch Arbeiter der Berliner Bau-

Union: »Jetzt machen sie das wieder gut, was sie vorher versaut haben, aber die Normen sollen sie dabei nicht vergessen.«[117]

Das aber war der entscheidende Punkt: Von einer Rücknahme der Normerhöhungen war nirgends die Rede. Während es für Privatunternehmer und Bauern erhebliche Verbesserungen geben sollte, schienen die Arbeiter – eigentlich doch die »führende Klasse« – leer auszugehen. Kein Wunder, dass in den Betrieben die Frage der Normen nach Bekanntgabe des »Neuen Kurses« mit noch größerer Leidenschaft diskutiert wurde. Wiederholt kam es auch zu kurzfristigen Arbeitsniederlegungen, um der Forderung nach Normensenkung Nachdruck zu verleihen, so am 12./13. Juni im Ifa-Werk Halle, in der Baumwollspinnerei Leipzig und in der Maschinenfabrik Meuselwitz. Die SED-Spitze war über diese Vorgänge durch Berichte der Abteilung »Leitende Organe der Partei und Massenorganisationen« genauestens informiert.[118] Doch erneut blieb Ulbricht stur. Als er am 15. Juni erfuhr, dass

Rudolf Herrnstadt (2. Reihe, 2. v. l.) wird im Juni 1953 zum schärfsten Kritiker und Rivalen Ulbrichts (1. Reihe, 2. v. l.) in der SED. Rechts neben Ulbricht Ministerpräsident Grotewohl.

auf Berliner Baustellen Streikvorbereitun-
gen im Gange waren, um die Senkung der
Normen durchzusetzen, schlug er mit der
Faust auf den Tisch und schrie: »Das kommt
überhaupt nicht in Frage. Wir werden keinen Rückzug antreten!«[119]

Revolte gegen Ulbricht

Nicht nur in der breiten Bevölkerung empfand man den »Neuen Kurs« als Befreiung,
zumindest als Wende zum Besseren. Auch
im Politbüro, dem Machtzentrum der DDR,
war es, als habe jemand ein Fenster aufge-
stoßen.

Lang aufgestaute Kritik brach hervor,
die man aus Angst vor Repressalien bisher
zurückgehalten hatte. So eröffnete Fred
Oelßner die Aussprache am 9. Juni mit den
Worten: »Zwei Jahre lang habe ich ge-
schwiegen, heute werde ich reden.«[120] Im
Politbüro kamen nun Forderungen auf den
Tisch, die noch wenige Tage zuvor wahr-

scheinlich zu einem Parteiverfahren oder
Schlimmerem geführt hätten.

Im Zentrum der Kritik hinter streng ver-
schlossenen Türen stand Walter Ulbricht,
dessen autoritärem Führungsstil viele die
Hauptschuld an der verhängnisvollen Entwicklung in den vergangenen Monaten gaben. Staatssicherheitsminister Zaisser
sprach in der Krisensitzung am 6. Juni 1953
aus, was die meisten dachten: »Von oben bis
unten [wird] zuviel kommandiert. Das Ge-
fühl der Parteidemokratie ist verloren gegangen.«[121] Andere pflichteten ihm bei, so
der stellvertretende Ministerpräsident Heinrich Rau: Der »Parteiapparat unterdrückt
jede Initiative.«[122] Elli Schmidt, die einzige
Frau im Politbüro, brach fast in Tränen aus,
als sie bekannte: »Wir haben keine Verbindung zueinander. Ich bin noch nie so einsam

Empfang für den Hohen Kommissar der UdSSR
in Deutschland, Wladimir S. Semjonow (l.), in
Schloss Niederschönhausen in Berlin am 10. Juni
1953. Semjonow gilt als – zumindest zeitweiliger –
Kritiker Ulbrichts (3. v. r.).

gewesen wie jetzt im Politbüro.«[123] Walter Ulbricht wurde nicht geschont. Man hielt ihm vor, im persönlichen Umgang grob und dabei selbst übermäßig empfindlich zu sein, mit ausgeprägtem Hang zum Kommandieren. Sogar Erich Honecker, sonst treu ergebener Vasall des Generalsekretärs, äußerte verhaltene Kritik: »Uns ist der Mut genommen offen zu sprechen.«[124]

Angeprangert wurde auch die Rolle des so genannten Sekretariats, mit dem sich Ulbricht eine Art Neben-Politbüro geschaffen hatte. Mittlerweile wurden dort die wichtigsten Entscheidungen über die Köpfe des Politbüros hinweg vorgenommen. Dem Sekretariat gehörten neben Ulbricht Hermann Axen, Fred Oelßner, Karl Schirdewan, Otto Schön, Willi Stoph und Paul Verner an. Nach dem 17. Juni 1953 wurde es aufgelöst.

An den dramatischen Sitzungen des Politbüros Anfang Juni nahm auch Wladimir S. Semjonow teil, Hoher Kommissar und damit oberster Statthalter Moskaus in der DDR. Dabei kam es am 6. Juni zwischen Semjonow und Rudolf Herrnstadt, als Chefredakteur des »Neuen Deutschland« und Kandidat des Politbüros eine Schlüsselfigur der kommenden Ereignisse, zu einem bemerkenswerten Wortwechsel. Herrnstadt fragte Semjonow vor Beginn der Sitzung: »Sie nehmen an unserer Sitzung teil?« Semjonow: »Ja, ich habe eine entsprechende Weisung. (Vertraulich) Die Weisung lautet sogar, *aktiv* teilzunehmen …«[125] Offenkundig hatte man in Moskau entschieden, die SED-Führung noch stärker an die Kandarre zu nehmen.

Während der Kritik an Ulbricht verhielt Semjonow sich still, forderte abschließend jedoch konstruktive Vorschläge zur Überwindung der Misere. Eins müsse endlich klar sein: Es gehe nicht um Reformen, sondern um »Wendung«. Das alles ohne falsche Rücksichten und ohne falsche Bescheidenheit. Denn, so Semjonow, die DDR müsse

»ein magnetisches Feld werden für Westd.[eutschland], Frankreich, Italien.«[126]

Wilhelm Zaisser hielt tiefgreifende Reformen für notwendig, wobei er eine geradezu verwegene Parallele zog: »Änderungen wie seit 1918 nicht.«[127] Immerhin war 1918 in Deutschland die Monarchie gestürzt und die Republik ausgerufen worden. Fred Oelßner, noch ganz unter dem Eindruck der Moskauer Lektion, stellte seine Vorschläge unter das Motto: »Unsere Aufgabe ist, dass sich jeder wohl fühlt.« Jeder? Nicht nur Arbeiter und Bauern, die führenden Klassen und ihre Partei? War das ein Plädoyer für Toleranz und Pluralismus jenseits des bisher propagierten Klassenkampfes? Wie weit er gehen wollte, ließ Oelßner zwar offen, doch seine Forderungen zielten auf deutliche Liberalisierungen: Vereinsfreiheit, größere Freiräume für die Presse, insgesamt die »Lockerung der Diktatur«, was auch einen ehrlicheren und gleichberechtigten Umgang mit den Blockparteien einschließen sollte.[128] Mit der Vereinsfreiheit forderte er eines der wichtigsten bürgerlichen Freiheitsrechte. Es ist aber fraglich, ob sich Oelßner der politischen Brisanz dieses Vorschlags bewusst war.

Am 9. Juni kam es im Politbüro zur Generalabrechnung. Offen und leidenschaftlich wurde die »Diktatur« Walter Ulbrichts angeprangert, seine Praxis, einsame Entschlüsse auf dem Weg des »Administrierens« durchzusetzen. Von allen Seiten prasselten die Vorwürfe auf den Parteichef ein. Sogar Honecker äußerte – vergleichsweise vorsichtig – Kritik an seinem Befehlston. Einhellig war man der Meinung, dass eine kollektive Führung an Stelle der Quasi-Diktatur Ulbrichts treten müsse.

Vor allem Zaisser und Herrnstadt konnten zufrieden sein, hatten sie doch seit Jahren wiederholt für das Prinzip der »kollektiven Führung« plädiert. Am Schluss der dramatischen Sitzung meldete sich noch einmal Semjonow zu Wort und sagte: »Ja. Genosse

Ulbricht, meiner Meinung nach ist es jetzt an Ihnen, aus dieser sehr fundierten Kritik des Politbüros ernste Folgerungen zu ziehen.«[129]

Tatsächlich schien Ulbricht Einsicht zu zeigen. Am 13. Juni erlebte das Politbüro einen reumütigen Generalsekretär: Ja, das Kommandieren habe zu großen Fehlern geführt. Er sei »zu stark persönlich aufgetreten« und »habe zu viel Arbeit an [sich] gezogen.« So hatten die Genossen Ulbricht noch nicht erlebt. »Ich danke den Genossen für die Kritik, sie war recht. Ich übernehme die Verantwortung für meine Fehler.«[130]

Es war allerdings fraglich, ob Ulbricht diese Zerknirschung noch etwas nützen würde. Vieles deutete in diesen Juni-Tagen darauf hin, dass die Uhr für ihn abgelaufen war. Aus den Spalten des »Neuen Deutschland« zum Beispiel war sein Name seit dem 10. Juni bereits verschwunden. Und vor allem: Wenige Tage zuvor hatte I.I. Iljitschow, Chef der sowjetischen Mission in Ost-Berlin und politischer Berater des Hohen Kommissars, Rudolf Herrnstadt beiseite genommen und gesagt: »Sie und Zaisser nehmen ein paar Genossen aus dem Politbüro …, gehen gemeinsam zu Ulbricht … und sprechen mit ihm. … und wenn er nicht verstehen will, … werden wir tätig werden.«[131] Eine kaum verschleierte Aufforderung, Ulbricht zu stürzen?

Dass der Wind sich gedreht hatte, spürten auch die Menschen in der DDR, nicht zuletzt bei der Lektüre des »Neuen Deutschland« (ND), das mit ganz neuen Tönen aufwartete. So war dort am 13. Juni zu lesen: »Mit diesem bedeutsamen Kommuniqué des Politbüros [zum »Neuen Kurs«, d. Verf.] tritt die Partei vor die Massen des Volkes hin und erklärt frei und offen: Wir haben in der Vergangenheit eine Reihe ernster Fehler begangen … deshalb scheuen wir uns nicht, vor aller Augen diese Fehler aufzudecken, denn wir wissen, daß die Erkenntnis von Fehlern

die erste und unbedingte Voraussetzung für deren Überwindung ist.« Am folgenden Tag erschien im ND ein Artikel mit der programmatischen Überschrift »Es wird Zeit, den Holzhammer beiseite zu legen«. In ungewohnter Deutlichkeit wurde darin die Praxis der Normerhöhungen kritisiert. Es sei falsch, neue Normen – wie geschehen – einfach zu verordnen, anstatt sie mit den Betroffenen offen zu diskutieren. Mit dieser »Holzhammer-Methode« müsse nun Schluss sein. Ein Bauarbeiter wurde mit den Worten zitiert: »Wir lassen uns nicht die Pistole auf die Brust setzen.«

Die Veröffentlichung des Aufsehen erregenden Artikels im Zentralorgan der SED war eine Initiative von Chefredakteur Rudolf Herrnstadt, des wichtigsten Gegenspielers Walter Ulbrichts. Tags zuvor hatte die Lokalreporterin Käthe Stern ihm von der miesen Stimmung bei den Berliner Bauarbeitern erzählt. Darauf Herrnstadt: »Du schreibst das alles auf. Man kann die Arbeiter- und Bauernmacht nicht gegen die Arbeiter und Bauern durchsetzen.«[132] Auch von Seiten der Parteipresse geriet der SED-Chef also zunehmend unter Druck.

Es braute sich etwas zusammen in der DDR.

Am 15. Juni, einem Montag, erhielt Ministerpräsident Grotewohl ungewöhnliche Post. »Wir Kollegen der Großbaustelle Friedrichshain vom VEB Industriebau wenden uns an Sie, Herr Ministerpräsident, von unseren Sorgen Kenntnis zu nehmen. (…) Wir fordern, von dieser [10 prozentigen] Normerhöhung auf unserer Baustelle Abstand zu nehmen.«

Wie bitter ernst es den Bauarbeitern war, zeigte der Schluss des Briefes: »In Anbetracht der sehr erregten Stimmung der gesamten Belegschaft fordern wir, zu diesen schwerwiegenden Punkten unverzüglich befriedigend Stellung zu nehmen und erwarten Ihre Stellungnahme bis spätestens morgen Mittag.«[133]

Nicht schüchterne Bittsteller traten hier auf, sondern selbstbewusste Arbeiter, die ihrer Regierung – die sich doch unentwegt als »Arbeiter-Regierung« bezeichnete – zeigen wollten, »wo der Hammer hängt«. Doch dieser »Arbeiterregierung« war eher unbehaglich zu Mute, wenn sie in allzu direkten Kontakt mit den Arbeitern kam. Grotewohl zweifelte, ob er eine Abordnung der Belegschaft überhaupt empfangen sollte. Aber Bruno Baum, SED-Bezirkssekretär in Berlin, vertrat die Ansicht, er solle die Leute unbesorgt vorlassen. Wenn sie erst über den roten Teppich beim Ministerpräsidenten gingen, würde ihnen schon der Mut sinken und mit der Aufsässigkeit sei es vorbei.[134]

Da allerdings hatte man sich in der SED-Führung gründlich getäuscht.

Dampferfahrt mit Folgen

Der 13. Juni 1953 war ein Samstag und es herrschte Ausflugswetter.

Rund 500 Arbeiter von der Baustelle Krankenhaus Friedrichshain in Berlin machten an diesem Tag eine Dampferfahrt zum Müggelsee, Kostenpunkt 3 Mark, Getränke extra. Es wurde ein ganz besonderer Betriebsausflug, der weit reichende Folgen haben sollte.

Die Stimmung auf den beiden Schiffen – sie trugen die schönen Namen »Seid bereit« und »Triumph« – war nicht gerade ausgelassen. Denn drei Tage zuvor, am 10. Juni, hatten die Kollegen ihre ersten Lohnabrechnungen nach den neuen Normen erhalten und dabei feststellen müssen, dass sie für ihre Arbeit nun weniger Lohn bekamen. »Die Ergebnisse wurden bekannt gegeben, und die Stimmung war total auf dem Nullpunkt. Jeder dachte, damit können wir nicht mehr leben«, so ein damaliger Brigadier der VEB Industriebau.[135]

Trotzdem genossen die meisten Ausflügler das schöne Wetter und gingen bei der Müggelsee-Gaststätte »Rübezahl« an Land. Aber es lag etwas in der Luft, jeder konnte es spüren. Plötzlich stieg ein Brigadeleiter von der Stalinalle auf den Stuhl und erklärte rundheraus, dass am Montag früh gestreikt werde. Das Losungswort solle lauten »Aktion Dampferfahrt«. Ziel sei die Rücknahme der zehnprozentigen Normerhöhung. Auch ein Stasi-Spitzel hörte aufmerksam zu und denunzierte später die Wortführer der Aktion.[136] Es gab zwar einige Gegenstimmen und Bedenken, doch in der zunehmend kämpferischen Stimmung konnten sich die Streikwilligen rasch durchsetzen. »Wir machen es!«

Und dann machten sie es.

Vom Streik zum Aufstand

Die Front formiert sich

Am Montagmorgen, es war der 15. Juni 1953, verweigerten die Bauarbeiter am Krankenhaus Friedrichshain die Arbeitsaufnahme und traten in einen Sitzstreik. Man beriet über das weitere Vorgehen, woran sich auch Mitglieder von SED und Betriebsgewerkschaftsleitung (BGL) lebhaft beteiligten. Eine Resolution wurde aufgesetzt, in der die Senkung der Normen gefordert wurde. Sie sollte Ministerpräsident Otto Grotewohl persönlich übergeben werden.[137] Doch der erste Entwurf, an dem auch ein Vertreter der SED-Kreisleitung mitgewirkt hatte, fand nicht das Gefallen der Streikenden. Es wurde ein neuer, weit schärferer Text verfasst, ohne Anrede und Grußformel, dafür mit klaren Forderungen und Fristen: Rücknahme der Normerhöhung und »Stellungnahme« des Ministerpräsidenten bis »morgen Mittag«.[138] Fast klang es wie ein Ultimatum.

An der Streikversammlung auf der Baustelle Krankenhaus Friedrichshain waren auch je zwei Vertreter vom Block 40 Stalinallee und von der Baustelle Staatsoper Unter den Linden beteiligt gewesen. Sie nahmen Durchschläge des Resolutionstextes mit zu ihren Kollegen, die auf diese Weise vom Streik gegen die Normen erfuhren. Die »Aktion Dampferfahrt« zog Kreise. Per Telefon informierten die Bauarbeiter aus Friedrichshain Kollegen in anderen Bezirken. Zudem kamen im Laufe des Tages Kuriere von verschiedenen anderen Baustellen, um Erkundigungen einzuholen, so dass am Abend des 15. Juni in Ost-Berlin zumindest jeder Bauarbeiter von den Vorgängen in Friedrichshain wusste.

Inzwischen hatte auch die Partei- und Regierungsspitze von den Proteststreiks erfahren. Grotewohl erhielt schon am Nachmittag des 15. Juni die Mitteilung, dass sich »auf Baustelle Krankenhaus Friedrichshain … seit 10 Uhr rund 300 Arbeiter im Streik« befanden. Auf anderen Baustellen der VEB Industriebau hätten wegen der Normerhöhungen insgesamt 3000 Arbeiter »ihre Tätigkeit eingestellt«. Und auch eine passende Erklärung hatte man parat: Es handele sich »um eine größere, offenbar von Westberlin gelenkte Aktion«, ließ SED-Bezirkssekretär Baum verlauten.[139] Eine andere Erklärung passte einfach nicht ins Weltbild der SED-Funktionäre. Dabei war es doch eigentlich eine ganz normale Sache: Arbeiter traten in den Warnstreik, um bessere Arbeitsbedingungen und Löhne zu erreichen.

Am Abend des 15. Juni ließ besagter Bezirkssekretär Baum sich über die Forderungen der Bauarbeiter berichten. Was er zu hören bekam, klang eigentlich nicht konterrevolutionär, sondern eher kämpferisch in guter Gewerkschaftstradition. »Die Hauptargumente bei der Versammlung auf beiden Baustellen waren folgende: Die Kapitalisten kriegen Kredite [im Zuge des »Neuen Kurses«, d. Verf.] und wir sollen das durch die Normenerhöhung aufbringen. Wir unterstützen doch nicht die Kapitalisten und Großbauern …«[140]

Der RIAS berichtete erstmals am 15. Juni um 19.30 Uhr in einer kurzen Meldung von Proteststreiks in Ost-Berlin. Doch die meisten West-Journalisten hielten sie für unglaubwürdig und gaben die Meldung nicht an ihre Redaktionen weiter. Allerdings war die SED-treue Gewerkschaftsleitung mittlerweile alarmiert und bereitete in der Nacht zum 16. Juni Gegenmaßnahmen vor.

Am frühen Morgen des 16. Juni, einem Dienstag, erschien der Vorsitzende der IG Bau-Holz, Franz Jahn, mit einem Tross von 15 Instrukteuren auf der Baustelle Friedrichshain. Von ihrem eigenen Gewerkschaftschef bekamen die erregten Bauarbeiter nun zu hören, dass an der vom Ministerrat beschlossenen Normerhöhung »nicht zu rütteln« sei. Lediglich an den autoritären Methoden, mit denen die Normerhöhung durchgedrückt worden war, ließ der Gewerkschaftschef Kritik zu. Das allerdings reichte den Kollegen nicht. Sie wollten eine Rücknahme der Normen. Einhellig beschlossen sie die Fortsetzung des Streiks.

Als zwei Arbeiter sich aufmachen wollten, um ihre Kollegen vom Block 40 Stalinallee darüber zu informieren, mussten sie feststellen, dass auf der Baustelle Friedrichshain die Tore abgeschlossen und davor Volkspolizisten postiert waren. Kurz entschlossen kletterten sie über den Zaun und berichteten auf Block 40, dass die Baustelle Friedrichshain abgeriegelt sei. Die Bauarbeiter vom Block 40 waren ohnehin bereits im Aufbruch, und diese Nachricht verstärkte nur ihre Wut und Entschlossenheit. Sie wollten zum Regierungssitz marschieren, um Ulbricht und Grotewohl persönlich ihre Forderungen mitzuteilen.

Am Morgen des 16. Juni hatte ein Artikel in der Gewerkschaftszeitung »Tribüne« die Stimmung unter den Arbeitern zusätzlich angeheizt, eine Meisterleistung an taktischem Ungeschick und Fehleinschätzung der Stimmungslage. »Jawohl, die Beschlüsse über die Erhöhung der Normen sind in vollem Umfang richtig«, hieß es da. Und wieder die alten Phrasen: »Gestützt auf das unbedingte Vertrauen der Bevölkerung zu ihrer Regierung haben das Politbüro ...« usw. usf. Schließlich die autoritäre Mahnung: Es gelte, »den Beschluß des Ministerrates über die Erhöhung der Arbeitsnormen um durch-

schnittlich 10 Prozent ... mit aller Kraft durchzuführen.«

Das war das Letzte, was die Bauarbeiter in Ost-Berlin und in der DDR hören wollten. Und dass ihnen derlei ausgerechnet vom Gewerkschaftsverband FDGB zugemutet wurde, der doch eigentlich ihre, die Interessen der Werktätigen und nicht die der Regierung vertreten sollte, erhöhte bei vielen Arbeitern die Verbitterung. Nun hatte man es schwarz auf weiß: Während die DDR-Regierung im Zuge des »Neuen Kurses« privaten Unternehmern und Bauern umfassende Zugeständnisse machte und politische Liberalisierungen ankündigte, blieb sie gegenüber den Arbeitern hart.

Das konnten und wollten sich die Bauarbeiter nicht bieten lassen. Gegen 10 Uhr zogen sie vom Block 40 an der Stalinallee in Richtung Innenstadt, eine Kolonne von zunächst 200 Mann in voller Arbeitsmontur. Ein erstes Transparent wurde hochgehalten: »Wir fordern Herabsetzung der Normen«. Noch etwas dünn klang der erste Sprechchor: »Berliner, reiht euch ein, wir wollen freie Menschen sein!«

Von anderen Baustellen schlossen sich immer mehr Arbeiter an, so dass der Demonstrationszug binnen kurzem auf 1500 Personen anschwoll. Als die Menge die FDGB-Zentrale in der Wallstraße erreichte, verrammelten Gewerkschaftsfunktionäre eilends Fenster und Türen. Die Demonstranten quittierten es mit Hohngelächter und zogen weiter in Richtung Alexanderplatz. Das dortige Polizeipräsidium ließen sie links liegen und bogen in den Boulevard Unter den Linden ein. Von Passanten kamen aufmunternde Zurufe. Zahlreiche Jugendliche und Frauen reihten sich ein, der Zug nahm nun fast die gesamte Straßenbreite ein. Die Menschen wirkten selbstbewusst und entschlossen. Es wurden Spottverse gerufen: »HO macht uns k.o.« Einer schrie eine Losung, die von der Menge sogleich aufgenommen wurde: »Wir sind Arbeiter und keine

Sklaven!« Ein anderer Sprechchor lautete: »Schluss mit der Normenschinderei!«[141]

Auf den Straßen waren an jenem Vormittag nur wenige Volkspolizisten zu sehen. Sie ließen den Zug unbehindert passieren. Augenzeugen berichten, dass sich einige Volkspolizisten sogar den Protestierenden anschlossen. »Diese haben wir dann in die Mitte genommen, damit sie nicht von außen festgenommen werden konnten. Wir haben ihnen die Jacken ausgezogen und gesagt: ›Zieht mal lieber eine weiße Jacke an, damit es nicht so zu sehen ist, daß ihr Volkspolizei seid.‹«[142] Am Brandenburger Tor schwenkten die Demonstranten in die Wilhelmstraße ein und erreichten nach wenigen Minuten den Regierungssitz, das Haus der Ministerien Wilhelm-/Ecke Leipziger Straße.

Der Protestzug war inzwischen auf rund 10 000 Menschen angewachsen, die nun gegen den riesigen Gebäudekomplex andrängten. Die dort postierten Volkspolizisten hatten keinerlei Anweisungen und waren von der Situation augenscheinlich überfordert. Erschrocken zogen sie sich in den Hof des Gebäudes zurück und ließen die schweren Absperrgitter herunter. Aus den Fenstern des düsteren Baus blickten Regierungsangestellte ängstlich auf die wogende Menschenmenge.

Immer energischer verlangten die demonstrierenden Arbeiter, mit Ulbricht und Grotewohl persönlich über ihre Forderungen zu sprechen. Doch weder der SED-Chef noch der Ministerpräsident zeigten sich. Sie befanden sich gar nicht am Ort des Geschehens, sondern in einer Krisensitzung des Politbüros. Vor dem Regierungssitz wurde die Stimmung aggressiver. Nur mit Mühe konnte sich Heinz Brandt, Mitglied der SED-Bezirksleitung und entschiedener Gegner Ulbrichts (was ihm später mehrere Jahre Zuchthaus einbrachte), Gehör verschaffen: »Ich habe den Auftrag, euch einen wichtigen Beschluss des Politbüros mitzuteilen. … die zehnprozentige Normerhöhung

ist aufgehoben.« Tatsächlich hatte das Politbüro am 16. Juni vormittags beschlossen, die »obligatorische Erhöhung der Arbeitsnormen als unrichtig zurückzunehmen.«[143]

Die Hauptforderung der Arbeiter, mit der alles angefangen hatte, war also erfüllt. Doch damit war die Sache keineswegs erledigt. Auf die Mitteilung reagierten die Demonstranten mit einer Mischung aus Triumphgeschrei und Gelächter, denn längst ging es um etwas anderes. »Weg mit der Regierung! – Wir wollen freie Wahlen!«[144]

Etwa um 13 Uhr fand als einziges Regierungsmitglied Industrieminister Fritz Selbmann (SED) den Mut, zu den demonstrierenden Bauarbeitern hinauszugehen. Zuvor hatte er Ulbricht telefonisch gebeten, zum »belagerten« Regierungssitz zu kommen und mit den Leuten zu sprechen. Der SED-Chef soll das mit den Worten abgelehnt haben, die Demonstranten würden sicher bald nach Hause gehen, wenn sich niemand um sie kümmere. Zugleich soll er die Volkspolizei angewiesen haben, Zusammenstöße zu vermeiden und keinesfalls von der Schusswaffe Gebrauch zu machen.[145]

Minister Selbmann also traute sich heraus und versuchte, auf einem Tisch stehend, zu den Demonstranten zu sprechen, doch Pfiffe und Pfui-Rufe brachten ihn zum Schweigen. Etwas hilflos versuchte Selbmann es erneut: »Liebe Kollegen.«[146] Empörte Rufe: »Wir sind nicht Kollegen. Du bist ein Lump und Arbeiter-Verräter!«[147] Bauarbeiter sprangen auf den Tisch und sprachen zu den Demonstranten. Weitgehende Forderungen kristallisierten sich heraus: »Wir wollen freie Wahlen! Wir wollen Freiheit!«[148]

P. Naumov, DDR-Korrespondent des sowjetischen Parteiorgans »Prawda«, befand sich in der Menge und berichtete von den Ereignissen nach Moskau: Ein älterer Mann in Bauarbeiter-Kluft sei nun auf den Tisch gestiegen. »Er sagte, daß er bei Hitler im KZ als Kämpfer für die Rechte der Arbeiter eingesessen hätte, jetzt sähe er seine Pflicht darin, diese Rechte wiederum zu verteidigen. Die Leute applaudierten ihm. Von diesem Manne hörten wir ... die Forderungen der Streikenden: Annullierung der erhöhten Arbeitsnormen; Preisminderung in den Staatsgeschäften (HO); ... Verzicht auf Bildung der Volksarmee in der Republik; Durchführung von freien Wahlen in Deutschland.«[149]

Weitere Redner erklommen den Tisch und bekräftigten die Forderungen, bis sich unter den Demonstranten eine gewisse Ratlosigkeit ausbreitete. Niemand wusste so recht, wie es weitergehen sollte. Gegen 15 Uhr begann sich die Menge allmählich zu verlaufen. Zuvor verständigten sich die Bauarbeiter auf eine Fortsetzung des Streiks am folgenden Tag, dem 17. Juni. Dann zogen mehrere hundert Bauarbeiter über die Friedrichstraße und Torstraße zurück in Richtung Strausberger Platz/Stalinallee.

Auf dem Rückweg wurde der Zug von Propagandawagen der SED begleitet, welche die Arbeiter über Lautsprecher von weiteren Protesten abbringen wollten. Bis es den Bauleuten zu bunt wurde. »Etwa 20 Leute haben den Wagen von einer Nebenstraße aus plötzlich abgesperrt und in unsere Gewalt gebracht. Durch den Lautsprecher haben wir unsere Parolen gerufen, die dann laufend härter wurden. Es wurde zum Generalstreik aufgerufen, und alle wurden aufgefordert, am 17. Juni 1953 um 7 Uhr sich am Strausberger Platz zu versammeln«, so ein Augenzeuge.[150]

In jenem Lautsprecherwagen saß übrigens Robert Havemann, 1953 noch ein linientreuer SED-Genosse, später ein scharfer Kritiker des Regimes. Er schilderte den Vorfall wie folgt: »Im Handumdrehen war ein Wagen von einer Schar kräftiger junger Männer umringt. Unglücklicherweise lag ein Haufen Ziegelsteine in unmittelbarer Nähe ... Die ersten Ziegelsteine trafen meine Lautsprecher ... Dann zersplitterte ein Stein die Windschutzscheibe. Ich hörte

nun das Grölen und Schreien der Leute. Dann ... begannen [sie], den Wagen ins Schaukeln zu bringen ... Da ich keine Lust hatte, mit dem Wagen umzukippen, öffnete ich die Tür und sprang mitten unter die verdutzten Leute. Sie lachten und dachten nicht daran, mir ein Haar zu krümmen.«[151]

Die SED-Führung war vom Ausmaß der Arbeiterproteste an diesem 16. Juni völlig überrascht und zu keiner Reaktion fähig. Rückblickend beschrieb Robert Havemann, wie es in der Berliner Bezirksleitung am Opernplatz zuging, wo SED-Bezirkschef Hans Jendretzky, ein Kritiker Ulbrichts, recht hilflos agierte. »Jendretzky ... saß an seinem riesigen Tisch, seiner Kommandozentrale, die Hälfte des Tisches bestand aus einer Telefonanlage mit vielen Schaltern, Knöpfchen und Lämpchen. Hin und wieder schnarrte es, Hans [Jendretzky] nahm den Hörer. Er lachte hysterisch. Von allen Seiten Hiobsbotschaften: ›Es wird immer schöner!‹ oder ›Ist ja direkt großartig!‹ ... was wir jetzt tun sollten, fragten wir. Er zuckte nur mit den Schultern.«[152]

Auch bei Volkspolizei und Staatssicherheit war man unschlüssig, wie auf die Protestdemonstrationen zu reagieren sei. Während der Minister für Staatssicherheit Wilhelm Zaisser am 16. Juni noch dafür plädierte, nicht einzuschreiten, »damit sich die Geschichte totlaufe«[153], verlangte der Berliner Volkspolizei-Chef Waldemar Schmidt bereits am Vormittag des 16. Juni den Einsatz bewaffneter Kräfte. Das wurde aber von den Sowjets strikt abgelehnt.

Auf die kommenden Ereignisse wollte man bei der Volkspolizei besser vorbereitet sein: »Zur Verhinderung der geplanten Demonstration in der Stalinallee, Strausberger Platz um 7.00 Uhr, wird die Stalinallee ... in vier Abschnitte unterteilt und jeder Abschnitt mit einer Kompanie in Stärke 1/300 besetzt. Diese VP-Kräfte stehen in den Seitenstraßen ... bereit, um bei Demonstrationsbildung einzuschreiten und diese auf-

zulösen ... Darüber hinaus werden Maßnahmen eingeleitet .. zur Verhinderung von
Demonstrationsbildungen in Mitte, Friedrichshain, Prenzlauer Berg ... Hierfür stehen
z.Zt. 300 Kräfte zur Verfügung. ... Für alle
VP-Kräfte der Volkspolizei Berlin ist ab
7.00 Uhr volle Alarmstufe gege-ben.«[154]

Bis in die Nacht standen am 16. Juni dis-
kutierende Gruppen auf den Straßen von
Berlin. SED-Anhänger waren nur selten
vertreten und machten zumeist keine gute
Figur, wie Prawda-Journalist Naumow feststellen musste: »In allen Gruppen herrschte
die westliche Propaganda. Nur in einer
Gruppe sah ich [einen] Streit zwischen dem
westlichen Agitator und, wahrscheinlich, einem Mitglied der SED. Es war ein kläg-
licher Anblick. Der SEDler stammelte abge-
droschene Redensarten. Auf die konkreten
Fragen konnte er überhaupt nicht antworten. (...) Die Leute haben ihn ausgelacht,
und er verschwand bald.«[155]

Die sowjetische Führung war zu jenem
Zeitpunkt bereits durch einen telegrafischen
Bericht, den der MWD-Mitarbeiter Wadim
W. Kutschin am 16. 6. um 11.45 Uhr nach
Moskau geschickt hatte, über die explosive
Lage in Ost-Berlin informiert. Kutschin
schilderte bemüht objektiv die Demonstrationen und Forderungen der Arbeiter. Zugleich betonte er westliche Einflussnahme,
indem er unter anderem auf junge Männer
mit Fahrrädern »westlicher Produktion«
und angeblich in West-Berlin hergestellte
Flugblätter verwies, in denen die »Rückgabe
der Unternehmen an ihre früheren Besitzer«
verlangt wurde.[156]

Auch Prawda-Korrespondent Naumow
behauptete in seinem – eine Woche später
verfassten – Geheimbericht, die Proteste
seien von außen, das heißt vom Westen gelenkt. »Es ist völlig klar, dass die Losungen
im voraus verfasst wurden. Es gab einige
Brennpunkte, wo die Organisatoren ein-
und ausgingen. Sie verkündeten die nächste
Losung und gaben den Takt der Wiederho-
lung an.«[157] Das war genau, was die Partei-
führungen in Moskau und Ost-Berlin, das
heißt die dogmatischen Hardliner unter
ihnen, hören wollten.

Die Stunde des RIAS

Am 16. Juni, nachmittags um 16.30 Uhr –
die Berliner Demonstranten befanden sich
auf dem Rückweg zur Stalinallee – verbreitete der RIAS die erste Meldung über die
Ereignisse in Ost-Berlin. »Im Sowjetsektor
Berlins ist es heute zu großen Massende-
monstrationen der Arbeiter gekommen, die
vor dem Gebäude der Zonenregierung gegen
die Normenerhöhung, die Zustände im sowjetisch besetzten Gebiet Deutschlands und
die Politik der Regierung selbst protestierten. (...) Der Platz vor dem Regierungsgebäude war bald mit einer dichten Menschenmenge gefüllt, die in lauten Sprechchören rief: ›Wir fordern höhere Löhne und
niedrigere Preise, wir verlangen die Beseitigung der Normen. Weg mit der Regierung!
Wir wollen freie Wahlen!‹«[158]

Auf diese Weise erfuhren nicht nur die
West-Berliner, sondern auch und vor allem
die Menschen in der DDR – sie waren zum
großen Teil aufmerksame RIAS-Hörer – von
den Demonstrationen.

Zunächst herrschte im RIAS-Funkhaus
große Unsicherheit, wie auf die Vorgänge in
Ost-Berlin zu reagieren war. Was sollte man
zum Beispiel mit jenen drei Ost-Berliner Arbeitern anfangen, die am Nachmittag plötzlich in den Redaktionsräumen auftauchten
und vom frischgebackenen Chefredakteur
Egon Bahr atemlos verlangten, der RIAS
solle zum Aufstand in der Zone aufrufen?
»Ich sehe sie noch vor meinem Schreibtisch
mit den leuchtenden Augen des revolutionären Feuers. Ich fragte, ob es irgendwelche
Vorbereitungen gäbe, irgendwelche Verbindungen zu anderen Städten, irgendeine Organisation. Sie verneinten.«[159]

Ein »Aufruf zum Aufstand«? Das war den meisten Mitarbeitern und der US-amerikanischen Leitung des RIAS denn doch zu heiß. Eine Sendung mit den Ost-Berliner Arbeitern kam also nicht in Frage, da »es uns in die Position eines Teilnehmers anstatt eines Berichterstatters« gebracht hätte, wie der damalige stellvertretende RIAS-Chef Gordon A. Ewing später erläuterte.[160] Bahr half allerdings den Arbeitern bei der Formulierung ihrer Forderungen. Um 19.30 Uhr ging ein Forderungskatalog mit vier Punkten über den Sender und wurde später mehrfach wiederholt: »1. Auszahlung der Löhne nach den alten Normen; 2. Sofortige Senkung der Lebenshaltungskosten; 3. Freie und geheime Wahlen; 4. Keine Maßregelung der Streikenden und ihrer Sprecher«.[161]

Egon Bahr: »Drei Stunden später kam Ewing, aufgeregt, blaß, fast zitternd und gab … einen klaren Befehl: Die Forderungen des Streikkomitees dürfen ab sofort nicht mehr gesendet werden. Anordnung des amerikanischen Hochkommissars McCloy. Der habe angerufen und gefragt, ob der RIAS vielleicht den dritten Weltkrieg beginnen wolle.«[162]

Gordon Ewing erinnert sich, noch in der Nacht einen Anruf von einem Mitarbeiter der US-amerikanischen High Commission erhalten zu haben: »»Mein Gott, Gordon, sei vorsichtig. Du kannst einen Krieg mit dieser Station auslösen.‹ Er hatte vollkommen recht und ich sagte: ›Ich weiß das.‹«

Das hieß aber nicht, dass der RIAS untätig blieb. Ganz im Gegenteil. Ab 16. Juni 16 Uhr 30 wurde das gesamte Programm umgestellt und fast nur noch über die Ereignisse in Ost-Berlin berichtet.

Der RIAS, von den USA finanziert und seit Jahren von West-Berlin aus als eine publizistische Speerspitze im »Wettkampf der Systeme« eingesetzt, bildete in den folgenden Stunden und Tagen einen Brennpunkt der Ereignisse. Für die Redakteure im Schöneberger Funkhaus war es eine Gratwanderung zwischen objektiver Berichterstattung und journalistischer Einflussnahme – soweit sie politisch in ihren Augen zu verantworten war. Programmdirektor Eberhard Schütz sollte mit seinem Kommentar um 19 Uhr die Linie vorgeben. Ausnahmsweise wurde live gesendet. Schütz war die psychische Belastung deutlich anzumerken, wie sein Chef Ewing sich erinnert: Er »schwitzte, bis die Sendung begann; ich schaute ihm über die Schulter und schwitzte noch mehr. Er machte es exzellent.«[163]

Schütz begann seinen Kommentar: »Nun waren wir heute in Berlin Zeuge … einer Demonstration, die wohlüberlegt zum richtigen Zeitpunkt sich der richtigen Mittel bediente, um das Mögliche zu erreichen. (…) Die Forderung, die am Anfang des Protestmarsches stand, [wurde] erfüllt: Die leichtfertig dekretierte Normenerhöhung ist zurückgezogen … Ein jeder in der Sowjetzone und in Ostberlin kann heute abend selbstbewußt seinen persönlichen Sieg über das sowjetdeutsche Regime in der Kernfrage registrieren. (…) Verehrte Hörerinnen und Hörer, Sie forderten freie Wahlen, Sie forderten den Rücktritt der Pankower Regierung … Wir wollen es einfacher sagen: Was die Bevölkerung Ostberlins und der Sowjetzone heute will und was sie durch die ihr gegebenen Kampfmittel als erreichbar ansieht, ist nicht mehr und nicht weniger als das Ende der totalitären Herrschaft der deutschen Satelliten des Kremls … Wir, verehrte Hörerinnen und Hörer, würden uns glücklich schätzen, wenn wir Ihnen in den nächsten Tagen von weiteren Siegen berichten könnten.«[164]

In der Nacht kam auch der West-Berliner DGB-Vorsitzende Ernst Scharnowski in den RIAS. Er war Feuer und Flamme und wollte die Kollegen in der DDR über Radio zum Generalstreik aufrufen. Das ging den RIAS-Verantwortlichen allerdings zu weit, und nach einigem Hin und Her verlas Scharnowski einen – auf ausdrückliche Anweisung der US-Hohen Kommission in Bonn –

stark abgemilderten, gleichwohl ziemlich deutlichen Text. »Die Maßnahmen, die ihr als Ostberliner Bauarbeiter in voller eigener Verantwortung … beschlossen habt, erfüllen uns mit Genugtuung und Bewunderung. Ihr könnt diese Forderungen … mit vollem Recht verlangen. Eure Regierung hat selber diese Grundrechte beschlossen und damit auch für euch die Freiheit zum Kampf für bessere Arbeitsverhältnisse gestattet. … Sie [die Arbeiter] kämpfen nicht nur für die sozialen Rechte der Arbeitnehmer, sondern für die allgemeinen Menschenrechte der gesamten Ostberliner und ostzonalen Bevölkerung. Tretet darum der Bewegung … bei und sucht eure Strausberger Plätze überall auf.«[165]

Letzteres war eine deutliche Anspielung auf den Aufruf der Bauarbeiter, sich am 17. Juni um 7 Uhr am Strausberger Platz zu sammeln. Die kurze Ansprache des West-Berliner DGB-Chefs wurde am 17. Juni um 5.36 Uhr erstmals gesendet sowie um 6.40 Uhr und 7.20 Uhr wiederholt.

Nach Aussage von Egon Bahr war es übrigens eine Idee der RIAS-Mannschaft, Scharnowski zu den Ost-Berlinern sprechen zu lassen; man habe ihn dafür extra aus dem Bett geholt. Auf diese Weise sollten möglichst viele Menschen für das Treffen am Strausberger Platz mobilisiert werden.[166]

Auch die Bundesregierung in Person des Ministers für gesamtdeutsche Fragen, Jakob Kaiser (CDU), richtete am späten Abend des 16. Juni über den RIAS einen Appell an die DDR-Bevölkerung, der aber alles andere als kämpferisch ausfiel. Niemand solle sich zu »unbedachten Handlungen hinreißen lassen. Niemand soll sich selbst und seine Umgebung in Gefahr bringen. (…) Wir wissen den Sinn und wir wissen den Mut eurer Demonstrationen zu würdigen, bitten euch aber, im Vertrauen auf unsere Solidarität Besonnenheit zu wahren.«[167]

Fraglos spielte der RIAS bei der Volkserhebung im Juni 1953 eine zentrale Rolle. Vor allem brachte der Sender am 16./17. Juni die Nachricht von Streiks und Demonstrationen in alle Winkel der DDR und ermutigte damit viele Menschen, es den Bauarbeitern von Berlin nachzutun. Im Norden der DDR informierte man sich auch über den aus Hamburg sendenden »Nordwestdeutschen Rundfunk« (NWDR). RIAS und NWDR hatten somit eine Katalysator-Funktion bei Vorbereitung und Verlauf der Volkserhebung. Ob diese allerdings so weit ging, wie der damalige RIAS-Chefredakteur Egon Bahr rückblickend behauptet, muss dahingestellt bleiben: »Die ganze Zone war hochgegangen. Als wir [am 18.6.] die Berichte verglichen, stellten wir zu unserer Überraschung fest: Überall waren die Forderungen, die wir in meinem Zimmer mit der Streikleitung aus der Stalinallee formuliert hatten, und zwar auch in dieser Reihenfolge, übernommen worden. … Ohne den RIAS hätte es den Aufstand so nicht gegeben.«[168]

SED unter Schock

Am Abend des 16. Juni rief die SED zu einer Parteiaktiv-Tagung in den Berliner Friedrichstadt-Palast. Fast das gesamte Politbüro sowie zahlreiche Regierungsmitglieder waren anwesend. Angesichts der Streiks und Demonstrationen erhoffte sich mancher besorgte Genosse von den Partei-Oberen aufrüttelnde Worte und neue Ideen. Doch diese Hoffnung wurde enttäuscht.

Ministerpräsident Grotewohl zeigte sich von den Streiks und Demonstrationen zwar beunruhigt; ungewöhnlich offen benannte er Fehler der vergangenen Monate, wobei er jedoch nicht versäumte, hauptsächlich die Aktivitäten des »Gegners« im »verschärften Klassenkampf« für die Krise verantwortlich zu machen. Doch auch Partei und Regierung hätten Fehler gemacht: »Die Methode des Administrierens, der polizeilichen Eingriffe und die Schärfe der Justiz ist falsch und er-

BERLINER MORGENPOST

Die Berliner Morgenpost erscheint täglich außer nach Sonn- und Feiertagen. Abonnementspreis bei Lieferung frei Haus monatl. 3,45 DM oder wöchentl. 80 Pf., auswärts bei Postbezug monatl. 2,91 DM zuzügl. 54 Pf. Zustellgeld. Bei unverschuldetem Ausfall der Lieferung kein Ersatzanspruch. Verlag, Redaktion, Anzeigen u. Vertrieb: Ullstein A.G., Berlin-Tempelhof, Mariendorfer Damm 1/3, Tel. 75 02 31. Fernschreiber 028 506.

MITTWOCH, 17. JUNI 1953

56. Jahrgang — Nummer 138

15 Pf. AUSWÄRTS 20 PFENNIG

Abonnements- u. Anzeigenannahme im Verlagshaus, in allen Morgenpost-Filialen u. Annahmestellen; u. a. Badstr. 45/46, Tel. 46 27 32, Brunnenstr. 78, Tel. 46 61 75, Müllerstr. 54/55, Tel. 46 05 56, Reinickdf., Residenzstr. 2, Tel. 49.52 02, Berliner Str. 136, E. Scharnweberstr., Tel. 49 01 36, Tegel, Berliner Str. 3a, Tel. 45 91 57, Hermsdorf, Hermsdf. Damm 208, Tel. 40 85 33. Bankkonto: Berliner Bank AG., Dep.-K. 27. Postscheck: Berlin West 123.

Offene Rebellion in Ostberlin

Aufruf zum Generalstreik
SED-Regierung soll abtreten

Eigene Berichte   **Berlin, 17. Juni**

Zum ersten Male nach dem Kriege war Ostberlin gestern Schauplatz einer offenen Auflehnung gegen die sowjetzonalen Unterdrückungsmethoden. Was kaum jemand für möglich gehalten hätte, ereignete sich an diesem Tage: vor dem Regierungsgebäude, dem ehemaligen Luftfahrtministerium in der Leipziger Straße, kam es zwischen empörten Arbeitern und Mitgliedern der Sowjetzonenregierung zu turbulenten Szenen, die einem Volksaufstand glichen.

Nach Demonstrationen, die fast den ganzen Tag über anhielten und der Sowjetzonenregierung klar zu verstehen gaben, daß sie abtreten solle und daß die Geduld der Bevölkerung erschöpft sei, riefen Tausende von Arbeitern auf dem Alexanderplatz durch einen „erbeuteten" Lautsprecherwagen des FDGB zu einem Generalstreik auf. Sie baten alle ihre Kollegen, heute morgen, um 7 Uhr früh auf dem Strausberger Platz zu einer Massenkundgebung zu erscheinen.

Tausende von Ostberliner Bauarbeitern, die in der früheren Frankfurter Allee, der heutigen Stalin-Allee, damit beschäftigt sind, die „erste sozialistische Straße Deutschlands" zu errichten, legten am Vormittag um 11 Uhr aus Protest gegen die anbefohlene Normenerhöhung um zehn Prozent die Arbeit nieder und marschierten in ihrer Arbeitskleidung in einem immer größer werdenden Demonstrationszug durch Ostberlin zum „Regierungsviertel". Die Arbeiter gingen in ungeordneter Formation, die fast die ganze Straßenbreite füllte. Während die Bevölkerung zunächst an einer der üblichen Demonstrationen glaubte und deswegen achlos weiterging und warf, verharrte sie später, fast ungläubig auf das unwegwohnte Bild einer Kundgebung gegen die SED blickend, am Straßenrand immer mehr Arbeiter schlossen sich dem Zug an. Zum allgemeinen Erstaunen griff die Volkspolizei nicht

„Wir wollen keine Sklaven sein"

Gegen 15 Uhr war der Demonstrationszug, der inzwischen auf über 5000 Arbeiter angewachsen war, vor dem kommunistischen Regierungsgebäude in der Wilhelm-, Ecke Leipziger Straße angelangt. Tausende von Arbeitern riefen hier in Sprechchören: „Wir wollen keine Sklaven sein — Fort mit der Normerhöhung — Die HO macht uns toll — Keine Volksarmee — wir sind freie Menschen". Sie baten um freie Wahlen.

Der Vorplatz des Regierungsgebäudes war schwarz von Menschen. Erstaunt und ratlos blickten zahlreiche Sowjetzonenfunktionäre aus den Fenstern auf die Demonstranten herab. Als die Parolen immer lauter ertönten, zeigten sich schließlich der stellvertretende Sowjetzonenministerpräsident Rau und Minister Selbmann an einem Fenster. Aber die Demonstranten wollten keinen der beiden sprechen. „Ulbricht oder Grotewohl" sollten nach ihrem Willen erscheinen. „Wir bestimmen, wen wir hören wollen", war die Antwort auf Versuche einzelner Funktionäre, Selbmann Gehör zu verschaffen. Wieder Grotewohl noch Ulbricht erschienen. Selbmann bestieg schließlich inmitten der Massen einen Tisch, wurde jedoch minutenlang daran gehindert, zu sprechen. Als er besänftigend meinte,

er sei auch nur ein Arbeiter, schallte ihm der tausendstimmige Ruf entgegen: „Das hast du aber vergessen". Selbmann sagte, er halte die Demonstrationen gegen die Normenerhöhung in der Stalinallee für berechtigt. Aber auch dieses Argument verfing nicht. Die Menge schrie aufgebracht: „Wir sind nicht gegen die Normen in der Stalinallee, wir sind gegen die Normen in ganz Deutschland. Wir wollen freie Wahlen."

Das ist eine Volkserhebung

Immer wieder ertönten Sprechchöre der Tausende. Ein Arbeiter in Maurerhose und mit entblößtem Oberkörper sprang mit einem Satz auf den Tisch, schob ihn beiseite und rief: „Was Du bis jetzt erklärt hast, interessiert uns gar nicht. Wir wollen frei sein. Unsere Demonstration geht nicht nur von der Stalinallee. Wir kommen nicht nur von der Stalinallee. Wir sind ganz Berlin." Unter dem tosenden Jubel seiner Kollegen stellte der Arbeiter fest: „Das ist hier eine Volkserhebung." Neue Versuche Selbmanns, zu Worte zu kommen, wurden mit Rufen, wie „Verschwinden, abtreten, ihr müßt alle zurücktreten!" quittiert. Eine Delegation der Demonstranten, die der Sowjetzonenregierung eine

Resolution unterbreiten wollte, wurde nicht vorgelassen. Die Forderungen der Arbeiter wurden daher später durch den RIAS veröffentlicht. Sie lauten: 1. Auszahlung der Löhne nach den alten Sätzen; 2. sofortige Senkung der Lebenshaltungskosten; 3. freie und geheime Wahlen; 4. keine Maßregelung von Streikenden und ihren Sprechern. Von der Erfüllung dieser Forderungen wollen die Streikenden die Arbeitsaufnahme abhängig machen.

Die SED kapituliert

Später ließ das Politbüro der SED durch Lautsprecherwagen verkünden, daß die Sowjetzonenregierung die Normenerhöhung wieder rückgängig mache, werde. Eine Normenerhöhung, so hieß es, dürfe nicht auf administrativen Methoden, sondern nur auf der Basis der Freiwilligkeit eingeführt werden. Gleichzeitig aber vertrat das Politbüro die Auffassung, daß die Arbeitsproduktion verbessert werden müsse, damit der Lohn der Arbeiter, die ihre Normen erhöht hätten, gesteigert werden könnte.

„Verschwindet, ihr Bonzen!"

Im Anschluß an die Zwischenfälle vor dem kommunistischen „Regierungsgebäude" zogen die Demonstranten über den Alexanderplatz zurück in Richtung Stalinallee. Dabei kam es zu tumultartigen Zusammenstößen

zwischen den „Arbeitern und „Aufklärern" der SED. Bei diesen Zwischenfällen wurden mehrere Personen verletzt. „Verschwindet hier, ihr Bonzen. Ihr habt den Kontakt mit den Massen verloren und seid nur an unserem Geld gemästet", klang es den Agitatoren entgegen. Die Demonstrationen im Ostsektor dauerten am späten

Abend noch immer an. Hunderte von Ostberliner Jungarbeitern, begleitet von älteren Kollegen, Frauen und anderen Ostberliner Einwohnern, rissen in der Stalinallee kommunistische Transparente und Plakate ab, zertrümmerten Embleme der Gesellschaft für deutsch-sowjetische Freundschaft und warfen sie weg. (Forts. S. 2)

Erste Reaktion des Westens
Heute Sympathiekundgebung der Westberliner Bevölkerung

Deutsche Presse-Agentur/AP   Berlin, 17. Juni

Nach Bekanntwerden der Demonstrationen in Ostberlin richtete Bundesminister Jakob Kaiser die Mahnung an die Einwohner Ostberlins und der Sowjetzone, sich weder durch Not noch durch Provokationen in Gefahr zu bringen. Der Landesvorstand der Berliner SPD beschloß, „mit allen zu Gebote stehenden Mitteln den Freiheitskampf der unterdrückten Mitbürger im Osten auch in seiner neuen Phase zu unterstützen". Auf dem Oranienplatz in Kreuzberg wird die Westberliner Bevölkerung heute um 18 Uhr in einer Kundgebung ihre Sympathie mit den Ostberlinern demonstrieren.

Der Berliner CDU-Fraktionsvorsitzende Ernst Lemmer meinte, die Unzufriedenheit der Bevölkerung im

Osten sei verständlich. Erst die Entwicklung der nächsten Tage werde aber die echte Bedeutung der Vorfälle in Ostberlin zeigen. Der Vorsitzende der Berliner FDP, Carl-Hubert Schwennicke, bezeichnete die Ereignisse in Ostberlin als sichtbare Folge einer Politik der Unterdrückung.

Die Bundesregierung hat sofort genaue Informationen über die Demonstrationen in Ostberlin angefordert. Ein Regierungssprecher erklärte, die Demonstrationen zeige die ganze Unhaltbarkeit des Sowjetregimes. Außerdem beweise sie, wie unsicher die Haltung der SED-Führung geworden sei. Die Machthaber der Sowjetzone sollten endlich den Weg für freie Wahlen freigeben. In Kreisen der Berliner SPD-Abgeordneten in Bonn wurden die Vorgänge in Berlin als echte „Volkserhebung" bezeichnet.

AUFBRUCH DER ARBEITER von Ostberlin: Mit 80 Mann, Bauarbeitern aus der kommunistischen Propagandastraße „Stalinallee", die gegen eine Erhöhung ihrer Arbeitsnormen protestierten, begann es. Zunächst war der Demonstrationszug, als er sich in Richtung Alexanderplatz bewegte, noch dünn (unser Bild). An jeder Straßenecke aber stießen neue Gruppen und Grüppchen von Menschen dazu, von Menschen, die als das gleiche dachten, das gleiche wollten: einmal ihren Bedrückern zeigen, daß der Bogen überspannt worden ist. Und am Ende des gestrigen Tages war ganz Berlin mobilisiert. Aus 80 Arbeitern waren viele Tausende geworden.   (Foto: XYZ)

ES GESCHAH AM 16. JUNI 1953 IN OSTBERLIN: Zum ersten Male seit dem 30. Januar 1933, dem ersten Tag ihrer Unterdrückung, demonstrierten die Ostberliner Arbeiter, um aus freiem Entschluß ihren freien Willen durchzusetzen. In einem Protestmarsch (Bild links), der von Schritt zu Schritt entschlossener wurde, zogen sie vor den Amtssitz des sowjetdeutschen Ministerrates im ehemaligen Luftfahrtministerium Leipziger Straße. Bild rechts zeigt den Augenblick, in dem der ostzonale Minister Selbmann von einem Maurer in weißer Arbeitskleidung von dem Tisch heruntergedrängt wird, von dem aus er versuchte, die erregte Menschenmenge zu besänftigen (im Kreis). Bis in die Nacht gab es keine Beruhigung.   Foto: AP stickt die schöpferischen Kräfte eines Volkes. Das zeigte uns die darauf einsetzende Wirkung: die Einschränkung der ... Versorgung, die Einengung und zerstörende Wirkung auf Einzelhändler und Mittelstand, die Flucht der Bauern ... und das berechtigte Anwachsen der Unzufriedenheit in der Arbeiterschaft ...« Mit Blick auf die steigenden Flüchtlingszahlen fügte er hinzu: »Wenn sich Menschen von uns abwenden, ... dann ist diese Politik falsch. (...) Man muß eine Wendung vollziehen.« Konkreter wurde er nicht.[169]

Anschließend referierte ein übermüdet wirkender Ulbricht monoton über den längst bekannten »Neuen Kurs« und gab noch einmal die Rücknahme der Normerhöhung bekannt. Erst ganz zum Schluss erwähnte er die Ereignisse des Tages. Die Bauarbeiter hätten zwar Grund zur Unzufriedenheit gehabt, so Ulbricht, aber »feindliche Elemente, die aus Westberlin kamen« hätten das ausgenutzt, um gegen die DDR-Regierung zu hetzen. Mit drohendem Unterton rief Ulbricht in den Saal: »Es soll niemand glauben, daß die Partei des werktätigen Volkes durch solche Geschichten die Nerven verliert.« Die Parole laute vielmehr: »Morgen tiefer in die Massen. Morgen in jeder Betriebsversammlung auf jede Frage ... antworten. Morgen in den Wohnungen, in den Häusern antworten auf die Fragen der Werktätigen, ihnen klar und eindeutig sagen, was wir wollen, was falsch gemacht wurde ... und wie es weitergeht.«[170]

Ja, wie sollte es weitergehen?

Von der SED-Tagung am Abend des 16. Juni ging kein Signal aus. Die Parteiführung glaubte offenbar immer noch, alles im Griff zu haben. Es lag eine lähmende Parteiroutine über der Veranstaltung, so dass ein linientreuer Genosse nachher enttäuscht

feststellte, dort seien kaum Arbeiter vertreten gewesen. »Ich hatte den Eindruck, dass der Friedrichstadt-Palast nur mit Angestellten aus der Verwaltung gefüllt war.«[171]

Einige Delegierte wurden auf dem Nachhauseweg allerdings doch noch mit der rauen Realität konfrontiert. In der Nähe des Brandenburger Tores gerieten sie mit rund 200 jugendlichen Demonstranten aneinander, in denen noch der Elan der Massendemonstration vom Vormittag steckte.

Etwa zur selben Zeit beriet man im erneut tagenden Politbüro darüber, ob die Familien führender SED-Funktionäre aus Berlin evakuiert werden sollten. Es wurde zunächst davon abgesehen.[172]

Der 17. Juni: Eine Stadt im Ausnahmezustand

In der Nacht hatte es geregnet. Auch am Vormittag des 17. Juni gingen in Berlin immer wieder heftige Gewitterschauer nieder. Doch Wut und Entschlossenheit der Menschen waren zu groß, als dass sie sich dadurch hätten beeindrucken lassen.

Wie verabredet – und vom RIAS mehrfach gemeldet – versammelten sich gegen 7 Uhr mehrheitlich Bauarbeiter auf dem Strausberger Platz an der Stalinallee. Es waren etwa 2000 Menschen. Diesmal stand die Volkspolizei mit mehreren Hundertschaften in Bereitschaft und löste eine erste Ansammlung auf.[173] Es strömten jedoch immer mehr Arbeiter auf den Platz, bis sich gegen 7.45 Uhr ein Demonstrationszug von über 4000 Menschen in Bewegung setzte. Sprechchöre ertönten, die anders als am Vortag von Anfang an politischen Inhalt hatten: »Wir fordern freie Wahlen« – »Fort mit der SED« – »Nieder mit der Regierung« – »Wir brauchen keine Volkspolizei«.[174]

Mit Beginn der Frühschicht traten fast alle Berliner Groß-Betriebe in den Streik, so das Kabelwerk Oberspree, Siemens-Plania,

EAW »Stalin« und andere mehr. In einem
VP-Bericht an Ulbricht hieß es: »Trotz sofort eingeleiteter Gegenmaßnahmen konnte
nicht verhindert werden, daß die Demonstranten nach dem Stadtinnern zogen. Dabei
gelang es ihnen, Arbeiter anderer Werke
mitzureißen. Die Demonstrationen wurden
dadurch verstärkt.«[175]

Etwa zur selben Zeit verließen rund 6000
Arbeiter das Stahlwerk Hennigsdorf nord-
westlich von Berlin. Sie trugen Arbeitskleidung; viele hatten sich in Holzpantinen auf
den rund 15 Kilometer langen Marsch ins
Zentrum von Ost-Berlin gemacht. Nach gut
einer Stunde erreichten sie die Stadtgrenze
zu West-Berlin, rissen an einigen Stellen
Grenzzäune nieder – ungehindert von der

Volkspolizei – und zogen durch den französischen Sektor in Richtung Osten. Der fran-
zösische Stadtkommandant hatte zwar ein
Durchmarschverbot erlassen, um das sich
aber weder die Demonstranten noch die
West-Berliner Polizei scherten. Um einen
ähnlichen Marsch durch den US-Sektor zu
verhindern, ließ der amerikanische Stadtkommandant Thomas S. Timberman an den
Sektorengrenzen unterdessen mehrere Panzer auffahren. Offenkundig waren die West-
alliierten peinlich darauf bedacht, West-
Berlin »unter allen Umständen aus den Ereignissen herauszuhalten«, wie Cecil B.
Lyon, Chef der amerikanischen Hohen
Kommission, gegenüber einem Bonner Vertreter unmissverständlich erklärte. Friedliche Solidaritätskundgebungen in den
Westsektoren werde man nicht stören, aber
sofort »West-Berliner Polizei einsetzen,
sobald Ordnung gefährdende Zusammen-

Kasernierte Volkspolizei riegelt am Morgen des
17. Juni das Haus der Ministerien (heute Finanz-
ministerium) an der Ecke Wilhelmstraße/Leipziger
Straße ab.

rottungen oder Demonstrationszüge« statt-fänden.[176]

Die Hennigsdorfer Stahlwerker kümmerten die Sorgen der West-Alliierten wenig. Sie wählten einfach den kürzesten Weg ins Ost-Berliner Regierungsviertel. West-Berliner Polizisten eskortierten den Zug durch den französischen Sektor. Von den Menschen am Straßenrand kamen aufmunternde Zurufe. Am Rathaus Wedding hing ein rasch hingepinseltes Plakat: »Wir grüßen die Freiheitskämpfer von Hennigsdorf«.[177] Die Demonstranten strahlten eine fast fröhliche Entschlossenheit aus: »Heute werden wir es denen mal zeigen!« Um 11.15 Uhr überschritt der Demonstrationszug ungehindert die Sektorengrenze nach Ost-Berlin. Zwei Grenzschilder mit der Aufschrift »Beginn des demokratischen Sektors« wurden demoliert. Als die Menge das »Walter-Ulbricht-Stadion« passierte, kochte die Stimmung erstmals hoch. Sprechchöre riefen: »Die Zicke muss weg, dann sind wir aus dem Dreck«. Ein überdimensionales Ulbricht-Portrait ging in Flammen auf. Die Demonstranten zogen weiter in Richtung Haus der Ministerien, dem Sitz der DDR-Regierung.[178]

Um 10.53 Uhr war auf Anordnung der Reichsbahndirektion – ihr unterstand der Bahnverkehr in allen vier Sektoren von Berlin – der gesamte S-Bahn-Verkehr eingestellt worden, da immer mehr Menschen per S-Bahn aus den Randbezirken und dem Umland zu den Demonstrationen ins Zentrum fuhren.

Die Bauarbeiter von der Stalinallee hatten inzwischen den Alexanderplatz erreicht, wo es erstmals zu gewaltsamen Zusammenstößen kam. Vor dem Polizeipräsidium drängten sich mehr als 5000 Demonstranten, die in Sprechchören die Polizisten aufriefen, sich ihnen anzuschließen. Stattdessen ging die Volkspolizei mit Knüppeln gegen die Menge vor, geriet jedoch bald in Bedrängnis. Den aufgebrachten Demonstran-

ten gelang es, einzelne Polizeigruppen einzukreisen und mit Steinen zurückzutreiben. Vier Mannschaftswagen wurden umgestürzt und in Brand gesteckt. Nach wenigen Minuten mussten die Polizisten vor der Übermacht der Arbeiter zurückweichen. Es war »offen gesprochen, eine Flucht«, wie ein VP-Kommandant später eingestehen musste. In einer zweiten Welle griff die Polizei nun mit großer Härte an. Zu jenem Zeitpunkt hatte sie allerdings noch striktes Verbot, von der Schusswaffe Gebrauch zu machen. Freimütig – und nicht ohne brutalen Stolz – schilderte der zitierte Polizeioffizier später das Vorgehen seiner Einheit: »Einer der Banditen versuchte die Fahrzeuge vor dem Finanzamt in Brand zu setzen. (…) fast 1 Dutzend Genossen stürzten sich auf ihn und schlugen so lange auf ihn ein, bis er umfiel, danach erhielt er noch einige Schläge mit voller Wucht. Fast alle der Festgenommenen im Bereich PdVP [Präsidium der Volkspolizei, d. Verf.] wurden so zusammengeschlagen.«[179]

Aus dem nahe gelegenen Finanzamt beobachteten Angestellte die Vorgänge vor dem Präsidium und brachten deutlich zum Ausdruck, wo ihre Sympathien lagen. »Als die VP mit Steinen beworfen wurde, riefen die meisten Bravo und klatschten in die Hände. Als die Provokateure zusammengeschlagen wurden, riefen sie ›ihr Hunde, Strolche, Pfui‹ usw.«[180]

Der Zug der Bauarbeiter, dem sich mittlerweile zahlreiche Jugendliche und Frauen, auch Angestellte und Verkäuferinnen angeschlossen hatten, bewegte sich vom Polizeipräsidium weiter über Lustgarten und Unter den Linden in Richtung Haus der Ministerien. In Höhe der Humboldt-Universität kam es zu erregten Wortwechseln mit Studenten, die mit parteitreuen Argumenten – nach dem Motto, der »Neue Kurs« habe die Forderungen der Arbeiter doch erfüllt – die Protestierenden aufhalten wollten. Ihnen wurde mit abschätzigen Bemerkungen

EFEM

Entwicklung und **F**abrikation **E**lektrischer **M**eßinstrumente
Научнотехническое Бюро Электроизмерительных Приборов

САО „КАБЕЛЬ"   ① Berlin-Oberschöneweide   SAG „KABEL"
                       Wilhelminenhofstraße 76/77

41

An die

Regierung der Deutschen
Demokratischen Republik
z.Hd. des Ministerpräsidenten
Otto G r o t h e w o h l

B e r l i n

Ihre Zeichen   Ihre Nachricht vom   Unser Hausapparat   Unsere Zeichen

                                                                    ① Berlin-Oberschöneweide
                                                                    Wilhelminenhofstraße 76/77

Betreff   den 17.6.1953

Die Kolleginnen und Kollegen des Entwicklungsbetriebes E F E M ,
Berlin-Oberschöneweide, Wilhelminenhofstr. 76-77 haben bisher
mit aller Kraft und Energie an der Entwicklung unserer demokratischen Wirtschaft mitgearbeitet, um einen besseren Lebensstan-
dard zu schaffen. Sie stellen aber mit Befremden fest, daß die
Früchte ihrer Arbeit durch z.T. falsche und bürokratische Maßnahmen der Staatsorgane nicht im richtigen Maße zur Auswirkung
gelangen. Die Belegschaft der EFEM hat mit Entrüstung davon
Kenntnis genommen, daß über die Vorfälle in der Stalinallee am
16.6.1953 eine nur ungenügende Berichterstattung erfolgte.
Sie erklärt sich mit den Forderungen der Bauarbeiter und den
Arbeitern der anderen Betriebe solidarisch und fordert:

1. Sofortige Erhöhung des Lebensstandards durch Senkung des
   gesamten Preisniveaus.

2. Freie, geheime Wahlen für das Gebiet der DDR und den demokratischen Sektor von Berlin, als Vorläufer für gesamtdeutsche
   Wahlen.

3. Immunität für alle Personen, die die genannten Forderungen
   durch Wort und Handlung vertreten.

                                        E F E M
                       Betriebsgewerkschaftsleitung
                       Entwicklung und Fabrikation
                       elektrischer Meßinstrumente
                       Betriebs

Ergebnis der Resulation:

    360 Stimmen angenommen
      1   "   abgelehnt
      1 Stimm- Enthaltung

Drahtwort: Fernsprecher: Bestimmungsbahnhof: Waggonsendungen: Bankkonto:
Efemsinstrumente   Sammelruf   Berlin-Schöneweide   Berlin-Rummelsburg   Garantie- und Kreditbank
Berlin   63 20 71   KWO-Anschlußgleis   Berlin W 8, Konto-Nr. 153/324

Vordr. 101 87/0/II X 2703 3 11/52 13387

geantwortet. Kaum einer der Studenten schloss sich an.

Inzwischen gingen erste SED-Schaukästen und Kioske mit Propagandamaterial in Flammen auf. Auch Baracken der Volkspolizei wurden in Brand gesetzt, so an der Friedrichstraße/Ecke Mauerstraße. Eintreffende Feuerwehr wurde oft am Löschen gehindert.

Der junge Schriftsteller Erich Loest beobachtete vom Fenster des DDR-Schriftstellerverbandes Unter den Linden die Demonstranten: »... dann trat Max Zimmering ein, der Dresdner, mit zerissenem Jackett und blutender Stirn. Sein Auto war in einer Menschenmenge zum Stehen gekommen ... Er war herausgezerrt worden. Runter mit dem Parteiabzeichen. Er hatte sich gewehrt; die anderen waren in der Überzahl gewesen. (...) Kuba [Kurt Bartel, Vorsitzender des Schriftstellerverbandes, d. Verf.] telefonierte mit dem ZK und erfuhr, die Losung hieße: Diskutieren, nicht provozieren lassen! Da schickte Kuba seine Mannen zu diesem Zweck hinaus. (...) Eine Woge, wer wollte da noch diskutieren. Armin Müller versuchte es, da sagten Arbeiter zu ihm: Zeig deine Hände her! Er tat es, sie konterten: Du bist kein Arbeiter, hau ab! So kehrten Müller und L.[oest] niedergeschlagen, geschlagen in ihr Verbandshaus zurück.«[181]

Der Demonstrationszug bewegte sich weiter und schwenkte in die Wilhelmstraße ein, die zum Regierungssitz führte. An der Einmündung hatte die Volkspolizei eine Sperrkette gebildet. Als der Zug daraufhin ins Stocken geriet, zog ein Teil der Demonstranten kurz entschlossen durchs Brandenburger Tor in Richtung Westsektor. Den

»Erhöhung des Lebensstandards« und »Freie, geheime Wahlen« fordert die Belegschaft einer Ost-Berliner Meßinstrumente-Fabrik am 17. Juni in einem Schreiben an Regierungschef Grotewohl. Die Resolution wurde mit 360 zu 1 Stimmen angenommen.

wiederum hatte West-Berliner Polizei abgeriegelt, so dass die Menschen durch die Ebertstraße, unmittelbar entlang der Sektorengrenze, zum Potsdamer Platz liefen und von dort zum Haus der Ministerien.

Am Vormittag des 17. Juni war Ost-Berlin erfüllt von einer diffusen, wabernden Bewegung großer und kleinerer Demonstrationszüge, die sich aus zahlreichen Betrieben und verschiedenen Stadtteilen in Richtung Zentrum bewegten. Sprechchöre hallten durch die Straßen: »Wir fordern freie Wahlen. – Nieder mit der Regierung. – Butter statt Kanonen. – HO macht uns k.o. – Wir wollen keine Sklaven sein. – Spitzbart, Bauch und Brille sind nicht des Volkes Wille.«[182]

Schon ab 9 Uhr tauchten an mehreren Stellen sowjetische Panzerspähwagen und LKWs auf, die aber noch nicht eingriffen. Am Straßenrand zeigte die Besatzungsmacht lediglich ihre Präsenz und beobachtete aus der Entfernung das Geschehen. Die meisten Demonstranten empfanden dies noch nicht als Bedrohung, hatten sie doch mit ihrer »Arbeiter- und Bauernregierung« etwas auszufechten, nicht mit den Sowjets.

Die Demonstranten hatten zwei Lautsprecherwagen organisiert, die ihren Forderungen akustisch Nachdruck verliehen. Gesungen wurde wenig, nur ganz vereinzelt war in Berlin die »Internationale«, das traditionelle Kampflied der Arbeiter, zu hören. Andernorts war man sangesfreudiger, beispielsweise in Bitterfeld oder Görlitz. Dort stimmten die Demonstranten unter anderem das Deutschlandlied an. Auch das sozialdemokratische »Brüder, zur Sonne, zur Freiheit ...« oder das protestantische Kirchenlied »Ein feste Burg ist unser Gott« erklangen in einigen Zentren des Aufstands.[183]

Überall sah man in Ost-Berlin auch Jugendliche auf Fahrrädern neben den Marschkolonnen, die mitunter Kontakt zwischen den einzelnen Demonstrationszügen hielten. Eben jene Radfahrer – viele angeb-

lich mit Rädern aus »westlicher Produktion« – wurden von der SED-Führung später als Beweis für die Steuerung des Aufstands durch den Westen angeführt. Aus
einem Bericht des zentralen »SED-Informa-
tionsdienstes« vom 17. Juni 1953, nachts:
»… die Züge und Gruppen waren stark mit
Radfahrern durchsetzt. Kurierdienst auf
westberliner Rädern und Motorrädern.«[184]

Ziel der Demonstrationszüge war, wie
schon am Vortag, das Haus der Ministerien.
Dafür bedurfte es keiner Koordinierung
oder Absprache. Bereits am Vortag hatte
man sich hier versammelt und den »Oberen«
seine Wut entgegengeschleudert. Am
17. Juni war die Lage allerdings ungleich

explosiver. Diesmal bedrängten ab 9 Uhr
mehr als 60 000 Menschen den Regierungssitz, der von mehreren Hundertschaften
Kasernierter Volkspolizei abgeriegelt war.
Laut und aggressiv tönten die Sprechchöre:
»Es hat alles keinen Zweck, der Spitzbart
muß weg!« »Wir wollen freie Wahlen!« »HO
macht uns k.o.!« »Weg mit der Regierung!«
Auf das Gebäude ging ein Steinhagel nieder,
der bis zum zweiten Stockwerk fast alle
Fensterscheiben zertrümmerte. Einige Demonstranten versuchten, mit Brecheisen
und Knüppeln einen Seiteneingang aufzubrechen. Von hinten drängten Demonstranten nach, so dass der Druck auf die
Sperrketten immer stärker wurde.

Zehntausende Demonstranten versammeln sich
am Morgen des 17. Juni vor dem Haus der Ministerien und fordern politische Freiheiten.

Kasernierte Volkspolizei geht am Haus der Ministerien gewaltsam gegen demonstrierende Arbeiter
vor.

Gegen 9.30 Uhr erging das Kommando »Knüppel frei« und KVP-Männer schlugen auf die vorderen Reihen ein. Es gab zahlreiche Verletzte; einigen Demonstranten gelang es aber, Volkspolizisten den Knüppel zu entreißen und zurückzuschlagen. Es flogen Steine gegen die Polizisten. Die entsicherten ihre Karabiner und schossen in die Luft. In Panik wichen die Demonstranten zurück, drangen jedoch nach wenigen Minuten erneut gegen das Gebäude vor. Das wiederholte sich mehrere Male – Knüppel und Kolbeneinsatz der KVP-Männer, Prügeleien, Zurückweichen der Demonstranten, dann neuerliches Anstürmen. Auf beiden Seiten gab es zahlreiche Verletzte. Verwundete Demonstranten wurden von Kollegen gepackt und über die nahe gelegene Sektorengrenze nach West-Berlin getragen, wo sie in Kran-

kenhäusern versorgt wurden. Ein Bauarbeiter erinnert sich: »Da versuchten wir noch, das Ministerium zu stürmen. Es war abgesichert. Ich schätze, so zehn Reihen Polizisten standen davor. Wir haben versucht, mit Zweierreihen reinzukommen. Da wurde hinter uns dichtgemacht. Wir wurden alle zusammengeknüppelt … Ich bin auf dem Potsdamer Platz zu mir gekommen, auf der westlichen Seite. (…) Dort standen in Westberlin die Sanitätswagen. Die Sanitäter und Ärzte haben mich versorgt.«[185] Ein anderer Augenzeuge beobachtete vom Potsdamer Platz aus rund 300 Metern Entfernung das Geschehen am Regierungssitz. Von dort

In Panik fliehen die Menschen am Potsdamer Platz vor den Schüssen sowjetischer Soldaten. Viele versuchen, sich im unmittelbar angrenzenden Westsektor in Sicherheit zu bringen.

»sahen wir, wie Menschen in kleinen Grüppchen ziemlich eiligen Schrittes vom Ostsektor über den Potsdamer Platz zum Westsektor rannten. Plötzlich gingen Schüsse los. Man sah, daß sich im Ostsektor Polizisten in einer Kette formierten und mit Schußwaffen, wahrscheinlich Karabinern, in die Luft schossen. Natürlich hatte jeder Angst, daß etwas Schlimmes passiert. Diese Flucht aus dem Ostsektor war mit Panik verbunden.«[186]

Inzwischen hatten die Demonstranten starken Zulauf aus West-Berlin bekommen, da über die offene Sektorengrenze im Laufe des Vormittags mehrere tausend zumeist jugendliche West-Berliner in den Ostteil gingen. Die meisten aus Neugier oder Abenteuerlust; einige verspürten durchaus das Verlangen, sich am Kampf gegen die Kommunisten zu beteiligen. Hinzu kamen mehrere

hundert, vielleicht tausende Flüchtlinge, die im Aufnahmelager Marienfelde von den Unruhen erfuhren und sich den Protesten gegen das Regime anschlossen. Nach Niederschlagung des Aufruhrs nahm die SED-Führung diese West-Berliner als Beleg für ihre Behauptung, der »faschistische Putschversuch« sei vom Westen gesteuert und angeheizt worden. Ost-Berlin bildete wegen der offenen Grenze einen Ausnahmefall; in keinem der anderen Zentren des Aufstands war eine Beteiligung Westdeutscher an den Demonstrationen aufgrund der abgeriegelten innerdeutschen Grenze möglich. Es tauchten auch Flugblätter auf, die in West-Berlin gedruckt und vom Ostbüro der SPD, der »Kampfgruppe gegen Unmenschlichkeit« (KgU) und anderen antikommunistischen Gruppierungen verbreitet wurden. So ließ die KgU über 200 000 Flugblätter verteilen, in denen sie die Demonstranten ermutigte und vom nahen Ende des SED-Regimes sprach.

Sowjetische Panzer schieben sich nach Verhängung des Ausnahmezustands in der Leipziger Straße durch die demonstrierende Menge.

Richard Perlia arbeitete 1953 als Fotograf für West-Berliner Zeitungen. Aber auch für westliche Geheimdienste erledigte er zuweilen »kleinere Aufträge«, beispielsweise heimliche Fotos von KGB-Mitarbeitern. Am 17. Juni 1953 machte er mit versteckter Kamera Fotos von den Demonstrationen und Unruhen in Ost-Berlin. In einem Fernsehinterview berichtete er fast fünfzig Jahre später:

»Ich war freier Mitarbeiter bei Ernst Lemmer vom ›Kurier‹, und er wusste, dass ich mit unsichtbarer Kamera arbeitete und auch gefährliche politische Sachen machte … Und eines Abends, es war der 16. Juni, da rief er mich zu Hause an und sagte: ›Perlia, sehen Sie zu, dass Sie, so früh als möglich, morgen früh in Hennigsdorf sind, das scheint wohl die eine Quelle des Aufstandes zu werden.‹

Ich war dann also ganz früh in Hennigsdorf, stand vorne am Tor, da waren schon viele hundert Arbeiter in ihren weißen Kitteln versammelt und ich hatte dann vier Leute zur Linken, vier Leute zur Rechten und marschierte mit denen Richtung Berlin. Unter dem linken Arm hatte ich dieses ominöse Buch [in dem eine Kamera versteckt war, d. Verf.]. Mit diesem Buch habe ich dann weit über hundert Aufnahmen gemacht. (…) Ich hatte mir das so eingerichtet, sobald ich auf den Deckel drückte, gab es ein Bild. Aber das war immer ein starkes Geräusch, so dass ich jedes Mal, sobald ich auf den Deckel drückte, ganz laut husten musste, um nicht erwischt zu werden. (…)

Wir kamen in der Leipziger Straße an, und da war der Kampf schon in vollem Gange. Viele junge Leute hatten die Steine aus der Straße rausgebuddelt und warfen mit den Steinen auf die Panzer und die Volkspolizei. Die Volkspolizei hatte schon kapituliert, ihre Gewehre weggeworfen zum Teil, und dann ging es erst richtig los, als die ersten Panzer anrollten. Die Panzer haben nicht in die Menge, sondern haben oben in die Dächer geschossen. (…)

Ich habe also weiter fotografiert, ich bin noch bis zum Potsdamer Platz gelaufen, habe da weiter Aufnahmen gemacht, das ging dann bis Nachmittag um 4 Uhr, und dann hatten die Russen und Volkspolizei wieder die Oberhand.«

Berlin – offene Stadt

Berlin war 1953 eine offene Stadt. Geteilt zwar, aber zwischen den Sektoren konnten sich die Menschen noch relativ frei bewegen. Besonders für West-Berliner war es kein großes Problem, im sowjetischen Sektor – die SED nannte ihn penetrant den »demokratischen Sektor« – Freunde und Verwandte zu besuchen, ins Theater und in die Oper zu gehen oder in der HO billig einzukaufen. Mehr als 50 000 Ost-Berliner hatten 1953 ihren Arbeitsplatz in West-Berlin. Umgekehrt passierten täglich rund 60 000 West-Berliner die Sektorengrenze, um zur Arbeit im Ostteil zu gelangen. Ihren Lohn erhielten sie in zwei Währungen, die in bestimmtem Umfang – es gab dafür komplizierte Regelungen – in DM (West) umgetauscht wurden. 1953 tauschte die Lohnausgleichskasse einem West-Berliner mit Arbeitsstelle im Ost-Sektor 90 Prozent seines Lohnes in DM-West (höchstens jedoch 350 DM im Monat).[187]

Die politische Teilung Berlins war bereits im November 1948 vollzogen worden. Es war die Zeit der Blockade durch die Sowjetunion, während der die drei westlichen Sektoren über eine Luftbrücke versorgt werden mussten. Im September 1948 sprengte die SED das bislang noch für Gesamt-Berlin zuständige Stadtparlament und setzte einen kommunistisch beherrschten Magistrat für Ost-Berlin ein. Auch im Westteil wurde daraufhin eine separate Stadtregierung gebildet.

Gleichwohl blieb die Sektorengrenze durchlässig, S- und U-Bahn verkehrten zwischen beiden Stadthälften. Schrittweise beschränkte der SED-Magistrat die Verbindungen zwischen den beiden Stadthälften. So war das Straßenbahnnetz seit Januar 1953 geteilt, die Telefonverbindungen zwischen Ost und West wurden bereits im Mai 1952 gekappt. Seit November 1952 war es West-Berlinern offiziell untersagt, in Ost-Berlin Lebensmittel und Industriewaren einzukaufen.

Auch als die DDR im Mai 1952 die Grenze zur Bundesrepublik abriegelte, um den Flüchtlingsstrom einzudämmen, blieb

die Sektorengrenze zwischen Ost- und West-Berlin offen.[188] Auf Straßen und S-Bahnhöfen verstärkte die Volkspolizei zwar ihre Kontrollen, doch hatten West-Berliner weiterhin freien Zugang zum Ostteil und konnten sich DDR-Bürger durch den Kauf einer S-Bahn-Karte in den Westen absetzen – wenn sie nicht von der Volkspolizei abgefangen wurden, weil sie etwa auffällig viel Gepäck dabei hatten. In die DDR jedoch, auch ins Berliner Umland, durften West-Berliner seit Juni 1952 nur noch mit besonderer Genehmigung der DDR-Behörden reisen. An den Ausfallstraßen zwischen Ost-Berlin und dem Umland gab es Kontrollpunkte der Volkspolizei, um Fluchtwillige oder »Schieber« noch vor dem sowjetischen Sektor abzufangen.

Somit herrschte 1953 in Berlin reger Verkehr zwischen den Stadthälften; ein – wenn

Aufgenommen mit versteckter Kamera: sowjetische Panzer auf der Fahrt zum Haus der Ministerien, einem Brennpunkt der Unruhen. Der Offizier links ist wahrscheinlich der Stadtkommandant Dibrowa.

auch eingeschränkter – Austausch von Menschen, Waren und Ideen. Folglich war auch nirgendwo jener »Wettkampf der Systeme« im Kalten Krieg so direkt und intensiv wie in der Viersektorenstadt.

Acht Jahre nach Ende des Zweiten Weltkriegs waren die Kriegszerstörungen in der Stadt noch deutlich sichtbar. Vor allem in den Innenbezirken prägten Ruinen und leer geräumte Trümmergrundstücke noch immer das Straßenbild. Der systematische Wiederaufbau hatte erst vor kurzem eingesetzt, wobei man in der Westhälfte nicht zuletzt dank größerer Finanzmittel schon etwas weiter war als im Osten. Dort lag das Schwergewicht des Wiederaufbaus auf prestigeträchtigen Mammutprojekten wie der Stalinallee, für die im Februar 1952 der Grundstein gelegt worden war. Mit ihren aufwändig konstruierten Wohn- und Geschäftsblöcken sollte sie die »erste sozialistische Straße der DDR« werden. Auf den verschiedenen Baustellen der Stalinallee waren mehrere tausend Bauarbeiter beschäftigt, die aus der ganzen DDR angeworben worden waren und zum Teil an den Wochenenden zu ihren Familien nach Thüringen oder Sachsen fuhren.

Trotz aller Entbehrungen, Sorgen und Probleme war Berlin (Ost wie West) Anfang der fünfziger Jahre eine vitale Stadt, deren Bewohner sich einzurichten suchten. Auch um internationalen Flair bemühte man sich in beiden Stadthälften, allerdings mit unterschiedlichen Mitteln. Im Westen brachten beispielsweise die Filmfestspiele wieder ausländische Gäste in die Stadt. Im Ostteil sollten vor allem staatlich organisierte Massenveranstaltungen Weltoffenheit demonstrieren, wie die »Weltfestspiele der Jugend und Studenten« vom August 1951 oder verschiedene Festivals der Jugendorganisation FDJ.

Nicht zuletzt war Berlin ein guter Ort für Geschäftemacher und Abenteurer, die sich die Lage an der Nahtstelle zweier verfeindeter Systeme einfallsreich, manchmal skrupellos zu Nutze machten. Auch sie trugen bei zur ungebrochenen Vitalität der Stadt.

Und natürlich war die Viersektorenstadt ein Tummelplatz für Spione. Weder östliche noch westliche Geheimdienste ließen sich die einmalige Gelegenheit entgehen, buchstäblich an der Frontlinie des Kalten Krieges dem anderen in die Karten zu schauen. Ganze Hundertschaften von Spionen und Informanten waren damit beschäftigt, die Absichten der anderen Seite zu erkunden und die eigenen Strategien im »Wettkampf der Systeme« zu verschleiern.

Ein verletzter Demonstrant wird am Potsdamer Platz in den angrenzenden Westsektor getragen, wo West-Berliner Sanitäter und Ärzte die Opfer versorgen.

Sowjetische Panzer

Etwa um 11 Uhr gelang es rund 100 Demonstranten, in das Haus der Ministerien
einzudringen. Sie rissen Wandzeitungen und
Propagandasprüche von den Wänden. Plötzlich tauchte ein einzelner sowjetischer Panzer auf und fuhr langsam in die Menge, die
sich in Richtung Potsdamer Platz, unmittelbar an die Sektorengrenze zurückzog. Ein
Augenzeuge berichtet: »Dann kamen ... die
ersten russischen Soldaten mit LKW. Die
Soldaten sind heruntergesprungen und haben mit Gewehren in die Luft geschossen.
(...) Alle versuchten jetzt, in die Seitenstraßen zu entkommen.«[189]

Ein KVP-Offizier hatte naturgemäß eine
andere Sicht auf das Geschehen. »Als ... die

**Das teilweise leer stehende Columbus-Haus
am Potsdamer Platz wird von Demonstranten in
Brand gesteckt.**

faschistischen Banditen ihre Zerstörungswut an mehreren Geschäften in der Leipziger Str. ausließen, vernahm man Geräusche
von fahrenden Panzern. ... [Es] war eine
Lähmung unter den faschistischen Elementen festzustellen. Bemerkenswert ist, daß
der sow[jetische] Kommandant, welcher auf
dem Panzer stand, durch sein Auftreten die
Leute im Zaume hielt, so daß zuerst das
Steinewerfen unterblieb. 2 Rowdys, die an
der Ecke auf einem Straßenmast saßen,
wußten vor Angst nichts weiter zu tun, als
zu klatschen. (...) Bedauert wird von vielen
Gen[ossen], daß sie, als eine rote und
schwarz-rot-goldene Fahne verbrannt
wurde und das Emblem unseres 5-Jahr-Pla-
nes von einem Haus abgerissen wurde, auf
diese Banditen nicht geschossen haben.«[190]

Auf dem Potsdamer Platz – einst das pul-
sierende Zentrum Berlins, seit Kriegsende
eine ruinengesäumte Ödnis, über die die
Sektorengrenze verlief – waren um 10.30
Uhr tausende Demonstranten versammelt.
Einige Dutzend Entschlossene stürmten das
unmittelbar an der Grenzlinie gelegene Columbus-Haus, in dem sich bis vor kurzem
eine HO-Zentrale befunden hatte. Mehrere
Volkspolizisten wurden überwältigt. Mobiliar, Uniformteile, Akten flogen unter dem
Jubel der Zuschauer aus den Fenstern. Später standen Teile des Gebäudes in Flammen.
Auch aus der gegenüberstehenden Ruine des
»Haus Vaterland«, vor dem Zweiten Weltkrieg eine beliebte Vergnügungsstätte, drangen dichte Rauchschwaden.

Unterdessen hatten zwei junge Männer,
ein Ost-Berliner Lastwagenfahrer und ein
West-Berliner, in einer waghalsigen Aktion
das Brandenburger Tor erklettert und die
rote Fahne vom Mast gezerrt. Das Symbol
der kommunistischen Herrschaft wurde unter Freudengeschrei zerfetzt. Einige Zeit
später – es herrschte bereits Ausnahmezustand – stiegen die beiden Fahnenstürmer
noch einmal auf das Tor, um eine schwarz-
rot-goldene Fahne aufzuziehen. Dabei wur-

den sie jedoch von sowjetischen Soldaten beschossen und konnten sich mit knapper Not in Sicherheit bringen. Die Fahne blieb auf halber Höhe hängen – Halbmast, ein passendes Symbol für die sich zuspitzenden Ereignisse.

Ulbricht ratlos

Während sich auf den Straßen Ost-Berlins und in der gesamten DDR die Lage immer weiter zuspitzte, saßen Ulbricht und Grotewohl rat- und hilflos in der Dienstvilla des sowjetischen Hohen Kommissars in Berlin–Karlshorst. Wladimir Semjonow hatte am Morgen fast das gesamte Politbüro zu sich beordert. Rudolf Herrnstadt schilderte später eine fast gespenstische Szenerie: »Wir fuhren in geschlossener Kolonne und sehr

schnell durch die Straßen, die inzwischen voll von aufgeregten Menschen waren. Einige drangen mit erhobenen Fäusten auf die Wagen ein. Weder Ulbricht noch ich sprachen. In Karlshorst wurden wir in das Zimmer des Hohen Kommissars geführt. Dort standen wir zunächst … überflüssig herum.«[191]

Umso aktiver waren die Sowjets. Wladimir Semjonow stand in ständiger Verbindung mit dem Kreml. »Die Telefone klingelten ununterbrochen. Mehrmals riefen Chruschtschow, noch häufiger Molotow und andere an«, erinnert sich Semjonow. Nach einem dieser Gespräche im Nebenraum kam

Ungleicher Kampf: Aufgebrachte Demonstranten in Ost-Berlin (hier in der Leipziger Straße) werfen Steine gegen sowjetische Panzer.

er zurück und sagte, zu einem Offizier ge-
wandt, laut genug, dass alle es hören konnten: »Der RIAS gibt durch, daß es in der
DDR keine Regierung mehr gibt.« Mit einem
ironischen Seitenblick auf den vor sich hin-
brütenden Ulbricht fügte er hinzu: »Na, fast
stimmt es doch.«[192]

Laufend wurden auch aus anderen Städten der DDR, aus Halle, Magdeburg, Dresden, Bitterfeld, Streiks und Unruhen gemeldet.

Kurze Zeit später telefonierte Ulbricht
mit Karl Schirdewan, Mitglied des SED-Se-
kretariats, der ihm die explosive Lage vor
dem ZK-Gebäude schilderte: Aufgebrachte
Menschenmassen – Sprechchöre »Nieder mit
der Regierung!« – zurückweichende Volkspolizei. Als Walter Ulbricht das hörte,
wandte er sich ab und sagte ein einziges
Wort: »Aus.«[193]

Noch war es nicht so weit.

Semjonow veranlasste, dass mehrere Mitglieder des Politbüros in die Zentren der
Unruhen, u.a. nach Halle und Leipzig, fuhren, um dort die Lage zu beruhigen. Zurück
blieben Ulbricht, Grotewohl, Herrnstadt
und Staatssicherheitsminister Zaisser. Der
musste sich fragen lassen, warum das MfS
»das alles« nicht hatte verhindern können.

Inzwischen beteiligten sich mehr als
1 Million Menschen in über 550 Städten und
Gemeinden an Streiks und Demonstrationen.[194] Aus den Proteststreiks Ost-Berliner
Bauarbeiter gegen Normerhöhungen war
eine Volkserhebung gegen die SED-Herrschaft geworden.

Wladimir Semjonow war in den dramatischen Tagen des Juni 1953 oberster Statthalter des Kreml in der DDR. Den Posten
des Hohen Kommissars hatte er erst Ende
Mai nach Auflösung der Sowjetischen Kontrollkommission (SKK) übernommen. Zuvor
war er mehrere Jahre lang Politischer Berater der Sowjetischen Militäradministration
in Deutschland (SMAD) gewesen, ab 1949
der SKK und zuletzt Leiter der III. Euro-

paabteilung im sowjetischen Außenministerium. Nicht nur im Juni 1953 spielte der
hoch gebildete und kunstsinnige Diplomat –
sein gewandtes Auftreten trug ihm den Ruf
eines »Vorzeige-Stalinisten« ein – eine un-
durchsichtige Rolle. Während er zeitweilig
geradezu als »Berijas Mann« in der DDR
galt, scheint er mitunter auch ganz eigene
Pläne verfolgt zu haben.

Eine Überlegung vom Frühjahr 1953 be-
traf die Machtverteilung in der DDR. Als
die DDR-Führung auf Druck Moskaus den
»Neuen Kurs« verkündete, hatte Semjonow
– und nicht nur er – Zweifel, ob ein solcher
Richtungswechsel mit Ulbricht an der
Spitze überhaupt zu machen sei. Da soll
Semjonow eine originale Idee gekommen
sein. Am 13. Juni, zwei Tage nach Bekanntgabe des »Neuen Kurses« und drei Tage vor
Beginn der Unruhen, hat er möglicherweise
dem LDPD-Politiker Hermann Kastner das
Amt des Ministerpräsidenten angeboten.
Als vorläufige Lösung des »Problems DDR«
schwebte Semjonow eine bürgerlich geprägte Regierung vor, die so bald keine radikal-
sozialistischen Experimente à la Ulbricht
unternehmen würde. Der 17. Juni machte
alle diese Pläne Semjonows zunichte.[195]
Inwieweit übrigens die Überlegungen Semjonows mit deutschlandpolitischen Plänen
seines zeitweiligen Gönners Berija in Bezie-
hung standen, die angeblich auf eine
Wiedervereinigung und Neutralisierung
Deutschlands hinausliefen, muss – wie die
Authentizität der Semjonow-Pläne selbst –
mangels eindeutiger Belege offen bleiben.

Auch dem DDR-Ministerpräsident Grotewohl wurden Angebote gemacht, allerdings
vom Westen. Mitte 1952 verfolgte der britische Geheimdienst konkrete Pläne, Grotewohl zum Übertritt in die Bundesrepublik
zu bewegen. In der DDR sei er politisch von
Ulbricht und Genossen bereits abgeschrie-
ben. Eine Vermittlerrolle bei diesem Coup
sollte der erste Nachkriegs-Oberbürger-
meister von Berlin, Arthur Werner, spielen.

Dieser wies das Ansinnen der Briten aber zurück. Nun versuchte es der Geheimdienst über eine Verwandte Grotewohls, doch der DDR-Ministerpräsident verweigerte jede Kooperation und meldete den Vorfall umgehend dem Staatssicherheitsdienst. Danach scheinen die Briten den Abwerbeplan nicht weiter verfolgt zu haben. Herrnstadt und Ulbricht gehörten zu den Wenigen in der SED-Führung, die davon wussten.[196]

Am 17. Juni trafen im Moskauer Kreml laufend Berichte über die Ost-Berliner Ereignisse ein. Um 7.26 Uhr – am Strausberger Platz formierten sich gerade die Arbeiter zum Demonstrationszug – schilderten Semjonow und der Oberkommandierende der sowjetischen Streitkräfte in Deutschland, Marschall Gretschko, über eine Geheimleitung die Situation. Mehrfach betonten sie dabei, dass Gruppen aus West-Berlin aktiv in das Geschehen eingriffen, indem sie angeblich SED-Funktionäre attackierten, Fensterscheiben einschlügen und Autos demolierten. »Rund 500 Banditen versuchten in das Gaswerk einzudringen und es außer Betrieb zu setzen. (…) Aus den Berichten in der westdeutschen Presse und im Radio ergibt sich klar, dass die oben erwähnten feindlichen Aktionen von West-Berlin aus organisiert wurden …« Abschließend meldeten Semjonow und Gretschko, dass sie 450 motorisierte Militärangehörige zu möglichen Brennpunkten sowie zu wichtigen Gebäuden entsandt hätten. Mit den »Freunden« habe man vereinbart, dass vor allem die Volkspolizei die Ordnung in Ost-Berlin aufrechterhalten solle und »die sowjetischen Truppen eine aktive Rolle bei der Sicherung der Ordnung nur im äußersten Notfall übernehmen werden.«[197]

Um 11.15 schickten Semjonow und Gretschkow einen weiteren Lagebericht an die sowjetische Führung, der schon weit alarmierender klang: Die Volkspolizei habe die Situation nicht mehr im Griff. Die Arbeiter des Berliner Kabelwerkes hätten ver-

sucht, den Werkschutz zu entwaffnen. »In West-Berlin ist eine Solidaritäts-Demonstration angekündigt. Es besteht die Möglichkeit, dass diese Demonstranten von West- nach Ost-Berlin eindringen …«[198]

Auch der sowjetische Geheimdienst MWD [Ministerstwo Wnutrennych Del – Ministerium des Innern, 1953/54 Vorgängerorganisation des Geheimdienstes KGB] übermittelte am 17. Juni Lageberichte nach Moskau. Bereits am Vortag hatte der MWD-Offizier und Deutschlandexperte Wadim W. Kutschin über Arbeiterproteste berichtet und im Kreml die Alarmglocken schrillen lassen. Am Mittag des 17. Juni kabelte der Ost-Berliner MWD-Chef Oberst Iwan A. Fadeikin: »Die Frage eines Generalstreiks wurde entschieden. Heute um sieben Uhr begann sich in verschiedenen Teilen der Stadt eine Menschenmenge zu versammeln und ins Zentrum zu ziehen. Mehrere Fabriken befinden sich bereits im Streik.« Die Volkspolizei sei nicht mehr in der Lage, die Ordnung auf den Straßen aufrechtzuerhalten.[199]

Die seit dem 16. Juni in Moskau eintreffenden Berichte klangen von Stunde zu Stunde dramatischer. Die Reaktion des Kreml ließ nicht lange auf sich warten. Bereits in der Nacht zum 17. Juni waren einige sowjetische Garnisonen in Gefechtsbereitschaft versetzt worden. Sie sollten strategisch wichtige Gebäude in Ost-Berlin und die Sektorengrenze sichern.

Am Vormittag des 17. Juni befahl Moskau eine härtere Gangart. Ständig riefen Chruschtschow, Molotow, Berija in Karlshorst an. Nach Semjonows Erinnerung soll dabei vor allem Berija auf ein hartes Durchgreifen gedrängt haben: »›… warum spart Semjonow so mit Patronen?‹, donnerte Berija drohend.«[200]

Um 12 Uhr mittags war die Sache entschieden. In Berlin-Karlshorst kam Semjonow zu Ulbricht, Grotewohl und Herrnstadt ins Zimmer: »Moskau hat die Verhängung

des Ausnahmezustands … angeordnet.
Jetzt ist der Spuk sehr schnell vorbei. Ein
paar Minuten nach 1 Uhr ist die Sache erledigt.«[201] Wahrscheinlich hatte die sowjetische Führung direkt über Telefon den Militäreinsatz befohlen. In Moskau traute man
den deutschen Polizeikräften offensichtlich
nicht zu, die Unruhen unter Kontrolle zu
halten.

Später rühmte sich Semjonow, Schlimmeres verhütet zu haben, indem er eine um
11 Uhr aus Moskau eintreffende Anweisung
– möglicherweise von Berija –, das Feuer auf
Demonstranten zu eröffnen und zwölf Rädelsführer standrechtlich zu erschießen,
aufgrund seiner besonderen Vollmachten
ignoriert habe. Möglicherweise wollte Semjonow sich durch diese Version vor der
Geschichte auch nur in ein besseres Licht
setzen.[202]

Gegen 13 Uhr landete, direkt aus Moskau
kommend, Marschall Wassili Sokolowski,
Generalstabschef der sowjetischen Armee,
in Berlin. Als früherer Militärgouverneur
der SBZ kannte er sich sehr gut aus in der
DDR und sollte darum die militärische
Niederschlagung des Aufstands leiten. Er
tat das mit der kühlen Effektivität eines er-
fahrenen Soldaten. Um 13 Uhr verhängte
Militärkommandant Pawel A. Dibrowa den
Ausnahmezustand über den sowjetischen
Sektor Berlins:

»Alle Demonstrationen, Versammlungen,
Kundgebungen und sonstige Menschenansammlungen über 3 Personen werden auf
Straßen und Plätzen wie auch in öffentlichen Gebäuden verboten. Jeglicher Verkehr von Fußgängern und der Verkehr von

**Kasernierte Volkspolizei und sowjetische Panzer
haben die Leipziger Straße geräumt.**

Kraftfahrzeugen und Fahrzeugen wird von 9 Uhr abends bis 5 Uhr morgens verboten. Diejenigen, die gegen diesen Befehl verstoßen, werden nach den Kriegsgesetzen bestraft.«[203]

Verhängung des Kriegsrechts

Während gegen Mittag in Karlshorst und Moskau die Drähte heiß liefen, waren im Lustgarten rund 50 000 Demonstranten zu einer spontanen Kundgebungen versammelt. Minuten später schilderte ein atemloser Augenzeuge dem RIAS-Reporter das weitere Geschehen: »Und da hat unser Redner die Vorschläge gemacht, wir wollen Generalstreik machen, eine Absetzung der SED-Regierung, freie Wahlen für ganz Deutschland und die Lohnerhöhung und die HO-Senkung um 40%, und dann auf einmal brüllten die Leute von oben ... von der Tribüne aus: ›Panzer kommen‹. Und [schon] sprengten die russischen T 34, ungefähr 15 Stück, in die Menge hinein.«[204]

Die sowjetische Besatzungsmacht hatte sich entschieden, den Aufruhr mit militärischen Mitteln niederzuschlagen. Sie traute Volkspolizei und KVP nicht zu, »Ruhe und Ordnung« aus eigener Kraft wieder herzustellen. Vielleicht aber wollten die Sowjets die ostdeutsche Staatsgewalt auch quasi »aus der Schusslinie« halten und die Hauptverantwortung für das militärische Eingreifen selbst übernehmen, damit die SED-Führung nicht den allerletzten Kredit bei der Bevölkerung verspielte. Wenn diese Überlegung bei den Sowjets tatsächlich mitschwang; funktioniert hat diese Taktik kaum. Realistischer war das Kalkül, dass der Westen – wenn auch zähneknirschend – das Recht der sowjetischen Besatzungsmacht, in ihrer Zone für Ruhe zu sorgen, grundsätzlich anerkennen würde. Zumindest der britische Premier Churchill vertrat intern genau diese Auffassung. Ein weiterer

Aspekt mag eine Rolle gespielt haben. Sowohl die SED-Führung als auch der Kreml waren von der Zuverlässigkeit der ostdeutschen bewaffneten Kräfte, Volkspolizei und KVP, keineswegs überzeugt. In den ersten Stunden des Kriegsrechts wollte man es nicht darauf ankommen lassen abzuwarten, ob KVP-Angehörige und Vopos auf demonstrierende Landsleute schießen würden. Spätestens ab dem 18. Juni allerdings erwiesen sich entsprechende Sorgen als unbegründet. KVP und Volkspolizei bildeten eine zuverlässige Stütze des SED-Regimes.[205]

Kurz nach Mittag fuhren Dutzende sowjetische Panzer langsam und bedrohlich durch die Leipziger Straße in Richtung Haus der Ministerien. Auch Unter den Linden und in der Friedrichstraße dröhnten die Panzer. Es waren T 34/85 mit fünf Mann Besatzung, ausgerüstet mit einer Kanone Kaliber 53 und zwei Maschinengewehren. Sie gehören zur 1. Mechanisierten Division, die bereits um 9 Uhr von Döberitz aus in Marsch gesetzt worden war. Offenbar eine »Vorsichtsmaßnahme«, da der Einsatzbefehl aus Moskau erst später kam. Große Teile der insgesamt rund 500 000 Mann starken sowjetischen Truppen in Deutschland befanden sich im Juni 1953 im Manöver, so dass sie relativ schnell bereit gestellt werden konnten.[206]

Die Luken der meisten T 34 waren geöffnet. Zunächst versuchten Offiziere, mit Gesten und energischen Worten die Menge zu zerstreuen. Aber das gelang nicht, zumal die sowjetischen Offiziere und Soldaten anfangs nicht besonders aggressiv wirkten, viele eher ratlos, fast verunsichert.

Nicht wenige Demonstranten wollten bei den sowjetischen Truppen sogar Wohlwollen bemerkt haben. So berichtete ein Ost-Berliner am 17. Juni einem RIAS-Reporter: »Als wir in der Königstraße waren, da kamen uns noch sowjetische Panzerwagen entgegen und LKWs mit Soldaten drauf. Da waren etliche Deutsche, die sprachen sehr gut rus-

sisch, die unterhielten sich mit diesen Soldaten. Da mußte ich staunen, ich verstand
leider nichts, aber man sah es an den Mie-
nen dieser Soldaten, daß sie lachten und
sprachen – ja – und wahrscheinlich unserer
Meinung waren. Auf einmal kam ein PKW,
da saß ein Offizier drin, ein sehr hoher russischer Offizier, und wir mußten plötzlich
zurückgehen. Daraus sehe ich doch, daß ...
die russischen Soldaten, die hier in Berlin
sind, teilweise vielleicht mit uns sympa-
t[is]ieren.«[207]

Ein Augenzeuge in Görlitz: »Dann kamen
gegen 17.30 russische LKW ganz dicht
hintereinander auf den Obermarkt gefahren.
Darauf saßen dichtgedrängt russische Soldaten mit Gewehren zwischen den Knien.
Die LKW schoben sich ganz langsam durch
die Menge hindurch, die auch – viele pfei-
fend und schimpfend – auseinanderwich.
Ich habe dann selber gesehen, wie einige
russische Soldaten ihre Helme abnahmen
und den Menschen zugewinkt haben. Später
kam in Görlitz das Gerücht auf, diese Soldaten habe man standrechtlich erschossen.

Ein gepanzertes Fahrzeug scherte aus der
Kolonne aus und fuhr über den Obermarkt
bis zu der improvisierten Tribüne, wo sich
die Redner immer noch ablösten. Dort blieb
der Panzer stehen und schwenkte seine Kanone langsam über die Köpfe der Menschen
hinweg. Die Leute – auch ich – wir kriegten
natürlich Angst, denn wir wussten ja nicht,
ob die nicht gleich losschießen werden. Aber
nach unserem Eindruck zeigten die Russen
ihre friedliche Absicht auch dadurch, dass
mehrere Soldaten auf dem Panzer sitzen
blieben.«[208]

Ein anderer Ost-Berliner Demonstrant
hingegen berichtete im Interview mit dem
RIAS: »Reporter: Welchen Eindruck hatten
die Panzer und die sowjetischen Soldaten
auf die Demonstranten gemacht?

I.: Wenn wir irgendwie was machen würden, daß sie gleich schießen. Sie waren ja
schußbereit ... Ja also, wir hatten dieses Ge-

fühl, wenn wir noch einen Schritt weitergehen, sie würden ohne weiteres das Feuer eröffnen.«[209]

Die Situation spitzte sich immer mehr zu.
Vereinzelt sprangen Demonstranten auf stehende Panzer und schlugen mit Knüppeln
und Eisenstangen auf die Fahrzeuge ein –
Gesten ohnmächtiger Wut. Kurz nach
12 Uhr fielen auf dem Potsdamer Platz die
ersten Schüsse. Zunächst wurde aus auto-
matischen Waffen über die Köpfe hinweg
geschossen, dann gezielt in die Menge. In
Panik stoben die Menschen auseinander,
suchten Deckung oder rannten in den Westsektor. Auf dem Potsdamer Platz und am
Brandenburger Tor wurden mindestens
zwölf Demonstranten durch Schüsse getötet. West-Berliner Sanitäter versorgten Verletzte und bargen Erschossene. Ein RIAS-
Reporter schilderte das Geschehen: »Inzwischen ist der Potsdamer Platz von Westberliner Polizisten abgesperrt worden, aber die
meisten Demonstranten haben sich in den
Sowjetsektor hinübergezogen und bilden
dort eine große Menschenmenge, die die eine
Hälfte der Leipziger Straße ausfüllt. Und
während hier noch große Transparente zu
Boden fallen ... [man hört Schüsse], beginnt
soeben wieder ein heftiger Schußwechsel,
wie es scheint von Maschinenpistolen.
Schwere sowjetische Panzer haben soeben
die Leipziger Straße besetzt und rollen weiter vor. Wir müssen ebenfalls zurückgehen
und jetzt hinter einem Wagen Deckung nehmen, und wir hören, wie die Kugeln an uns
vorbeipeitschen.«[210]

Einige Minuten später berichtete ein Augenzeuge, wahrscheinlich ein in den Westsektor geflohener Demonstrant, dem Reporter: »Es war schaurig anzusehen, ja. Wie die
Salven dann hintereinander losgingen und
die Menschenmassen zu Boden stürzten.
Man sah gleich einige auf dem Boden sich
wälzen, blutüberströmt, und alles hat nach
Sanitätern, nach Polizei gerufen. Und man
hat die Leute – schwer durchblutet hat man

sie angeschleppt und in den Wagen gebracht.«[211]

Während in Ost-Berlin bürgerkriegsähn-
liche Zustände herrschten, verhinderte die
West-Berliner Polizei an mehreren Stellen
der Sektorengrenze, dass größere Gruppen
von West-Berlinern in den Ostsektor gingen,
um eventuell an den Auseinandersetzungen
teilzunehmen. Dennoch befanden sich mehrere tausend West-Berliner im Ostteil der
Stadt, wo sie mehr oder minder aktiv an den
Geschehnissen teilhatten. An einem von ihnen, Willy Göttling, statuierten die Sowjets
ein blutiges Exempel. Göttling wurde am
18. Juni 1953 wegen angeblicher Rädelsführerschaft standrechtlich erschossen.

Trotz Verhängung des Ausnahmezustands
um 13 Uhr gingen in Ost-Berlin die blutigen
Unruhen noch mehrere Stunden weiter.
Immer wieder peitschten Schüsse durch die
Straßen. Am Nachmittag standen Kioske,
VP-Baracken sowie das Columbus-Haus
und die Ruine des »Haus Vaterland« am
Potsdamer Platz in Flammen.

An mehreren Stellen der Innenstadt kam
es weiterhin zu gewalttätigen Auseinandersetzungen zwischen Demonstranten und
Soldaten. Auch Volkspolizei und KVP gingen wieder verstärkt gegen die Aufständischen vor. Schwerpunkte der Auseinandersetzungen waren der Potsdamer Platz, der
Platz vor dem Karl-Liebknecht-Haus, der
Alexanderplatz und die Gegend um die
Oberbaumbrücke, unmittelbar an der Sektorengrenze. Doch es blieb bei einzelnen Zusammenstößen. In Ost-Berlin gab es keinen
Platz, auch kein bestimmtes Gebäude, zu
dem die Massen gezogen und das damit zum
Zentrum der Auseinandersetzungen geworden wäre. Am Vormittag hatten sich die
Proteste noch auf das Haus der Ministerien
konzentriert. Nach Verhängung des Kriegsrechts waren die Aufständischen jedoch
weitgehend orientierungslos, ihre Aktionen
unkoordiniert und diffus. Die Innenbezirke
von Ost-Berlin waren erfüllt von einem

Momentaufnahmen eines Aufstands: Privatfotos
vom Geschehen an der Kreuzung Friedrich-
straße/Schützenstraße am 17. Juni.

gleichsam wabernden Aufruhr. Von zielgerichteter Bewegung, gar von Leitung keine Spur.

In anderen Aufstandsorten, etwa in Halle, Magdeburg oder Görlitz, verhielt es sich anders. Dort richtete sich der Volkszorn am 17. Juni gezielt gegen bestimmte »Bastionen« der SED: Gefängnisse, Parteileitungs- oder MfS-Gebäude. Auf zentralen Plätzen fanden Großkundgebungen statt, auf denen programmatische Reden gehalten, sogar Streikleitungen gewählt wurden. In Ost-Berlin, dem Ausgangspunkt der Unruhen, fehlte es an derartiger Formung des Aufstands. Eine Hauptursache war sicherlich das vergleichsweise frühe und harte Eingreifen sowjetischer Truppen.

Ein damaliger KVP-Angehöriger erinnert sich: »Im weiteren Tagesverlauf wurden wir am Alexanderplatz eingesetzt, auf dem sich zehntausende Demonstranten … drängten. (…) Wir erhielten den Auftrag, den Alexanderplatz im Zusammenwirken mit Teilen einer sowjetischen Mot.-Schützen-Kompanie … zu räumen und das Polizeipräsidium zu entsetzen. Auch zu diesem Zeitpunkt hatten wir keine Munition am Mann. Dagegen waren die sowjetischen Kräfte, die durch einen Panzer T-34 unterstützt wurden, mit Mpi, lMG [leichtes Maschinengewehr] und sMG [schweres MG] bewaffnet und aufmunitioniert.«[212]

Nicht allen KVP-Leuten war bei ihrem Einsatz ganz wohl, wie ein Bericht des VP.-Bereitschaftskommandos II, Berlin, vom 26. Juni 1953 zeigt: »Als am 17.6.1953 bekannt wurde, daß der Ausnahmezustand über den sowjetischen Sektor verhängt sei, der Schießbefehl ergangen war und doppelte Munition empfangen wurde, trat … [bei] 2 Genossen Wm [Wachtmeistern] die Meinung auf, daß sie auf Arbeiter nicht schießen. In individueller Aussprache mit den Polit.-Stellvertretern wurden sie über ihren großen Irrtum aufgeklärt und sahen ihn ein.«[213]

Ein Demonstrant gegenüber dem RIAS: »Ich habe da mit einem Volkspolizeioffizier gesprochen. Und da habe ich gesagt: ›Na, wie stellt sich die Volkspolizei dazu?‹ Und da sagt er zu mir: ›Ja wissen Sie was‹, sagt der, ›wir sind ja Volkspolizei. Und wir sind zum Schutz des Volkes da. Und das Streiken und das Demonstrationsrecht steht ja in der Verfassung verbrieft‹, hat der mir zur Antwort gegeben.«[214]

Derlei Skrupel blieben aber die Ausnahme. Die allermeisten Demonstranten machten andere Erfahrungen, wie zum Beispiel der Elektroingenieur Siegfried Berger. Er lief an der Spitze von rund 4000 Demonstranten, die sich aus dem Funkwerk Berlin-Köpenick auf den Weg ins Regierungsviertel gemacht hatten. Es war gegen 14 Uhr, als der Zug in Höhe der Oberbaumbrücke marschierte. »Hier kam uns eine größere Zahl von Volkspolizisten … mit ihren Gewehren im Anschlag entgegen. Wir in der ersten Reihe hakten uns gegenseitig ein und versuchten, den Zug zu stoppen, was natürlich sehr schwer gelang. Als die Polizisten uns ihre Gewehrläufe auf die Brust drückten und riefen: ›Zurück, oder wir schießen!‹, kam der Zug langsam zum Halten. Ich erklärte den Vopos, daß wir Arbeiter aus Köpenick wären, aber sie sagten, wenn wir nicht zurückgingen, hätten sie Befehl zu schießen. Langsam bewegte sich die Masse hinter uns zurück. Als die Entfernung zur Polizistenkette etwa gut 50 m betrug, schossen sie doch. Wir hatten … 3–5 Verletzte, die wir alle mit in den Westsektor nehmen konnten.«[215]

Ebenfalls in Höhe der Oberbaumbrücke ereignete sich gegen 15 Uhr folgender Zwischenfall. Der in seinem Dienstwagen vorbeifahrende CDU-Vorsitzende und stellvertretende Ministerpräsident der DDR, Otto Nuschke, wurde von Demonstranten erkannt und zum Aussteigen genötigt. In einem anschließenden Handgemenge wurde Nuschke über die Sektorengrenze nach

West-Berlin gedrängt und von West-Berliner Polizei in Gewahrsam genommen. Ein RIAS-Reporter nutze geistesgegenwärtig die Gelegenheit und führte ein kurzes Interview.

»Reporter: Herr Nuschke, Sie sind hier in Westberlin. Wie sind Sie nach Westberlin hereingekommen, freiwillig?
Nuschke: Ich wurde geraubt. Mein Auto wurde aus dem Ostsektor von einer erregten Menge Westberliner nach Westberlin geschleppt.
R.: Wie beurteilen Sie die Lage im Ostsektor?
N.: Günstig.
R.: Warum günstig?
N.: Weil viele Leute das einsehen.
R.: Was einsehen?
N.: Weil viele Leute einsehen, daß das Irrsinn ist, was gemacht worden ist.
R.: Sie meinen die Normenerhöhung in der Ostzone?
N.: Das ist ja längst rückgängig gemacht worden, und zwar gesetzlich. (…)
R.: Wie stehen Sie zu der Tatsache, daß die Bevölkerung der Ostzone die Absetzung der Regierung fordert?
N.: Die Bevölkerung fordert sie nicht, sondern ein Teil der Demonstranten, und zwar sehr stark durchsetzt mit Westberlinern. (…)
R.: Ist die Regierung mit dem Einsatz der sowjetischen Panzer in Ostberlin einverstanden?
N.: Selbstverständlich.
R.: Warum selbstverständlich?
N.: Selbstverständlich, weil sie ein Interesse daran hat, daß Ruhe und Ordnung zurückkehrt. Wenn das nicht mit polizeilichen Mitteln möglich ist, dann muß eben selbstverständlich die Besatzungsmacht, jede Besatzungsmacht, ihre Mittel einsetzen.«[216]
Am 19. Juni konnte Nuschke nach Ost-Berlin zurückkehren. Zuvor sollen amerikanische Regierungsvertreter vergeblich versucht haben, ihn zum Bleiben zu bewegen.

Das massive Vorgehen von Sowjets, Volkspolizei und KVP bewirkte, dass ab dem späteren Nachmittag die Unruhen abklangen. Allein in Ost-Berlin waren am 17. Juni rund 20 000 Sowjetsoldaten und -offiziere sowie rund 15 000 Volkspolizisten und KVP-Leute im Einsatz.[217] Inzwischen war die Sektorengrenze von Osten hermetisch abgeriegelt. Nur noch vereinzelt kam es zu Zusammenstößen. Um 18 Uhr berichtete ein RIAS-Reporter von gespenstischer Stille am Leipziger Platz.

»Es ist still geworden hier. Und nur noch wenige kleine Rauchfähnchen zeugen von den verbrannten Kiosken und Propagandasäulen auf dem Leipziger Platz. Die Panzerwagen sind zum Teil abgezogen worden, aber drei stehen noch und versperren den Zugang zur Leipziger Straße … kein Mensch weit und breit zu sehen.«[218] Auch am Alexanderplatz und auf der Stalinallee wurden bis zum Abend die letzten Gruppen von Demonstranten zerstreut.

Ab 21 Uhr herrschte Ausgangssperre.

Bei den blutigen Zusammenstößen wurden in Ost-Berlin mindestens 12 Demonstranten getötet und mehr als 400 zum Teil schwer verletzt. Auf Seiten der Polizei gab es nach Angaben der Führung der Volkspolizei 204 Verletzte, davon 64 schwer. Über verletzte sowjetische Soldaten liegen keine Angaben vor.[219] Die am 16. und 17. Juni in Ost-Berlin entstandenen Sachschäden wurden in einer Aufstellung der Volkspolizei mit insgesamt 500 771 DDR-Mark beziffert.[220]

Übrigens verwendete die Volkspolizei-Führung passende Zitate aus Briefen, die verletzte Polizisten an ihre Angehörige schrieben – um das Briefgeheimnis scherte man sich nicht – später zur politischen Schulung. Zum Beispiel der des »Genossen T. aus Meiersdorf/Erzgebirge« schien besonders geeignet: »Halbwüchsige, mit Hochwasserhosen und Ringelsocken und Tangohaarschnitt demolierten eine Buchhandlung.

Bekanntmachung.   16

Die Maßnahmen der Regierung der DDR

Zur Verbesserung der Lage der Bevölkerung sind von faschistische

uns anderen reaktionären Elementen in West-Berlin zu mit

Provokationen undschweren Störungen der Ordnung benutzt worden.

Diese Provokationen sollen die Herstellung der Einheit

Deutschlands erschweren.

Der anlaß für die Arbeitsniederlegung der Bauarbeiter in Ber.

ist durch den gestrigen Beschluß in der Normenfrage

fortgefallen. Die Unruhen sind das We rk von Provokateuren und fa

faschistischen Agenten ausländischer Mächte und ihren Helfersher-

fern aus deutschen monopolistischen kapitalistischen M nopolen.

die Unzufrieden sind mit der demokratischen Macht in der DDR,

die Maßnahmen zur Verbesserung der Lage der Bevölerung ergriffen h

Die Regierung fordert die Bevölkerung auf :

1.   die Maßnahmen zur sofortigen Wiederherstellung
     der Ordnung in der Stadt usu unterstützen
     und die Bedingungen für eine normale und ruhige
     Arbeit in den Betrueben zu schaffen.

2.   die Schuldigenan den Unruhen werden zur Verantwortung
     gessogen und streng bestraft. Die Arbeiter und alle
     sehrlichen Bürger werdne aufgefordert, die
     Provokateutre zu ergreifen und den Staatsorganen
     zuübergeb,e.

3.   Es ist wahrwscheinlich, daß die Arbeiter und die technisc
     Intelligenz in Zusammenarbeit mit den Machtorganen
     selbst die notwendigen Maßna hmen zur Wiederherstellung
     des normalen Arbeitsverlafes ergreifen.

Die Reg. d. D. D R.

Otto Gr.

Ministerpräsident

Berlin , d. 17. Juni 1953.

Ich wurde von den anderen Genossen abgedrückt und in eines der Schaufenster geworfen. Dabei erhielt ich eine Schnittwunde am linken Oberschenkel. Aber glaub mir, derjenige, der mich reingedrückt hat, der bereut es heute bestimmt, denn diesen habe ich mit dem Gummiknüppel ›fertig gemacht‹. Sämtliche Zähne habe ich ihm eingeschlagen.«[221]

Hochkommissar Semjonow hatte bereits um 14 Uhr, eine Stunde nach Verhängung des Ausnahmezustands, an die Moskauer Führung telegrafiert, dass sich in Ost-Berlin die Situation entspannt habe. In anderen Städten jedoch sei die Situation noch längst nicht unter Kontrolle und gebe Anlass zu großer Sorge. Einige Brennpunkte zählte er auf: Görlitz, Halle, Magdeburg.[222]

»Das Werk von faschistischen Agenten«. Erste offizielle Erklärung der DDR-Regierung zum niedergeschlagenen Volksaufstand am Abend des 17. Juni. Entwurf mit handschriftlichen Änderungen von Ministerpräsident Grotewohl.

Die DDR in Aufruhr: Zentren des Aufstands

Görlitz:
Machtwechsel für einen halben Tag

Ausgerechnet Görlitz. Die niederschlesische Industriestadt mit knapp 100 000 Einwohnern lag seit 1945 an der Grenze zu Polen; eine geteilte Stadt, deren östlich der Neiße gelegenen Bezirke nunmehr zu Polen gehörten. Görlitz' historischer Stadtkern hatte den Zweiten Weltkrieg ohne größere Zerstörungen überstanden. Rund 40 Prozent der Bevölkerung waren Flüchtlinge und Vertriebene. Von ihnen konnten nicht wenige jenseits des Flusses ihre früheren Wohnhäuser sehen, unerreichbar für sie, da es keinen Grenzverkehr gab.[223] Die Oder-Neiße-Grenze, im Juli 1950 offiziell zur »Friedensgrenze« erklärt, war 1953 schärfer bewacht als die Sektorengrenze durch Berlin.

Die Kirchen hatten hier traditionell eine starke Position. Sehr zum Ärger der örtlichen SED- und Polizei-Führung. »Die zentralen Feierstunden, wie Feier zum Jahrestag der DSF [Gesellschaft der Deutsch-Sowjetischen Freundschaft, d. Verf.], Leninfeier usw., sind äußerst schlecht besucht, während zu der Zeit sich die Menschen in die Kirchen drängen«, heißt es in einem Polizeibericht vom Januar 1953.[224] Zudem war Görlitz eine traditionelle Hochburg der Sozialdemokratie, so dass der Anteil ehemaliger SPD-Leute in der dortigen SED außergewöhnlich hoch lag. Dies sollte auf den Gang der Ereignisse nicht ohne Einfluss bleiben.

Der Görlitzer Hans-Joachim Knobloch, damals 19 Jahre alt, erinnert sich: »Etwa um 9.30 Uhr kam mir vom Bahnhof her über die ganze Straßenbreite ein Demonstrationszug entgegen. In den ersten Reihen liefen Arbei-

ter aus Görlitz und von der Waggonbau Niesky. Es waren rund 1000 Leute. Sie riefen Parolen: ›Freie Wahlen!‹ – ›Keine Oder-Neiße-Grenze!‹ Die Arbeiter bewegten sich in Richtung Obermarkt [seinerzeit ›Leninplatz‹], dem zentralen Platz in der Altstadt. Dort sollte um 11 Uhr eine Kundgebung stattfinden.«[225]

Auf dem Weg zum Obermarkt kam der Zug am Frauengefängnis Postplatz vorbei. Bald hatten sich dort rund 2500 Demonstranten gesammelt und forderten die Freilassung der Häftlinge. Es rückten zwei Feuerwehrwagen an und versuchten, die Menge mit Wasserschläuchen zu vertreiben. Die Wagen wurden jedoch sofort eingekeilt und zum Schaukeln gebracht. Der Besatzung wurde das zu brenzlig und unter dem Gejohle der Menge verließ sie ihren Posten.

Im Gefängnis befanden sich am 17. Juni 364 Frauen, bewacht von 40 Wärtern, 30 von ihnen weiblich. Volkspolizei war nicht zu sehen. Nach rund 30 Minuten gelang es den Demonstranten, den Bau zu stürmen. Das Wachpersonal leistete keinen Widerstand; die Wärterinnen zogen Zivilkleider an und machten sich, unbehelligt von den Besetzern, davon.[226]

Die Demonstranten konnten sogar ein Schreiben von OB Willi Ehrlich (SED) vorlegen, das drei namentlich benannte Personen berechtigte, alle politischen Gefangenen zu befreien. Für einen geordneten Ablauf sollte der Rechtsanwalt Carl-Albert Brüll sorgen. (Er wurde später zu fünf Jahren Zuchthaus verurteilt.) Doch in der allgemeinen Hochstimmung und dem Durcheinander auf den Gängen wurden kurzerhand alle Gefangenen freigelassen. Die wenigsten schlossen sich den Demonstranten an: »Viele schwärmten aus und deckten sich in der HO mit Schnaps und Zigaretten ein. In einem Textilgeschäft haben sie sich neue Klamotten geholt. Ein Teil der befreiten Häftlinge hat sich dann im Hotel ›Stadt Dresden‹ einquartiert und bis in die Nacht lautstark gefeiert.«[227] Andere wurden von Görlitzer Bürgern, u.a. in der örtlichen Handwerkskammer, neu eingekleidet und in einigen Fällen mit einer Fahrkarte nach Berlin versorgt – möglicherweise zur Flucht in den Westen.[228]

Auch vor der Görlitzer Untersuchungshaftanstalt drängten sich gegen 12 Uhr mehrere hundert Demonstranten und verlangten lautstark die Freilassung der politischen Häftlinge. Einige hatten Äxte und Eisenstangen dabei. Im Gebäude war nur eine Handvoll Polizisten, um die 52 Häftlinge zu bewachen. Angesichts der wachsenden Menge forderte die Gefängnisleitung Verstärkung an. Die kam aber nicht durch, da die Straßen der Stadt verstopft waren von Demonstranten. In der für sie immer explosiver werdenden Lage begann das Wachpersonal mit den Belagerern zu diskutieren. Denen aber war nicht nach Gesprächen zumute; gegen 12.30 Uhr drangen sie mit Brechstangen und einem Schweißgerät in das Gefängnis ein. Innerhalb weniger Minuten waren sämtliche Zellen geöffnet und alle 52 Häftlinge in Freiheit. Von einer Unterscheidung zwischen »Politischen« und »Kriminellen« war auch hier in der allgemeinen Euphorie keine Rede mehr.

Insgesamt wurden in Görlitz am 17. Juni 416 Häftlinge von Demonstranten befreit. Von ihnen wurden bis zum Morgen des 19. Juni 215 wieder festgesetzt.[229]

Um 11.30 war der Obermarkt (Leninplatz) schwarz von Menschen. Schätzungsweise 30 000 Arbeiter aus Görlitz und den umliegenden Orten, aber auch Geschäftsleute, Verkäuferinnen, Hausfrauen, Jugendliche hatten sich zu einer Kundgebung versammelt. Den Kern der Demonstranten bildeten die Arbeiter des VEB Lok- und Waggonbau (LOWA) – mit insgesamt 4000 Beschäftigten der größte Betrieb im Kreis Görlitz –, der EKM Maschinenbau (rund 2100 Beschäftigte) sowie mehrerer Optik- und Textilfabriken.

Die Versammlung nahm einen turbulenten, zeitweise chaotischen Verlauf. Die Kundgebungsleitung hatte der Architekt Otto Cammentz inne. Als Rednerbühne diente ein herbeigeschaffter Tisch. Während die ersten Redner sprachen, wurde in einer Ecke des Platzes ein Propaganda-Kiosk demoliert, Zeitungen und Broschüren unter lautem Gejohle aufs Pflaster geworfen. Von den umliegenden Häusern zerrten Jugendliche Transparente und Spruchbänder herunter. Gleichzeitig stürmten mehrere Dutzend Demonstranten ein am Obermarkt gelegenes Ratsgebäude und rissen Transparente von den Wänden. Die Angestellten blieben unbehelligt.[230] Erst verhalten, dann immer lauter ertönten Sprechchöre: »Nieder mit der Regierung« – »Nieder mit der SED« – »Weg mit der Oder-Neiße-Grenze« – »Wir wollen freie Wahlen«.[231]

Inzwischen hatten tatkräftige Demonstranten den Stadtfunk in ihre Gewalt gebracht, so dass die Sprechchöre und Reden vom Obermarkt über Lautsprecher in ganz Görlitz zu hören waren. Auf diese Weise bekamen auch die Schüler des Gymnasiums durch die geöffneten Fenster genau mit, was sich gerade in ihrer Stadt abspielte.[232]

Von der Görlitzer Kundgebung existiert die Abschrift eines Tonband-Mitschnitts, der die Stimmung und Forderungen des Tages sehr authentisch widerspiegelt. Es handelt sich um die wohl einzige erhaltene Quelle, die den Verlauf einer Kundgebung am 17. Juni unmittelbar dokumentiert.

»Einwohner der Stadt Görlitz! Nach der Unterredung, die wir soeben mit dem Oberbürgermeister der Stadt Görlitz gehabt haben, bitte ich Sie im Interesse eines reibungslosen Ablaufes, die Ruhe zu bewahren und keine übereilten Handlungen zu begehen.

Seien Sie versichert, daß in der heutigen Besprechung um 18.00 Uhr alles getan wird, damit endlich des Volk zu seinem Recht kommt. (...)

(Anderer Sprecher) Liebe Einwohner der Stadt Görlitz! Wir wollen nur eins wissen – von den vergangenen Fehlern wollen wir gar nichts mehr wissen – (Stimmengewirr – Beifall) – Wir wollen nur noch eins wissen, daß wir freie Menschen sind ...

(Anderer Sprecher) Einwohner der Stadt Görlitz! Es heißt nun, dass unser Bürgermeister noch einmal die Bitte gerichtet hat, die Arbeit weiterzuführen. Ich bitte Euch alle, ob ihr damit einverstanden seid – Nein! – (Empörung)

Achtung! Achtung!

So geht es doch nicht. Was sollen wir nun jetzt ... (Stimmengewirr) Man soll jetzt sagen, was man will. (...)

(Zuruf) Verlang mal, da sollen erst mal die Gefangenen frei gegeben werden. (...)

(Anderer Redner) Wir haben nun diese unter uns, die bei der Volkspolizei sind und die vielleicht nun nicht gerade so gesinnt sind, die nun vielleicht aus einer Lebenslage und einer Lebensnot ihren Posten bezogen haben. Somit bitten wir auch diese Menschen, daß die Menschen die Koppel ablegen, so wie in Großberlin, und zu uns kommen und den Schutz für unser Volk und unsere Gefangenen. (Beifallsstürme – Bemerkungen: Hochheben – Hochheben. – Zwischenrufe: Hier sind welche! [wahrscheinlich VP-Angehörige, die sich mit den Demonstranten verbrüdern, d. Verf.] (...)

Liebe Einwohner von Görlitz! Wir haben nun einen Beschluß gefaßt, der uns gemeinsam bedrängt, und das ist die gemeinsame Abholung der Gefangenen aus der Thälmannstraße. (Hurra-Rufe – Tumult – Zwischenruf: Jetzt gleich abholen. Die politischen Gefangenen müssen sie freigeben.)

Ruhe!

Wer ist dagegen oder wer ist dafür, daß wir sie gleich abholen? Wir gehen gemeinsam und darum singen wir gemeinsam! – Es lebe Groß-Deutschland – das Deutschlandlied. (Hurra-Rufe – Beifallsstürme) Anfangen – Stimme an! [Es wird gesungen, nach Aussage von Augenzeugen die dritte Strophe »Einigkeit und Recht und Freiheit ...«; nach anderen Quellen die erste »Deutschland, Deutschland, über alles ...«; d. Verf.][233] (...)

Liebe Einwohner von Görlitz! Hallo Kollegen! ... Wir haben eben beschlossen, ein Komitee zu gründen im Spatenbräu Görlitz um 1/2 2 Uhr. Wer irgendein Anliegen hat, hat sich dort bei uns zu melden. Wir werden dann gleich gemeinsam die Sache bearbeiten.

[Anderer Sprecher; möglicherweise der von Augenzeugen mehrfach erwähnte Max Latt, ein älterer, stadtbekannter Sozialdemokrat, d. Verf.] Einwohner von Görlitz! Ich möchte dem Komitee und vor allem den Arbeitern von der LOWA den Dank aussprechen, die veranlaßt haben, daß nun endlich der Durchbruch erfolgt ist, auf den 80% der Bevölkerung schon lange gewartet hat. (Bravo-Rufe – Beifall) Es ist das Erfreuliche, daß dieser Aufstand aus der Arbeiterschaft hervor geht, und es ist erfreulich, daß nun endlich der Tag, der uns tatsächlich wieder in andere Verhältnisse bringen wird. Vor allen Dingen, liebe Rentner von Görlitz und von unserem Deutschland, Sie sind doch erfreut, daß sie wieder in andere Verhältnisse kommen werden, und die heutige Errungenschaft wird uns eine Freude sein, wieder mitzuarbeiten an einem neuen Geschehen, an einer neuen Regierung.

(Rufe: Den Fotoapparat wegnehmen – Ruhe! – den Fotoapparat weg!) (...)

[Ein Geschäftsinhaber] 9 Wochen war ich eingesperrt. Sie hatten einmal vor, mir 4 Jahre Zuchthaus zu geben. Verbrochen hatte ich nichts. Ich war im Zuge der Sozialisie-

rung, mußte ich mein Geschäft aufgeben.
Der Staatsanwalt Klupsch bezeichnete mich
als einen zu Beseitigenden … Der Kriminal-
beamte Thieme, der mit der Anweisung in
die Zelle kam und diese hätten wir müssen
mehr als l[y]nchen, heute müssen wir sie er-
schlagen. Das werden wir tun und nicht anders. Wir nehmen einen Knüppel, nur mit
Knüppeln. Eine andere Lösung gibt es nicht
bei diesen Verbrechern. (…)

(Anderer Sprecher) Es spricht jetzt ein
Rentner schnell noch zu uns.

Kollegen und Kolleginnen! Seit 1. April
haben sie uns halb verhungern lassen mit
Kind und Kegel. Diese Bande verdient nur
den Strick. Für uns Befehle geben und jeden
Pfennig Rente nehmen. (Zustimmung – Beifall) Und daß diese Halunken ihre Tausende
in den Rachen kriegten. Es gibt nur einen
Weg, Kollegen, diese Pest mit Wurzeln aus-
zurotten. Und ich bitte alle Kollegen, alle
Rentner und Rentnerinnen … demonstriert
für Freiheit und Recht des deutschen Volkes.
(Hurra-Rufe) (…)

(Anderer Sprecher) Kumpels, wir müssen
auch das Rathaus besetzen, damit uns diese
Herren nicht wieder abhauen können.
(…)«[234]

Gleich zu Beginn der Kundgebung war
SED-Oberbürgermeister Ehrlich kurzerhand für abgesetzt erklärt worden. Sodann
konstituierte sich ein rund 20-köpfiges Komitee, das die Verwaltung der Stadt in die
Hand nehmen sollte: »Wer irgendein Anliegen hat, hat sich … bei uns zu melden. Wir
werden dann gleich die Sache bearbeiten.«[235]

Tatsächlich entfaltete das Stadtkomitee
sofort umfassende Aktivitäten. Im Rathaus
versuchten mehrere Mitglieder, die Kontrolle der Stadtverwaltung zu übernehmen.
Vom Dienstzimmer des (abgesetzten) Ober-
bürgermeisters gaben sie Anweisungen an
städtische Versorgungsbetriebe und verlangten, alle herausgehenden Schriftstücke

gegenzuzeichnen. Selbst nach einem späteren SED-Bericht gingen einige Komitee-
Mitglieder dabei »betont zurückhaltend und
höflich (vor), bemüht, die Übernahme der
Verwaltungsgeschäfte reibungslos durchzuführen.« Ein Komitee-Mitglied jedoch (der
Fabrikant Strohmeyer) soll erheblich rabia-
ter gewesen sein und u.a. geäußert haben, es
gebe keine DDR-Regierung mehr, »Anweisungen zum weiteren Handeln sind aus den
Rias-Meldungen zu entnehmen.«[236] Mit dieser Haltung waren aber nicht alle Komitee-
Mitglieder einverstanden. So soll ein LOWA-
Arbeiter gefordert haben, den Unternehmer
Strohmeyer aus dem Komitee auszuschlie-
ßen, da er nicht die Interessen der Arbeiter
vertrete. Über die soziale Zusammensetzung
des Komitees gibt es keine verlässlichen Angaben. Allerdings soll der Anteil von Freibe-
ruflern (Architekt/Rechtsanwalt) und privaten Geschäftsleuten sehr hoch gewesen sein.
Auch ein LOWA-Schlosser, ein Rentner, der
»bekennende Sozialdemokrat« Max Latt sowie ein Oberschüler gehörten ihm an.

Als eine seiner ersten Maßnahmen stellte
das Stadtkomitee eine (unbewaffnete) Bür-
ger- bzw. Arbeiterwehr auf, die von der SED
später als »faschistische Heimwehr … mit
dem Ziel, die Oder-Neiße-Grenze zu beseitigen«, bezeichnet wurde.[237]

Das Komitee verfügte offenkundig über
Autorität, denn sogleich sprachen drei leitende HO-Mitarbeiter (Konsum) vor, um
über die Lebensmittelversorgung in Görlitz
zu beraten.

Werner Herbig, damals 34 Jahre alt und
Angestellter bei der LOWA, gehörte der
Görlitzer Streikleitung an. Als »Rädelsführer« wurde er später zu fünf Jahren Zuchthaus verurteilt. Am Vormittag des 17. Juni
ging er zusammen mit einigen Demonstranten ins Görlitzer Rathaus. »Ich war überrascht, was dort schon alles im Gange war.
(…) Da hieß es dann: ›Gut, dass ihr kommt.
Ihr seid von der LOWA. Ihr gehört jetzt zur
Streikleitung.‹ Dieser Architekt hatte das

mit in die Hand genommen, sodass man ersehen konnte, der spielte dort eine Füh-
rungsrolle, sodass wir damit rechnen konnten, dass hier etwas geplant ist und organisiert abläuft. Der Architekt bekundete
dann, dass der Oberbürgermeister und die
Stadträte bereits in den Sitzungssälen eingesperrt sind, sodass wir in Ruhe weiterma-
chen konnten.

Es war eigentlich beabsichtigt, den Oberbürgermeister und die Stadträte mit dorthin
[zur Kundgebung, d. Verf.] zu bringen. Sie
hatten die Hände auf den Rücken gefesselt
und sollten dort Rede und Antwort stehen.
Wir sind aber nicht weit gekommen, sondern nur ein paar Schritte. Die wurden be-
spuckt und beschimpft, sodass wir veranlasst haben, die Leute wieder ins Rathaus zu
bringen. (...)

Als wir dann ins Rathaus zurückkamen,
erreichten uns verschiedene Meldungen,
dass die Post besetzt war, das Zuchthaus ist
besetzt von unseren Leuten, der Bahnhof ist
besetzt, außerhalb lag ein Flugplatz, der von
unseren Leuten besetzt war, sodass wir sagen konnten: Um 13 Uhr hatten wir die
Stadt in unseren Händen.«[238]

Inzwischen wurden auf der zentralen
Kundgebung die Parolen und Forderungen
radikaler. So sollen mehrere Sprecher die
Auflösung der SED nicht nur gefordert,
sondern bereits verkündet haben. Zwei Redner riefen direkt zu Gewaltanwendung und
Lynchjustiz auf. Gegen Schluss der Mittags-
kundgebung verlangte der erwähnte Max
Latt die Neugründung der SPD und der ka-
tholisch-bürgerlichen Zentrumspartei.
Dann rief er aus: »Es lebe die Revolution
von 1953!«[239]

Tatsächlich soll sich am 17. Juni in einer
Gemeinde nahe Görlitz eine erste SPD-
Ortsgruppe gebildet haben. In Görlitz selbst
gab es vor dem Kreisbüro der CDU Sympa-
thie-Kundgebungen mit der Forderung, die
CDU »solle die Macht übernehmen«.[240] Noch
während der Kundgebung zogen mehrere

hundert Demonstranten zur SED-Kreisleitung. Dort befanden sich rund 50 Funktionäre und Mitarbeiter sowie drei bewaffnete
Betriebsschutz-Leute. Beim Anrücken der
Menge wurde das Gebäude verrammelt,
mittels eines Rammbocks verschafften sich
die Demonstranten jedoch Zugang. Binnen
weniger Minuten befanden sich rund 500
Personen im Gebäude, die sich jedoch vergleichsweise friedlich verhielten. Funktionäre und Angestellte blieben unbehelligt –
von Vorwürfen und Beschimpfungen abgesehen. Lediglich Bilder und Spruchbänder
wurden heruntergerissen. SED-Kreissekre-
tär Karl Weichold, der beim Aufbrechen der
Tür eine Kopfverletzung erlitten hatte,
untersagte den Wachleuten jeden Waffenge-
brauch. Die Demonstranten suchten im Par-
teihaus hauptsächlich nach Gefangenen,
von denen sie gerüchteweise gehört hatten.
Als sie keine fanden, zogen sich die Besetzer
wieder zurück, wobei sie den Kreissekretär
als »Geisel« mitnahmen.

Ihr nächstes Ziel war die örtliche MfS-
Zentrale in der Thälmannstraße, die nach
dem Kundgebungs-Aufruf zur Gefangenen-
befreiung von rund 3000 Demonstranten bedrängt wurde. In dem Gebäude hatte sich
ein Dutzend Stasi-Leute verbarrikadiert.
Lautstark forderte die Menge die Freilassung der Häftlinge. Erste Demonstranten
drangen auf das Gelände vor. Plötzlich
wurde aus den oberen Fenstern geschossen,
über die Köpfe der Menge hinweg. Die
Dresdner MfS-Leitung hatte den gezielten
Schusswaffengebrauch untersagt. »Nicht
durch Schießen provozieren, aber es kommt
keiner in die Dienststelle.«[241]

Es flogen Steine. Die Situation drohte zu
eskalieren. Nun wurde der SED-Kreissekre-
tär Weichold nach vorn geschoben und forderte die Stasi-Leute auf, ihre Waffen
niederzulegen. »Schießt nicht ... und laßt
eine Delegation hinein. Es ist sowieso alles
vorbei.«[242] Von der Aussichtslosigkeit ihrer
Lage überzeugt, ließ der MfS-Dienststellen-

leiter etwa acht Demonstranten ins Gebäude, die jedoch keine Gefangenen vorfanden. Unterdessen erstürmten etwa hundert Demonstranten die MfS-Zentrale, überwältigten und entwaffneten die Stasi-Leute. Mehrere MfS-Angehörige wurden verprügelt. Anschließend demolierten die zumeist jugendlichen Aufrührer die Einrichtung und warfen Akten auf die Straße.[243] Wenige Häuser weiter befand sich die sowjetische Kommandantur, deren Besatzung die Vorgänge zunächst nur aus der Ferne beobachtete. Erst gegen 14.00 Uhr – drei Stunden nach Beginn der Belagerung – zogen zwei Dutzend Sowjetsoldaten auf und drängten die verbliebenen Besetzer aus dem Gebäude.

Nach Erstürmung der Stasi-Zentrale sollen Demonstranten übrigens ein Stalin-Bild herausgeschafft und mit ausgesuchter Höflichkeit zwei sowjetischen Offizieren übergeben haben. Diese (ungesicherte) Episode würde zahlreiche Berichte bestätigen, dass die Demonstranten am 17. Juni von ihren Wortführern immer wieder ermahnt wurden, keine Einrichtungen und Symbole der sowjetischen Besatzungsmacht zu zerstören. Die Haltung Wolfgang Liebehenschels, damals Oberschüler in Görlitz, war kein Einzelfall: »Dann forderten einige Schüler, die Bilder in der Aula – Lenin, Stalin, Pieck, Grotewohl – abzureißen. Ich habe laut dagegen protestiert und gesagt: ›Aber nicht die Russen. Lasst euch nicht mit den Russen ein.‹ Ich wollte nicht, dass die Russen beleidigt werden. Lenin und Stalin blieben hängen.«[244]

Gegen 14.30 Uhr warteten auf dem Obermarkt tausende Görlitzer auf die angekündigte zweite Kundgebung, als eine Lautsprecherstimme ertönte: »Achtung! Achtung! Der Stadtkommandant setzt die Stadt Görlitz in Anbetracht der Unruhen in Belagerungszustand und befiehlt den Menschen auseinanderzugehen. Sämtliche Ansammlungen sind verboten.« Dennoch fand auch

die zweite Kundgebung statt, mit wiederum rund 30 000 Teilnehmern. Mehrere Redner ergriffen das Wort, darunter auch die Mitglieder des Stadtkomitees Max Latt und Otto Cammentz, und wiederholten die Forderungen vom Vormittag. Cammentz soll als neuen Bürgermeister einen gewissen Dr. Hütter vorgestellt haben.[245] Berauscht von den Ereignissen soll der Sozialdemokrat Latt sodann ausgerufen haben: »Drei Revolutionen habe ich nun in meinem Leben mitgemacht. Die von 1918, die von 1945 und heute die Revolution vom 17. Juni 1953. (…) Die Stunde der Freiheit hat geschlagen. Wir brauchen keine Wahl mehr, denn wer Augen hat zu sehen und wer Ohren hat zu hören, der weiß, wie die Bevölkerung der Zone denkt und sich entschieden hat. (…) die SED und ihre Funktionäre sollen sich aus dem Staube machen, bevor sie der gerechte Zorn der 18 Millionen trifft.«[246]

Mehrere Zeitzeugen bestätigen die allgemeine Begeisterung in Görlitz, sogar noch nach der Verhängung des Ausnahmezustands. Wolfgang Liebehenschel: »Es war eine euphorische Stimmung, unglaublich freiheitlich. Und jeder war sicher: Es ist heute Abend eine neue Regierung da. Es wird eine freiheitliche Demokratie geben. Es ist eigentlich vorbei mit der DDR. Obwohl die Russen schon eingegriffen hatten.«[247]

Gegen 16 Uhr tauchten die ersten Militärfahrzeuge im Stadtzentrum auf. Sowjetische Mannschaftswagen mit jeweils rund 20 Soldaten fuhren langsam auf den Obermarkt und zwangen die Menschen zurückzuweichen. Etwa um 17.30 Uhr drangen KVP-Einheiten mit Gewehren ins Rathaus ein und vertrieben die Besetzer durch massive Gewaltandrohung. Es fielen keine Schüsse. Zu diesem Zeitpunkt befanden sich immer noch tausende Demonstranten auf den Straßen. Sowjetische Mannschaftswagen und einige Panzer fuhren durch die Stadt und zerstreuten allmählich sämtliche

Ansammlungen. Zugleich wurden die Patrouillen an der – ohnehin hermetisch abgeriegelten – Grenze zu Polen verstärkt, da die Sowjets eine Verstärkung der Aufständischen von polnischer Seite fürchteten. Tatsächlich ist aber über Unterstützungsaktionen in Zgorzelec, dem polnischen Teil von Görlitz jenseits der Neiße, nichts bekannt geworden. Nach einer Meldung der Volkspolizei herrschte um 20.30 Uhr in Görlitz weitgehend Ruhe.[248]

Halle:
Sturm auf den »Roten Ochsen«

In Halle an der Saale zogen seit dem frühen Morgen des 17. Juni die Arbeiter zahlreicher Großbetriebe, darunter der IFA-Autowerke und der Halleschen Maschinenfabrik, in langen Kolonnen in Richtung Stadtzentrum. Auch aus den umliegenden Fabriken, darunter die Lok- und Waggonwerke (LOWA)

Ammendorf, waren tausende Arbeiter in mehreren Marschsäulen auf dem Weg in die Stadt, darunter auch zahlreiche SED-Mitglieder.[249] Ganz Halle schien in Aufruhr. Bald war in den Straßen kein Durchkommen mehr. Ab 10.30 Uhr standen alle Straßenbahnen still.

Im gesamten Bezirk – auch das »Chemie-Dreieck« Bitterfeld/Wolfen/Merseburg gehörte dazu – beteiligten sich mehr als 145 000 Personen, Arbeiter, Angestellte, Verkäuferinnen, Hausfrauen, Rentner, Jugendliche an Streiks und Demonstrationen – so viel wie nirgendwo sonst in der DDR. In über 200 Betrieben der Region ruhte an diesem Tag die Arbeit.[250] Die Volkspolizei rüstete bereits gegen 10.30 Uhr zu energischen Gegenmaßnahmen, wurde aber zurückgepfiffen – von niemand anderem als der sowjetischen Besatzungsmacht, wie der Hallenser Polizeichef berichtete: »Wir beschlossen

In gelöster Aufbruchsstimmung ziehen Demonstranten ins Stadtzentrum von Halle.

einen Einsatz der Reserve der BDVP [Bezirksverwaltung der Deutschen Volkspolizei, d. Verf.], ca. 2000 Mann, auf der Straße Ammendorf-Halle, um … diese illegale Demonstration zu zerschlagen … Später erhielt ich die telefonische Mitteilung von Oberst Rodjonow …, dass die Volkspolizei gegen die Demonstranten nicht in Erscheinung treten … und sich zurückhalten [soll].«[251]

Gegen 11.45 Uhr – der Demonstrationszug war inzwischen auf rund 8000 Menschen angewachsen – gelangten die Arbeiter auf den Thälmannplatz (heute Riebeckplatz), wo eine Gruppe junger Leute versuchte, in das Gebäude der Stadtbezirksleitung der SED einzudringen. Durch Warnschüsse von Volkspolizisten wurden sie zurückgehalten. Erfolgreicher waren die Protestierenden wenig später am Marx-Engels-Platz (heute Steintor), wo rund 350 Personen die SED-Bezirksleitung erstürmten, Bilder und Transparente abrissen und Akten auf die Straße warfen. Die anwesenden Polizisten wurden von den Aufständischen entwaffnet. Es gab mehrere Verletzte, sowohl Demonstranten als auch Polizisten. Die erbeuteten Waffen wurden von den Aufständischen nicht benutzt – anders als zur selben Zeit etwa in Magdeburg –, sondern sämtlich zerstört oder in die Kanalisation geworfen.

Die Demonstranten von Halle wirkten besonders entschlossen und selbstbewusst. Am Vormittag des 17. Juni herrschte auf den Straßen eine gelöste, fast heitere Stimmung. Man sah viele lachende Gesichter. Ein Zeitzeuge, damals noch Kind, erinnert sich: »Aus Richtung Marx-Engels-Platz (Steintor) kamen tausende von Arbeitern heranmarschiert. Am Reileck (Stadtpark) angekommen, haben einige das ca. 6–8 m hohe Stalinbildnis abgesägt. Unter tosendem Beifall krachte das Bildnis mitten auf den Platz und tausende Füße stampften darüber. Meine Mutter drückte mich fest an sich und Freudentränen rannen wie ein Wasserfall

über ihre Wangen. Welch eine Befreiung!«[252]

Entschlossenheit und Zuversicht mochten mit der traditionellen Stärke der Arbeiterbewegung im »roten Herz« Deutschlands zusammenhängen, auch mit dem starkem Zusammenhalt der Belegschaften in den für die Region typischen Großbetrieben. Jedenfalls kamen die Demonstranten in Halle schnell zur Sache. Im Handumdrehen wurde aus sozialen Protesten ein regelrechter Aufstand gegen die Staatsmacht und schlugen verbale Unmutsbekundungen in Gewalttätigkeiten um.

Auch in Halle rief man die bekannten Parolen, vielleicht etwas aggressiver als anderswo: »Sturz der Regierung« – »Freie Wahlen in ganz Deutschland« – »Wegfall der Zonengrenze« – Freilassung der politischen Gefangenen« – »Abzug der sowjetischen Truppen«.[253] Dieser »Gleichklang der Paro-

»Spitzbart, Bauch und Brille sind nicht des Volkes Wille«: Händel-Denkmal in Halle am 17. Juni 1953.

len« war es übrigens, an dem sich der Einfluss des RIAS am deutlichsten zeigte, da der West-Berliner Sender die Forderungen der Berliner Arbeiter in alle Winkel der DDR sendete. Die RIAS-Mitarbeiter waren später selbst überrascht von der »koordinierenden« Wirkung ihrer Sendungen.[254] Teilnehmer berichteten, dass man am 17. Juni auf den Straßen von Halle laut den RIAS hörte, wahrscheinlich auch über die Lautsprecher des Stadtfunks.[255]

Der KVP-Offiziersschüler Günter Weber bekam den Befehl, die Lage zu erkunden. Auf dem Weg »ins Zentrum, mußten wir … feststellen, daß auf den Straßen der Teufel los war. Kein Fahrzeug fuhr, alle politischen Losungen lagen auf der Straße. Volkspolizisten in Uniform und alle als Funktionäre erkennbaren Personen erhielten Prügel. Die Massen, alt und jung, strömten in breiter Front zum Hallenser Markt. Ständig wurde gerufen: ›Die Regierung muß weg …‹«[256]

Auf ihrem Zug durch die Stadt rissen die Demonstranten Transparente und Plakate von den Wänden. Dabei taten sich Studenten der landwirtschaftlichen Hochschule besonders hervor. Zeitungskioske gingen in Flammen auf. Zahlreiche SED-Funktionäre und Volkspolizisten wurden von Demonstranten tätlich angegriffen und entwaffnet, wobei zwei Polizisten tödliche Verletzungen erlitten haben sollen. Vor dem Gebäude der SED-Bezirksleitung am Steintor sammelte sich eine ständig wachsende Menschenmenge und schrie den darin verschanzten Funktionären ihre Wut entgegen. Schließlich erstürmen hunderte Demonstranten das Gebäude. Akten, Broschüren, Plakate und Bilder von Ulbricht, Pieck, Grotewohl wurden auf die Straße geworfen. Unter dem Jubel der Menge wurde am Stadtpark eine überlebensgroße Stalin-Statue vom Sockel gestürzt. SED-Funktionäre mussten sich Beschimpfungen und Rempeleien gefallen lassen. Bei dem allgemeinen Bildersturm sollen mancherorts die Portraits von Marx

und Engels unversehrt geblieben sein. Eine Gruppe von Arbeitern soll in Halle sogar ein Thälmann-Bild mitgeführt haben, wohl als Hinweis auf die kämpferischen Traditionen der Arbeiterbewegung.[257]

Gegen 13 Uhr drängten sich auf dem Hallmarkt rund 35 000 Menschen. Wechselnde Redner hielten kurze, improvisierte Ansprachen. Die Parolen und Forderungen glichen denen anderer Kundgebungen in der DDR. »Freie Wahlen in ganz Deutschland!« – »Nieder mit der Regierung!« – »Weg mit Ulbricht und Grotewohl!« – »Freilassung der politischen Gefangenen!« Eher eine Hallenser Besonderheit war die Forderung nach »Abzug der sowjetischen Truppen«.

Auch in Halle – wie zuvor in Görlitz und Bitterfeld – drängte »revolutionärer Elan« dazu, der Aufstandsbewegung eine Führung und feste Strukturen zu geben. Per Akklamation wurden auf der Kundgebung mehrere Personen in ein zentrales »Initiativ-Komitee« gewählt, das die weiteren Aktionen koordinieren sollte. Neben Arbeitervertretern aus Buna, Leuna und der Halleschen Maschinenfabrik gehörten dem Komitee u.a. auch ein Medizinstudent und ein HO-Mitarbeiter an. Als erste Maßnahmen wurden die Besetzung des Stadtfunks und einer Zeitungsdruckerei beschlossen, um über eigene Informationsmittel zu verfügen. Kurz nach 15 Uhr erschien eine Abordnung in der Redaktion der CDU-Zeitung »Neuer Weg«, wo ein Flugblatt gedruckt werden sollte. Ein Mitglied der SED-Betriebsgruppe hatte jedoch die Staatssicherheit informiert, die das Gebäude umstellte. Mit knapper Not konnten die Mitglieder des »Initiativ-Komitees« durch einen Hinterausgang entkommen.

Ein gewaltsames Eingreifen hielt das nach Halle geeilte Politbüro-Mitglied Fred Oelßner zu diesem Zeitpunkt »noch nicht für ratsam, da … noch zu schwache Kräfte [sowohl bei VP, KVP und den Sowjets, d. Verf.] in Halle anwesend« seien.[258] Während noch die erste Kundgebung stattfand, spitzte sich die Situation vor der Strafvollzugsanstalt II in der Kleinen Steinstraße dramatisch zu. Dort forderten zunächst rund 200 Frauen die Freilassung ihrer Angehörigen. Auf Lastwagen trafen Arbeiter aus den Leuna-Werken ein, die in dem Gefängnis verhaftete Kollegen vermuteten. Immer mehr Arbeiter und Jugendliche fanden sich ein, die Stimmung wurde hitziger. Gegen 13.30 Uhr gelang es, das Tor aufzubrechen. Hunderte Demonstranten strömten in den Gefängnishof. Auf dem Dach verloren einige Wachleuten die Nerven und feuerten mehrere Schüsse ab, die einen Demonstranten schwer verletzten.

Kurz vor 14 Uhr rückten Einheiten der KVP an, die zwar bewaffnet waren, aber keine Munition hatten. In dem entstandenen Getümmel vor und im Gefängnishof wurden mehrere KVP-Leute entwaffnet. Doch die protestierenden Arbeiter wollten nicht mit Waffengewalt vorgehen. Ein Augenzeuge

berichtet: »An der UHA [Untersuchungshaftanstalt, d. Verf.], Kleine Steinstraße, wurden von einer Menschenkette Karabiner … aus dem Innenhof der UHA durch die Toreinfahrt herausgereicht. Der letzte Mann ergriff die Karabiner und schlug sie mit dem Kolben gegen die Hauswand, so daß sie zerbrachen.«[259] Plötzlich tauchte eine Gruppe Demonstranten auf, die ein amtliches Schreiben der Staatsanwaltschaft vorwies, das die Freilassung aller Häftlinge mit einer Strafe unter drei Jahren verfügte. Daraufhin öffnete sich das Hauptportal des Gefängnisses und die erregte Menge strömte in den Zellentrakt. Die zur Bewachung der Haftanstalt eingesetzten Volkspolizisten und rund 25 KVP-Männer leisteten angesichts der gewaltigen Masse nur kurz

Nach der Erstürmung der Haftanstalt Kleine Steinstraße: Jugendliche mit Karabiner. Die Demonstranten machten von den erbeuteten Waffen keinen Gebrauch.

Widerstand. Innerhalb weniger Minuten war der Gefängnisbau gestürmt, sämtliche Zellen aufgebrochen und unterschiedslos alle Häftlinge – 248 Frauen und drei Männer – befreit. Dass es in der Kleinen Steinstraße nicht zu einem Blutbad kam, war nicht zuletzt zwei Offizieren zu danken, die nach den ersten Schüssen einiger in Panik geratenen KVP-Leute jeden Schusswaffengebrauch verboten.[260]

Eine Gruppe Aufständischer wandte sich nun gegen das nahe gelegene Gerichtsgebäude. In einem dort anwesenden VP-Offizier vermuteten sie denjenigen, der am Gefängnis Steinstraße geschossen hatte (bzw. den Befehl gegeben hatte), und verprügelten ihn. Eine Volkspolizistin zog daraufhin die Pistole und wurde von der aufgebrachten Menge schwer misshandelt. Laut einem VP-Bericht entwaffneten die Demonstranten im Stadtzentrum sodann eine weitere Gruppe KVP-Angehöriger, wobei ihnen neun Karabiner mit 45 Schuss Munition in die Hände fielen. Auch von diesen erbeuteten Waffen machten sie keinen Gebrauch.[261]

Am frühen Nachmittag wandte sich der Volkszorn gegen das berüchtigte Zuchthaus »Roter Ochse«. Mehrere hundert Menschen machten sich auf den Weg dorthin, um nach der Besetzung des Untersuchungsgefängnisses auch dieses Symbol der SED-Herrschaft zu erstürmen. Auf dem Weg dorthin wurden sie aus einem MfS-Gebäude beschossen. Mehrere Demonstranten wurden getroffen und schwer verletzt. Ein Teil der Protestierenden ergriff in Panik die Flucht. Rund 700 Demonstranten zogen jedoch weiter bis vor den »Roten Ochsen«. Dort angelangt, drückten sie mit einem LKW das Haupttor auf und stürmten in den Gefängnishof. Sofort eröffneten Volkspolizisten und KVP-Männer gezielt das Feuer. Fünf Demonstranten wurden erschossen. Voller Entsetzen wich die Menge zurück. Um 16 Uhr – unmittelbar nach Verhängung des Ausnahmezustands – bezogen sowjetische Panzer vor dem düste-

ren Backsteinbau Stellung. Die Erstürmung des »Roten Ochsen« war gescheitert.

Um 14.15 Uhr hatten alle Polizei- und KVP-Einheiten in Halle Schießbefehl erhalten. Nach ungesicherten Informationen hat das Politbüro-Mitglied Fred Oelßner persönlich für Halle den Schießbefehl erteilt. Oelßner war von Ulbricht am Vormittag des 17. Juni nach Halle geschickt worden, um die Gegenmaßnahmen der Staatsmacht zu koordinieren. Zuvor hatten Volkspolizei und KVP in Halle wie auch in anderen Bezirken der DDR keinerlei klare Weisungen. Ein damaliger KVP-Offizier äußerte denn auch später: »Wenn die Aufständischen gewusst hätten, wie schwach diese KVP-Einheiten waren, dann wäre die ganze Kaserne innerhalb von Minuten den Leuten in die Hände gefallen. Die Einheiten waren nicht in der Lage, sich zu verteidigen.«[262]

Als gegen 14.30 Uhr einige hundert Demonstranten versuchten, das Volkspolizeikreisamt zu stürmen, eröffneten Polizisten das Feuer und schossen gezielt in die Menge. Sechs Menschen wurden getötet.[263] An anderer Stelle scheiterte die Besetzung der fest verrammelten SED-Kreisleitung. Nach einigen vergeblichen Versuchen, Türen und Fenster aufzubrechen, zogen die Demonstranten wieder ab. Erfolgreicher waren sie in den Hallenser Büros von FDJ und FDGB, in denen mehrere Dutzend Demonstranten ihre Wut an Akten und Mobiliar ausließen.

Insgesamt wurden am 17. Juni im Bezirk Halle laut einem Geheimbericht der Volkspolizei 33 öffentliche Gebäude (SED-Bezirks- bzw.- Kreisleitungen, Gefängnisse, FDJ- und FDGB-Häuser) erstürmt. Nur im Bezirk Magdeburg, einem anderen Zentrum der Unruhen, waren es mehr, nämlich 45.

Der KVP-Offiziersschüler Günter Weber bekam am späteren Nachmittag Befehl, mit einem KVP-Zug »die von Demonstranten besetzten … Einrichtungen wieder in Besitz zu nehmen. Dazu gehörte das Zuchthaus …

Außerdem gab es die generelle Anweisung, die Bevölkerung nicht zu provozieren und nur beim Angriff auf die eigene Person von der leeren Schußwaffe … durch Schlag oder Stoß Gebrauch zu machen. (…) Beim Anrücken auf das Zuchthaus wurden wir aus Handfeuerwaffen beschossen, die man den dortigen Wachmannschaften abgenommen hatte. Da wir auf den Feuerstoß nicht vorbereitet waren, gab es auf unserer Seite einige Verwundete. Der Kompaniechef verlor die Nerven und stammelte unsinnige Befehle. Mir fiel nichts Besseres ein, als, so laut ich konnte, ›Hinlegen‹ zu brüllen. (…) danach krochen wir in die Deckung von Hauseingängen, Fahrzeugen …«[264]

Der angehende KVP-Offizier Horst Schreiber hatte Anweisung, mit seinem Zug zum Gefängnis Steinstraße vorzudringen. Mit dem LKW war auf den verstopften Straßen kein Durchkommen. »Wir saßen ab, traten an und marschierten dann unter Füh-

rung eines Hauptmanns … in Richtung Gefängnis. Ich sah nur so viel, daß wir rechts und links von der Masse eingekreist waren. Unser Hauptmann gab das Kommando ›Gewehr zur Hand‹. Das bedeutet: aufgepflanztes Bajonett nach vorn. Wir hatten sofort eine Gasse, denn eine Gruppe mit Gewehr zur Hand sah natürlich gefährlich aus. Danach kam der Befehl ›Durchladen‹. Und obwohl wir keine Munition in der Waffe hatten – die erhaltenen fünf Schuß Munition steckten wohlverwahrt in der Patronentasche – führten wird das Kommando aus … Es rasselte auch ganz schön laut, als unser Zug die Gewehrschlösser öffnete und wieder schloß.«[265]

Um 18 Uhr war der Hallmarkt voller Menschen. Rund 60 000 Demonstranten aus Halle und Umgebung hatten sich versam-

Vor dem Zuchthaus »Roter Ochse« in Halle.
Die Erstürmung scheitert; fünf Demonstranten werden erschossen.

melt, um soziale und politische Veränderungen zu fordern. Nach den Schüssen auf Protestierende und den Berichten über Tote und Verletzte herrschte in der Stadt eine explosive Atmosphäre. Als einer der Ersten sprach ein privater Kaufmann, Mitglied des »Initiativ-Komitees«. Während er die Politik der SED wütend anprangerte, die zu Versorgungsmängeln, Lohnverlust und der Zerstörung des Mittelstandes geführt habe, warnte er die Demonstranten vor Gewalttätigkeiten. Vor allem sollte jede Konfrontation mit den Sowjets vermieden werden. Nacheinander traten weitere Redner auf, Arbeiter aus Ammendorf und Buna, auch ein Volkspolizist, der sich mit den Demonstranten solidarisch erklärte.

Die »Kommandeuse«

Unter den in Halle aus dem Gefängnis Befreiten war auch eine gewisse Erna Dorn, die als »Kommandeuse von Ravensbrück« tragische Berühmtheit erlangen sollte. Die SED-Führung präsentierte die Frau später als Beweis dafür, dass es sich am 17. Juni um einen vom Westen gelenkten »faschistischen Putschversuch« gehandelt habe. Trotz unklarer Beweislage wurde sie als »faschistische Anführerin« zum Tode verurteilt. Wer aber war diese Frau?

Ab 1945 hatte die 1911 in Tilsit/Ostpreußen geborene Erna Dorn mehrere Jahre unter falschem Namen in der SZB/DDR gelebt, wo sie sich eine Identität als »Opfer des Faschismus« erschlich. Dazu legte sie den Behörden einen gefälschten Entlassungsschein aus einem KZ vor. 1950 wurde sie erstmals wegen kleinerer Straftaten, u.a. Betrug, verhaftet. In den Verhören machte sie über ihre Vergangenheit zunehmend widersprüchliche Angaben. Im Laufe ihrer Verfahren bezichtigte sie sich schließlich, westliche Agentin zu sein, wobei sie immer abenteuerlichere Versionen präsentierte, so dass die Vernehmer ihr wenig Glauben schenkten. Schließlich gab sie aus freien

Stücken an, während der Nazi-Herrschaft bei der Gestapo gearbeitet und ab 1941 Aufseherin bzw. Mitarbeiterin der politischen Abteilung im KZ Ravensbrück gewesen zu sein. Es gibt einige Zeugenaussagen, die diese Angaben als glaubwürdig erscheinen lassen, wenn auch bis heute keinerlei NS-Akten über Erna Dorn gefunden wurden. Im Mai 1953 wurde Erna Dorn vom Bezirksgericht Halle als »Kommandeuse von Ravensbrück« auf Grundlage des Kontrollratsgesetzes Nr. 10 wegen Verbrechen gegen die Menschlichkeit zu 15 Jahren Haft verurteilt. Grundlage des Urteils waren die – sehr wirren – Selbstbezichtigungen der Angeklagten sowie einige Zeugenaussagen ehemaliger KZ-Insassinnen.[266]

Nach ihrer Befreiung aus dem Gefängnis am 17. Juni 1953 soll Erna Dorn sich den Demonstranten angeschlossen haben und nach 18 Uhr auf der Kundgebung auf dem Hallmarkt aufgetreten sein und dabei nationalistische Parolen gerufen und zu gewaltsamen Angriffen auf SED-Funktionäre aufgehetzt haben. Allerdings gibt es keine verlässliche Aussage eines Zeitzeugen, der die Frau auf dem Hallmarkt hat sprechen hören. Ein einziger KVP-Offiziersschüler will Erna Dorn über Lautsprecher auf der Kundgebung gehört haben.[267]

Kurz nach dem 17. Juni tauchte ein – wahrscheinlich authentischer – Brief der Frau an ihren im Westen lebenden Vater auf, in dem sie u.a. schrieb: »Möge doch nun auch die Stunde kommen, da unser geliebter Führer wieder funktioniert und die Fahnen der Nationalsozialistischen Partei wehen werden und ich wieder meinen Dienst ... bei unserer Gestapo versuchen kann.«[268]

Am 18. Juni wurde Erna Dorn festgenommen und am 22. Juni 1953 in einem Schnellverfahren wegen Rädelsführerschaft zum Tode verurteilt und hingerichtet. Das »Neue Deutschland« schrieb am 26. Juni 1953: »Das ist das Gesicht der SS-Bestie Dorn, die faschistische Provokateure am 17. Juni in

Halle aus dem Gefängnis ›befreiten‹, sie in ihren ›Führungsstab‹ aufnahmen und die auf dem Hallmarkt die Provokateure zu weiteren Gewalttätigkeiten aufrief. So wie dieser Abschaum der Menschheit bereits in Ravensbrück gehaust hatte, sollte in ganz Deutschland wieder die faschistische Diktatur errichtet werden.«

Es deutet vieles darauf hin, dass Erna Dorn psychisch gestört war und ihren Vernehmern ein wirres Gemisch aus Tatsachen und Erfindungen präsentierte. Sie erscheint somit – ungeachtet der Verbrechen, die sie während der NS-Herrschaft möglicherweise begangen hat – als Opfer einer DDR-Justiz, deren Aufgabe es war, nach dem 17. Juni »faschistische Rädelsführer« vorzuweisen und abzuurteilen.[269]

Die Kundgebung war noch in vollem Gange, als sich gegen 19 Uhr sowjetische Panzer aus den Seitenstraßen im Schritttempo auf den Hallmarkt vorschoben. Drohend schwenkten Kanonenrohre über die Köpfe der Menge, die in verbittertem Schweigen zurückwich. Flugblätter flatterten über den Platz, auf denen die Verhängung des Ausnahmezustands verkündet wurde. »Demonstrationen, Versammlungen und Zusammenrottungen jeder Art sind verboten. (…) Im Falle von Widerstand wird von der Waffe Gebrauch gemacht!« In den folgenden Stunden füllten immer mehr Panzer, sowjetische LKWs mit Soldaten und KVP-Angehörige die Straßen. Die Demonstranten verschwanden. Über Halle lag die gespenstische Ruhe des Kriegsrechts.[270]

Trotz Ausnahmezustand ging in einigen Hallenser Betrieben auch am 18. Juni die Streikbewegung weiter, zum Beispiel im IFA-Motorenwerk und bei der LOWA Ammendorf. Von einem »Generalstreik« allerdings, zu dem am 17. Juni auf dem Hallmarkt aufgerufen worden war, konnte nicht die Rede sein. Am Nachmittag des 18. Juni wurde eine erneute Protestkundgebung auf dem Hallmarkt durch massiven Polizeieinsatz verhindert. Dabei wurde eine Frau erschossen.

Militäreinsatz und Kriegsrecht zeigten auch in den weiterhin bestreikten Werken insofern Wirkung, als am 18./19. Juni soziale Forderungen – Lohnerhöhungen, Preissenkungen, auch nach Freilassung verhafteter Kollegen – in den Vordergrund traten und politische – Rücktritt der Regierung, freie Wahlen – nur noch vereinzelt erhoben wurden. Noch tagelang berichteten SED-Agitatoren aus mehreren Betrieben von Bummelstreiks und lediglich formaler Arbeitsaufnahme.[271]

Noch unter dem Kriegsrecht, am 26. Juni, veranstaltete die SED in Halle eine Großkundgebung, um allen Zweiflern – nicht zuletzt in ihren eigenen Reihen – ihre wieder gefestigte Macht zu demonstrieren. Auf dem Hallmarkt, genau dort, wo am 17. Juni Zehntausende gegen die SED-Herrschaft protestiert hatten, waren rund 75 000 Menschen versammelt, darunter ganze Werksbelegschaften, die quasi zur Teilnahme verpflichtet waren, und applaudierten mit mehr oder weniger innerer Überzeugung jenem Fred Oelßner, der neun Tage zuvor den Polizeieinsatz gegen die Demonstranten geleitet hatte.

Anfang Juli zog das Volkspolizei-Kommando für den Bezirk Halle eine vorläufige Bilanz. Nach dieser Aufstellung gab es in Halle am 17. und 18. Juni unter den Demonstranten 8 Todesopfer und 22 Schwerverletzte. In Eisleben und Roßlau kam je ein Demonstrant um Leben. (In Roßlau soll ein Protestteilnehmer einem Herzschlag erlegen sein.) Die Zahl der verletzten Polizei- bzw. KVP-Angehörigen wird für den Bezirk Halle mit 45 angegeben. Über verletzte oder getötete Sowjetsoldaten liegen aus Halle wie auch aus allen anderen Bezirken keine Angaben vor.[272]

Einen der Getöteten, den 27-jährigen Gerhard Schmidt, stilisierte die SED zum

Märtyrer des »anti-imperialistischen Kampfes«. Während die anderen Toten des 17. Juni in Halle meist ohne vorherige Benachrichtigung der Angehörigen beerdigt wurden, ließ die SED für den erschossenen Schmidt ein aufwändiges Begräbnis ausrichten. Allerdings war die offizielle Darstellung, das FDJ-Mitglied Schmidt habe sich den Demonstranten am »Roten Ochsen« mutig entgegengestellt und sei dabei erschossen worden, reine Propaganda. Der Landwirtschaftsstudent war zusammen mit seiner Frau eher zufällig in die Menge vor dem Zuchthaus geraten, wo er von einer Polizeikugel tödlich getroffen wurde. Es gibt keinerlei Berichte von Augenzeugen, dass Schmidt gegen die Demonstranten aufgetreten wäre. Auch die Witwe bestritt später, nach dem Ende der DDR, energisch die SED-Version vom Tod ihres Mannes.[273]

Im Bezirk Halle wurden im Zusammenhang mit dem 17. Juni bis zum 30. des Monats 727 Personen festgenommen und davon 456 der Staatssicherheit übergeben, 31 der sowjetischen Kommandantur und 47 der Staatsanwaltschaft. 181 Personen wurden wegen mangelnden Tatverdachts wieder freigelassen.

Aus den Gefängnissen des Bezirks wurden am 17. Juni 464 Häftlinge befreit, davon in Halle 245 (nach anderen Quellen 248), in Eisleben 67, in Bitterfeld 51, in Merseburg 50, in Roßlau 30 und in Naumburg 21.

Die Liste der »zum Feind übergelaufenen« Volkspolizisten verzeichnet für Halle zwei, für Merseburg, Leuna und Roßlau je einen Fall.[274]

In welche Richtung die politische Entwicklung nach dem 17. Juni laufen würde, deutete sich in jenem Polizeibericht bereits an, wenn es unter dem Stichwort »Schlußfolgerungen« heißt: »Obwohl sich in vielen Dienststellen des Bezirkes Halle zeigte, dass noch nicht einmal die vorhandenen Waffen voll ausgenutzt wurden, z. B. Karabiner, ist es ... erforderlich, die VP auch mit Schnell-

feuerwaffen auszurüsten wie Maschinenpistolen, LMG [leichte MG] und auch einige SMG [schwere MG].«[275]

Bitterfeld: Das Streikkomitee erobert die Macht

Die am schärfsten formulierte Resolution an die DDR-Regierung kam am 17. Juni aus Bitterfeld:

»Die Werktätigen des Kreises Bitterfeld fordern:
1. Sofortiger Rücktritt der Regierung, die durch Wahlmanöver an die Macht gekommen ist
2. Einsetzung einer provisorischen deutschen demokratischen Regierung
3. Freie, demokratische, geheime und direkte Wahlen in 4 Monaten
4. Zurückziehung der deutschen Polizei von den Zonengrenzen und sofortiger Durchgang für alle Deutschen
5. Sofortige Freilassung der politischen Häftlinge ... und Rückkehr aller Gefangenen aus aller Welt
6. Sofortige Normalisierung des Lebensstandards ohne Lohnsenkung
7. Zulassung aller großen deutschen demokratischen Parteien Westdeutschlands in unserer Zone
8. Keine Repressalien gegen die Streikenden
9. Sofortige Abschaffung der sogenannten Volksarmee
10. Zulassung der Delegation aus der Ostzone, die eine der westdeutschen Parteien gründen wollen.«[276]

Das ließ an Deutlichkeit nichts zu wünschen übrig. Verfasst hatte das Telegramm das zentrale Streikkomitee von Bitterfeld, das an diesem Tag die Kontrolle über die Stadt übernommen hatte. Wie sonst nur noch in Görlitz kam es somit auch in Bitterfeld für mehrere Stunden zu einem faktischen Machtwechsel. Das musste später auch die

SED zugeben: »Im Kreis Bitterfeld war ... in den Mittagsstunden eine solche Lage entstanden, dass es keinerlei Organe mehr gab, welche die Staatsautorität verkörpern konnten.«[277]

Das so genannte »Chemie-Dreieck« zwischen Bitterfeld, Halle, Merseburg war eines der industriellen Zentren der DDR. Hier lag auch der größte Einzelbetrieb der DDR, die Leuna-Werke »Walter Ulbricht« mit rund 28 000 Beschäftigten, eine von noch rund 30 Sowjetischen Aktiengesellschaften (SAG), die unter direkter sowjetischer Kontrolle standen und im Rahmen der Reparationsbestimmungen hauptsächlich in die UdSSR lieferten. An der Spitze stand ein mit Russen besetztes Direktorium. Wenige Kilometer entfernt lagen die Buna-Werke, in denen rund 20 000 Beschäftigte vor allem künstlichen Kautschuk produzierten. Das Bitterfelder Revier war eine traditionelle Hochburg der Arbeiterbewegung, in der die Erinnerung an den Mitteldeutschen Aufstand von 1923, bei dem Kommunisten und linke Sozialdemokraten zeitweise zusammengewirkt hatten, noch lebendig war.

Auch im Elektrochemischen Kombinat Bitterfeld (EKB) stand am Morgen des 17. Juni kaum einem der rund 13 000 Beschäftigten der Sinn nach Arbeit, nachdem man aus dem RIAS, dem Hamburger NWDR (Nordwestdeutscher Rundfunk) oder von Kollegen von den Berliner Demonstrationen erfahren hatte. Gegen 9 Uhr versammelten sich mehrere hundert Arbeiter und Angestellte auf dem Hof vor dem Verwaltungsgebäude. Zunächst einmal forderten sie die Freilassung von vier Kollegen, die am Vortag aus unbekannten Gründen verhaftet worden waren. Als Vertreter der Werksleitung zu ihnen sprechen wollten, wurden sie niedergeschrien. Vom Fall der verhafteten Kollegen ging es sehr rasch ins Grundsätzliche. Ein Lastwagenanhänger diente als Rednertribüne, von dem aus der Elektromonteur Paul Othma die Hauptforderungen formulierte: »Abschaffung der Normen, 40%ige Senkung der HO-Preise«, aber auch die »Entfernung aller SED-Funktionäre aus dem EKB, Absetzung der Regierung, freie Wahlen, geheime Wahlen für ganz Deutschland«[278] – das Übliche an diesem 17. Juni in der DDR, mochte der RIAS nun Formulierungshilfe geleistet oder dergleichen Forderungen »in der Luft gelegen« haben.

Es wurde beschlossen, nach Bitterfeld zu marschieren und dort eine zentrale Kundgebung zu veranstalten. Auf dem Weg über das Werksgelände wurden Plakate und Transparente abgerissen, Maschinen und Gebäude ließen die Arbeiter unbehelligt.

Kurz nach 11 Uhr waren auf dem Bitterfelder »Platz der Jugend« annähernd 50 000 Menschen versammelt, Arbeiter aus dem EKB, den Farbenfabriken Wolfen, der Agfa Filmfabrik und zahlreichen anderen Betrieben der Region, dazu Reichsbahner in Uniform, Ingenieure, HO-Angestellte, Jugendliche. Der Stadtfunk war mit Zustimmung des SED-Bürgermeisters Wolfgang Stille aktiviert worden, so dass die Reden in allen Winkeln der 60 000-Einwohner-Stadt zu hören waren. Die Stimmung war zu Beginn eher heiter-gelöst als aggressiv. Als Erster sprach Paul Othma: »Arbeiterinnen und Arbeiter, wenn ich eure lachenden Gesichter hier sehe, dann könnte ich euch an mein Herz drücken vor Freude. Ich hoffe doch, daß uns die Regierung die Forderungen, die wir durch den Demonstrationszug bekundet haben ... endlich realisieren« wird. Aufbrausender Jubel bei den Versammelten.[279]

Es wurde ein zentrales Streikkomitee gewählt, dessen 16 Mitglieder – 13 Arbeiter, drei Angestellte – die Menge per Akklamation bestätigte. Unter ihnen war auch Wilhelm Fiebelkorn, ein 40-jähriger Lehrer, der sich den demonstrierenden EKB-Arbeitern angeschlossen hatte. Er brachte einen eher pathetischen Ton in das Geschehen. »Deutsche Brüder und Schwestern! ... nach acht Jahren Zwangsherrschaft der SED ... grüßen wir alle diesen Tag als Wiedergeburt unserer Freiheit.«[280] Zuvor soll er dem gerade sprechenden Othma zugeredet haben, an Ort und Stelle die Wiedergründung der SPD zu proklamieren, was jener aber ablehnte, da es ihm etwas voreilig erschien.[281]

Zahlreiche Redner – ganz überwiegend Männer, da Frauen sich allerorten stark zurückhielten, nicht bei den Demonstrationen, aber auf den improvisierten Tribünen – erhoben anschließend die sattsam bekannten Forderungen oder brachten ihre Freude über die Ereignisse zum Ausdruck. Als ein Arbeiter bekannt gab, dass zur selben Zeit auch Buna und Leuna streikten, brach die Menge in lauten Jubel aus. Ein Jugendlicher schrie dazwischen: »Iwan go home!«, wurde aber von der Menge zurechtgewiesen: »Nichts gegen die Russen.« Auch in Bitterfeld wollte man sich mit der Beatzungsmacht nicht anlegen. Es war allein ein Konflikt zwischen den unzufriedenen Demonstranten und der SED.

Plötzlich schleppte man einen SED-Funktionär gewaltsam heran, den Propagandasekretär bei der Kreisleitung Bitterfeld. Stammelnd versuchte er, sich zu verteidigen, wurde aber niedergeschrien und bedroht. Um Schlimmeres, das heißt Lynchjustiz zu verhindern, ließ ein Streikleiter den Funktionär von einigen Arbeitern wegführen. Trotz Bewachung wurde er kurz darauf von aufgebrachten Demonstranten gepackt und in einen nahen Fluss gestoßen. Schließlich konnte der SED-Mann mit knapper Not entfliehen.[282] Mittlerweile wurde auch die Stimmung auf dem Platz aggressiver. Das Streikkomitee fühlte sich nunmehr stark genug, den leidenschaftlichen Worten konkrete Taten folgen zu lassen. Es wurden drei Gruppen von jeweils einigen hundert Demonstranten gebildet, die unter Führung eines Mitglieds des Komitees das Stadtgefängnis sowie alle SED-Gebäude stürmen und das Polizeipräsidium sowie die örtliche MfS-Zentrale besetzen sollten.

Sämtliche Aktionen gelangen ohne größere Schwierigkeiten. Volkspolizei, Wachmannschaften und SED-Funktionäre leisteten kaum Widerstand. So sahen am Polizeipräsidium die Vopos tatenlos zu, wie das Tor eingedrückt und das Gebäude von Dutzenden Demonstranten besetzt wurde. Die meisten ließen sich widerspruchslos entwaffnen und zogen anschließend ihre Uniformjacken aus. Lediglich einige Offiziere weigerten sich zunächst, taten dann aber nach schärferen Drohungen wie angeordnet. Die Aufrührer ließen sich alle Schlüssel aushändigen. Vor der Waffenkammer wurde ein Arbeiter postiert, den einer der Streikführer, wahrscheinlich Horst Sowada, kurzerhand zum »Hilfspolizisten« ernannte. Als jugendliche Demonstranten damit begannen, Möbel und Aktenschränke zu demolieren und gegen Polizisten handgreiflich wurden, gingen die Anführer dazwischen und verhinderten größere Gewalttaten.

Auch das MfS-Gebäude in der Leninstraße wurde nach kurzer Belagerung gestürmt. Als die ersten Demonstranten eindrangen, zogen einige Stasi-Leute die Pistole, ließen sich aber angesichts der eindringenden Massen schnell überzeugen, dass Widerstand zwecklos war. Wie zuvor im Polizeipräsidium kam es zu keinen größeren Gewalttätigkeiten. Durch ein nach hinten gehendes Fenster konnten die MfS-Leute entfliehen.[283]

Horst Sowada, einem 29-jährigen Elektromechaniker im Elektrochemischen Kombinat Bitterfeld und Mitglied des Streikkomitees, gelang es auch in der MfS-Zentrale, die Demonstranten von Übergriffen und Zerstörungen abzuhalten. Man wollte die Macht in Bitterfeld geordnet übernehmen – was auch weitgehend gelang. Lediglich einige HO-Geschäfte wurden teilweise demoliert sowie Transparente und Bilder von den Fassaden gerissen.

Allerdings trugen Teile der Staatsmacht ebenso dazu bei, dass die Ereignisse in Bitterfeld – anders als zum Beispiel im nahe gelegenen Halle – nicht eskalierten. So ordnete der Leiter des Volkspolizeikreisamtes am Morgen des 17. Juni an, dass in allen Betrieben der Werkschutz die Waffen einzuschließen habe. (Für dieses »schandbare Verhalten« wurde er später aus der Volkspolizei ausgestoßen.[284]) Volkspolizei und örtliche MfS-Zentrale hatten keine genauen Anweisungen und waren völlig verunsichert.

Gegen 14 Uhr verließ Streikführer Sowada das MfS in einem bei der Stasi requirierten BMW mit dem Schild »Streikkomitee«. Die neue Macht in Bitterfeld verfügte bereits über einen Fuhrpark.[285] Sowada fuhr zum Bitterfelder Rathaus, das inzwischen von rund 200 Demonstranten besetzt worden war. Im holzgetäfelten Sitzungssaal hatte sich das zentrale Streikkomitee quasi als neue Stadtregierung konstituiert und die Beratungen aufgenommen. Wie sollte es nun weitergehen? Die eintreffenden Berichte über Streiks und Gefangenenbefreiungen in Halle, Leipzig und anderswo sorgten für gehobene Stimmung. Vielleicht handelte es sich ja tatsächlich um eine revolutionäre Erhebung in der ganzen DDR, die dem SED-Regime ein rasches Ende bereiten und demokratische Verhältnisse herbeiführen würde. Zumal die Sowjets sich bislang ruhig verhalten hatten, was sich zumindest für den Raum Bitterfeld das zentrale Streikkomitee als Verdienst anrechnete, hatte es doch dafür gesorgt hatte, dass der »Machtwechsel« weitgehend ohne Gewalt und größere Zerstörungen abgelaufen war.

Zum Vorsitzenden des Streikkomitees wurde der Elektromonteur Paul Othma vom Elektro-Chemischen Kombinat gewählt; zu seinem Stellvertreter Horst Sowada. Als Sprecher des Komitees amtierte der Lehrer Fiebelkorn. Mittlerweile war es kurz nach 14 Uhr. Die revolutionären Ereignisse nahmen ihren Lauf.

Den anwesenden SED-Bürgermeister Wolfgang Stille fragte man, ob er bereit sei,

bei der friedlichen Übergabe der Amtsgeschäfte mitzuwirken. Dieser willigte ein. Das geschah aber offensichtlich nicht aus Überzeugung; bei erster Gelegenheit machte Stille sich aus dem Staub. Das Komitee wählte einstimmig den früheren Stadtschulrat Selle zum neuen Bürgermeister von Bitterfeld. Ein Sprecher verkündete es sogleich vom Balkon des Rathauses den unten versammelten Menschen, welche die Nachricht mit lautem Jubel quittierten.

Etwa um 14.30 Uhr gingen die ersten Nachrichten ein, dass in Berlin der Ausnahmezustand verhängt worden sei. Im Rathaus herrschten helle Aufregung, Zweifel und Verwirrung. Die Sowjets waren also doch nicht bereit, wie viele gehofft hatten, die Dinge laufen zu lassen, solange Proteste und Aktionen sich nur gegen die SED richteten und die Stellung der Besatzungsmacht nicht in Frage stellten. Es soll Wilhelm Fiebelkorn gewesen sein, der angesichts dieser Entwicklung zu raschen Taten drängte. So wurde das eingangs zitierte Telegramm mit deutlichen Forderungen an die DDR-Regierung aufgesetzt. Aber die Auseinandersetzung war offenkundig keine Angelegenheit mehr allein zwischen Streikenden und der SED. Darum formulierte man sofort ein zweites Telegramm – an den Hohen Kommissar in Berlin-Karlshorst:

»Sehr geehrter Herr Semjonow!

Wir Werktätigen des Kreises Bitterfeld bitten Sie, den Ausnahmezustand in Berlin und alle Maßnahmen, die gegen die Arbeiterschaft gerichtet sind, sofort aufzuheben, damit wir Deutsche wirklich den Glauben in uns behalten können, daß Sie tatsächlich der Vertreter einer Werktätigen-Regierung, ein Freund des Friedens und der Völkerverständigung sind.

In diesem Sinne grüßt Sie

Das Streikkomitee des Kreises Bitterfeld.«[286]

Auf dem Telegrafenamt musste eine Abordnung des Streikkomitees einigen Druck auf die Postbediensteten ausüben, bevor diese bereit waren, derart »aufrührerische« Texte zu übermitteln. Schließlich taten sie es doch. Wenige Minuten später kamen die Empfangsbestätigungen aus dem Haus der Ministerien und aus Karlshorst. Eine weitere Reaktion gab es nicht – bzw. näherte sich die mit Kettengerassel.

Gegen 15 Uhr meldete ein Motorradfahrer im Rathaus, dass von Westen eine Kolonne sowjetischer Militärfahrzeuge, Mannschaftswagen und einzelne Panzer, sich langsam auf das Stadtzentrum zubewegte. Während auf diese Nachricht die ersten Demonstranten das Rathaus verließen, blieb das Streikkomitee vollzählig im Sitzungssaal. Wiederum soll Fiebelkorn für eine etwas pathetische Note gesorgt haben, indem er verkündete, als ehemaliger Kapitänleutnant werde er »als letzter das Boot verlassen«. Über den Stadtfunk hielt er eine kurze Ansprache, in der er die Bevölkerung ermahnte, keine Gewalt gegen Personen oder Sachen anzuwenden. Allmählich machten sich im Rathaus Enttäuschung und Ratlosigkeit breit. Ein hereinstürzender Demonstrant verkündete schließlich den Anfang vom Ende des Aufstands. Die Sowjets hatten auf dem Dach des Gefängnisses ein MG in Stellung gebracht. Nunmehr glaubte auch der harte Kern nicht mehr an den Fortbestand der neuen »Stadtregierung«. Paul Othma rief noch zur Fortsetzung der Streiks auf, dann zerstreute sich das Komitee. Just als die Letzten das Gebäude verließen, waren sowjetische Offiziere vor dem Eingang eingetroffen. Sie ließen die Männer aber unbehelligt gehen, vermutlich weil sie nicht wussten, mit wem sie es zu tun hatten. Am späten Nachmittag hatten sowjetische Truppen auch in Bitterfeld alle zentralen Orte unter Kontrolle. Um 19.30 Uhr wurde der Ausnahmezustand verhängt. Der »Machtwechsel« hatte nur einen halben Tag gedauert.

Die Wortführer des Streikkomitees tauchten zunächst bei Freunden unter und ver-suchten einige Tage später, sich nach West-Berlin durchzuschlagen. Zwei von ihnen, Horst Sowada und Wilhelm Fiebelkorn, gelang die Flucht. Paul Othma jedoch wurde – wahrscheinlich auf Grund einer Denunziation – am 20. Juni 1953 verhaftet. Am 1. Oktober 1953 verurteilte ihn das Bezirksgericht Halle »wegen Verbrechens Art. 6« der DDR-Verfassung und gegen die Kontrollratsdirektive 38 zu zwölf Jahren Zuchthaus, von denen er 11 1/2 Jahre absitzen musste. Mehrere Gnadengesuche wurden wegen »außerordentlicher Gefährlichkeit der Strafhandlungen« abgelehnt.[287]

Leuna/Buna: »Brüder, zur Sonne, zur Freiheit«

In Leuna hatten die Menschen entweder selbst im RIAS von den Demonstrationen in Ost-Berlin gehört oder von Kollegen davon erfahren. Kaum jemand dachte am Morgen des 17. Juni daran, die Arbeit aufzunehmen. Gegen 9 Uhr waren vor dem zentralen Verwaltungsgebäude mehr als 20 000 Werksangehörige versammelt, um ihre Forderungen zum Ausdruck zu bringen. Die gingen auch in den Leuna-Werken rasch ins Grundsätzliche. »Rücktritt der Regierung« – »40%ige Senkung der HO-Preise« – »Freie Wahlen!« Es wurde eine Streikleitung gebildet, die sofort mit dem sowjetischen Direktor Verhandlungen aufnahm und die Wiedereinsetzung des wegen »politischer Unzuverlässigkeit« abgelösten Betriebsleiters erreichte. Inzwischen war ein Arbeiter von Buna auf dem Fahrrad eingetroffen und hatte atemlos berichtet, dass 18 000 Buna-Arbeiter ins nahe gelegene Merseburg zu einer zentralen Kundgebung marschierten.[288] Kurz entschlossen machten sich auch rund 28 000 Leuna-Arbeiter auf den Weg. Einige SED- und Gewerkschaftsfunktionäre, die sie davon abhalten wollten, sollen verprügelt worden sein.[289] Auf dem Marsch nach Merseburg stimmten die Leuna-Arbeiter das »Deutschlandlied« (wahrscheinlich die erste Strophe) und das insbesondere von den Sozialdemokraten geschätzte »Brüder, zur Sonne, zur Freiheit« an. Nach dem Bericht eines Beteiligten sollen einige sowjetische Soldaten, die auf Mannschaftswagen dem Zug entgegenfuhren, den Arbeitern zugewunken und »charascho« [»gut«] gerufen haben.[290]

Der »Sternmarsch« von Buna und Leuna, dem sich auch zahlreiche Gruben-Belegschaften aus der Umgebung anschlossen, endete auf dem Merseburger Uhlandplatz. Gegen Mittag waren dort mehr als 60 000 Menschen versammelt. Inzwischen hatten mehrere hundert Buna-Arbeiter ein SED-Parteibüro sowie das Polizeigefängnis von Merseburg gestürmt und sämtliche Häftlinge befreit, ohne auf größere Gegenwehr der bewaffneten Staatsmacht zu stoßen. Diese befand sich im Raum Bitterfeld/Merseburg völlig in der Defensive.

Gegen 17 Uhr fuhren die ersten sowjetischen Panzer und Mannschaftswagen auf und zerstreuten sämtliche Menschenansammlungen. In Wolfen und Leuna rollten sowjetische Panzer auf das Werksgelände. Dort blieben sie auch in den folgenden Tagen noch postiert. Die Belegschaften nahmen am 18./19. Juni unter direkter Gewaltandrohung die Arbeit wieder auf.

Eine Woche später, am 26. Juni, begab sich Walter Ulbricht in die Höhle des Löwen. Im Chemiewerk Leuna – pikanterweise trug ausgerechnet dieses Zentrum des Aufruhrs seinen Namen – sprach er zu mehreren hundert Betriebsangehörigen. Allerdings gehörte unter den Bedingungen des Ausnahmezustands und im Schutz von KVP nicht mehr allzu viel Mut dazu. Unbeirrt verkündete der SED-Chef die offizielle Version der Ereignisse. »Die Feinde waren der Meinung, daß diese Wendung [zum »Neuen Kurs, d. Verf.] eine Möglichkeit ist, um mit Bürgerkriegsmaßnahmen einzugreifen. (...) Die gut

ausgerüsteten faschistischen Gruppen steckten Lager und Gebäude in Brand. Sie … standen unmittelbar unter amerikanischer Anleitung. (...) Durch das Eingreifen der Sowjettruppen ist den Kriegstreibern der Weg versperrt worden. Das danken wir den Sowjettruppen. Denn sie haben dadurch den Frieden gerettet. Der Tag X ist zusammengebrochen.«

Außer dieser seit Tagen bis zum Überdruss verbreiteten Propaganda hatte Ulbricht aber auch vorsichtige Kritik an den Gewerkschaften zu bieten. Diese sollten nicht mehr der »verlängerte Arm des Werkes oder des Arbeitsdirektors« sein, sondern »sich um die Nöte und Sorgen der einzelnen kümmern, ihr formales Verhalten muß aufhören.«[291] Das war den Arbeitern zwar aus dem Herzen gesprochen; dass sich aber an der Rolle des FDGB tatsächlich etwas ändern würde, war mehr als zweifelhaft. Und die Skeptiker sollten Recht behalten.

Unmittelbar vor der Betriebsversammlung kam es übrigens im kleinen Kreis zu einem Treffen zwischen Ulbricht und Belegschaftsvertretern, die dabei kein Blatt vor den Mund nahmen. »Die Stimmung unter uns Arbeitern ist beschissen und zwar so, daß wir an allem zu mäkeln haben und dadurch ist vielleicht diese ganze Sache gekommen, mag sie angerührt haben, wer will.« Ein Ingenieur beharrte darauf, dass die Arbeiter mit vollem Recht für ihre Interessen auf die Straße gegangen seien. »Der Gewerkschaft steht nach der Verfassung das Streikrecht zu. Wenn sie die Möglichkeit richtig angewandt hätte, dann wäre alles in legalen Bahnen verlaufen.« Doch davon wollte Ulbricht nichts hören. Ihm ging es um Machtpolitik. »Ich stelle nun die Frage, was wollen Sie für eine Regierung haben? Der Vertreter der Energieabt[eilung] soll sich für heute nachmittag vorbereiten und zu dieser Forderung sprechen. Ich bin dafür, daß einige, die das offen vertreten haben, zu dieser Versammlung reden werden, und daß sie dort ihren Standpunkt vertreten.« Dann machte Ulbricht noch eine Bemerkung, die beruhigen sollte, aber etwas Verräterisches hatte: »Es wird niemand verhaftet ...«[292]

Was von derlei Versicherungen zu halten war, zeigt folgender Vorfall. Zweieinhalb Monate nach dem Aufstand war eine Arbeiterdelegation im Büro von Ministerpräsident Grotewohl, um über die Stimmung in den Betrieben zu sprechen. Dabei wurden auch kritische Töne angeschlagen, was für mehrere Gesprächsteilnehmer unangenehme Folgen hatte. Umgehend erging folgende Weisung an die Sicherheitsorgane: »Die am 28.8.1953 geführte Aussprache ... macht es notwendig, über obengenannte Personen eine genaue Charakteristik einzuholen.« Begründet wurde dies mit der »provokatorische[n] Fragestellung des Bauarbeiters Lindenberg (warum tritt die Regierung nicht zurück, wenn sie Fehler gemacht hat? usw.), die von [den] übrigen Anwesenden der Delegation stillschweigend und teilweise zustimmend hingenommen wurde.«[293]

Mit Verhängung des Kriegsrechts war der Vorhang aber noch nicht gefallen. In den Betrieben des »Chemie-Dreiecks« gärte es weiter, und so hatte dort der 17. Juni knapp vier Wochen später ein spektakuläres Nachspiel. Anfang Juli 1953 berichtete die Staatssicherheit aus Buna: »Immer wieder ist zu bemerken, daß dort, wo reaktionäre Elemente in Versammlungen gegen die Regierung und deren Maßnahmen auftreten, diese einen großen Teil der Belegschaft für ihre Ziele gewinnen.«[294]

Wut und Enttäuschung entluden sich bei Buna am 15. Juli in einem erneuten Streik mit mehr als 5000 Teilnehmern. Hauptforderung war nun die Freilassung der am 17. Juni und danach verhafteten Kollegen. Daneben richteten sich die Proteste gegen die SED-treuen Gewerkschaftsfunktionäre, die sich vor, während und nach dem 17. Juni nie für die wahren Interessen der Arbeiter eingesetzt hätten. Aber auch die bekannte

Forderung nach »freien, allgemeinen, gesamtdeutschen Wahlen« wurde erneut erhoben.

Wenige Tage zuvor, am 10./11. Juli, waren in Jena rund 2000 Zeiss-Arbeiter in einen Sitzstreik getreten, mit dem sie die Freilassung eines Streikführes vom 17. Juni erreichen wollten. Insgesamt gab es Mitte Juli 1953 in der Region Halle/Leipzig an rund 60 Orten Proteststreiks mit mehreren tausend Teilnehmern. Die SED hatte dazugelernt und vermochte die Proteste durch massiven Propaganda-Einsatz sowie offene oder versteckte Gewaltandrohung einzudämmen.

Magdeburg: Gewalt und Gegengewalt

Auch in Magdeburg gaben Berichte über die Ost-Berliner Ereignisse vom 16. Juni das Signal zu Demonstrationen. Ausgangspunkt der Unruhen war die Schwermaschinenfabrik »Ernst Thälmann«. Als sich dort am 17. Juni gegen 8.30 Uhr rund 5000 Arbeiter zu einem Protestzug formierten, lautete ihre Parole: »Magdeburg folgt den Berlinern!«[295] Die Arbeiter zogen durch das weitläufige Werksgelände, forderten in Sprechchören die Rücknahme der Normerhöhungen, vereinzelt auch den Rücktritt der Regierung, und rissen Transparente sowie Bilder von Ulbricht, Pieck und Grotewohl von den Wänden. Portraits des Arbeiterführers Ernst Thälmann – 1944 von den Nationalsozialisten ermordet – blieben unangetastet.[296]

Rund 2000 »Thälmann-Werker« zogen sodann zu den Dimitroff-Werken, wo sie die Kollegen nicht lange zum Mitmachen überreden mussten. Die Stimmung war bereits aufgeheizt; nur eine Minderheit hielt sich abseits. Auch in den »Liebknecht-« und den »Karl-Marx-Werken« waren mittlerweile insgesamt rund 7500 Arbeiter in den Streik getreten. In beiden Betrieben kam es zu ersten Gewalttätigkeiten, als der Betriebsschutz die Tore verriegelte, um die Arbeiter am Verlassen des Geländes zu hindern. Ein SED-Genosse berichtete später: »Wir versuchten, die Bauarbeiter abzuhalten, sich an der Demonstration zu beteiligen. Da drangen die Provokateure auf uns ein. In dem Getümmel, was dann entstand, wurde Gen. Großmann in den Zug gerissen und dann niedergeschlagen. Gen. Struwe konnte sich noch losreißen, und bis auf das Abreißen seiner Abzeichen und einige Tritte und Schläge ist er glimpflich davongekommen.«[297]

Die Arbeiter waren nicht mehr aufzuhalten. Mittels LKW wurden die Werkstore aufgebrochen und mehrere tausend Demonstranten marschierten los. Inzwischen hatten sich aus allen Teilen Magdeburgs und einigen Vororten Belegschaften auf den Weg ins Stadtzentrum gemacht. Ihre Forderungen unterschieden sich nicht von denen in anderen Orten: »Runter mit den Normen!« – »Senkung der HO-Preise« – »Weg mit Ulbricht und der Regierung«. Auffallend häufig wurde die Aufhebung der Zonengrenze gefordert, was mit der relativen Nähe Magdeburgs zu der seit Mitte 1952 geschlossenen Grenze zu erklären ist.[298]

Gegen 12 Uhr mittags waren rund 40 000 Menschen auf den Straßen, die sich in mehreren Marschsäulen scheinbar ziellos durch die Innenstadt bewegten. Ein Augenzeuge: »Ich ging auf die Straße und sah, daß von Buckau her die Karl-Marx-Straße mit Menschen vollgestopft war. (…) An der Spitze waren Jugendliche und Ältere in Arbeitskleidung damit beschäftigt, die links und rechts stehenden Fahnen umzubrechen und Transparente sowie Plakate herunterzureißen … dann bewegte sich die Kolonne in Richtung Bierut-Platz.«[299]

Es blieb nicht beim Abreißen von Plakaten. Einer der Demonstrationszüge wandte sich zum Gebäude der SED-Kreisleitung in der Otto-von-Goericke-Straße. Rund 150 Demonstranten drangen in die Räume ein,

zerstörten einen Teil der Einrichtung und warfen unter dem Jubel der Menge Akten und Mobiliar auf die Straße. Die Mitarbeiter der Bezirksleitung sahen dem Treiben mehr oder minder verängstigt zu, blieben aber weitgehend unbehelligt, von Beschimpfungen abgesehen. Den Sachschaden bezifferte die SED später mit 12 000 Mark. Kurze Zeit später wurden auch die FDGB-Bezirksleitung und der Rat des Bezirks Magdeburg gestürmt und teilweise demoliert. Andere Gruppen von Demonstranten – darunter viele Jugendliche – ließen ihre Wut an den Büros der Nationalen Front und der »Deutsch-Sowjetischen Freundschaft« aus. Etwa zeitgleich stürmten mehrere Dutzend Arbeiter und Jugendliche das Polizei-Kreisamt am Buckauer Tor, verhielten sich im Gebäude jedoch weitgehend friedlich. Auch die Volkspolizisten bemühten sich um eine Entspannung der Lage und diskutierten mit den Eindringlingen. Diese verlangten das Abhängen von Propaganda-Transparenten. Nachdem das geschehen war, zogen die Demonstranten wieder ab. Die Volkspolizei hatte um 10.30 Uhr den Befehl erhalten: »… auf den Revieren sofort alle Waffen verschließen. Eingänge abschließen. Publikumsverkehr einstellen.«[300] Diese anfangs ausgesprochen defensive Haltung der Volkspolizei wurde von der SED-Führung in Magdeburg später scharf kritisiert, wobei auch der SED-Bezirksleitung eine Mitschuld gegeben wurde. »Die getroffenen Maßnahmen waren ungenügend, es mangelte an einer einheitlichen Führung, straffen Organisation. Diese Fehler entstanden dadurch, daß von der Parteiorganisation der Charakter der faschistischen Provokation vollkommen verkannt wurde, und sich die Genossen anfangs einer gewissen Sorglosigkeit hingaben. (…) Ein Befehl der Chefleitung hinderte sie [die Volkspolizisten, d. Verf.] … daran, von der Schußwaffe Gebrauch zu machen, um den Putschisten eine gebührende Antwort zu erteilen.«[301]

Ab etwa 11 Uhr vormittags spitzte sich die Lage in Magdeburg zu und es kam verstärkt zu Gewalttätigkeiten, ausgehend zumeist von einzelnen Demonstranten. So wurde bei der Erstürmung der »Volksstimme«, Zeitung der SED-Bezirksleitung, der Chefredakteur verprügelt. Auch zahlreiche SED-Mitglieder, die von ihren Chefs zum Diskutieren und Abwiegeln auf die Straße geschickt wurden, hatten nichts zu lachen, wie jene beiden Genossinnen, von denen folgender Bericht stammt: »Wir begaben uns ... zum Olvenstedter Platz, wo eine Schaffnerin stand und die Menschen darauf aufmerksam machte, dass keine Straßenbahn fährt. Wir ... hörten von der Schaffnerin die Worte, wenn ich einen mit dem SED-Abzeichen sehe, den trete ich in den Arsch, dass er sich überschlägt. In der Stadt wird

In Magdeburg dringen hunderte Demonstranten in den Hof der Bezirksleitung der Volkspolizei ein, ohne auf größeren Widerstand zu treffen.

das schon so gemacht. Die Genoss[in] Koslowski stellte daraufhin die Kol[legin] zur Rede. Dabei gerieten wir in eine harte Auseinandersetzung, wobei die betr. Kollegin der Gen[ossin] K. Schläge androhte. Wir hatten im Nu einen Kreis von Menschen um uns, zogen es aber vor, uns zurückzuziehen, denn wir hätten beide nur den kürzeren gezogen.«[302]

Kurz vor Mittag besetzten Demonstranten das Fernmeldeamt und zerstörten mehrere Apparaturen. Dies scheint jedoch eine spontane und keine geplante Aktion gewesen zu sein, um die Kommunikationswege unter Kontrolle zu bringen. Die Telefonverbindungen waren zu keiner Zeit vollständig unterbrochen. Ebenso scheint es sich bei der kurzzeitigen Besetzung des Stadtfunks um eine spontane Einzelaktion gehandelt zu haben, denn es wurden über dieses Medium keine Losungen oder Anweisungen an die Demonstranten verbreitet.[303]

Nach 11.30 Uhr verschärfte sich vor dem Gefängnis Magdeburg-Sudenburg, nicht weit vom Hauptbahnhof, die Lage. Dort trafen mehrere Demonstrationszüge zusammen, so dass die Menge bald auf mehr als 3000 Personen anwuchs. Lautstark verlangten sie die Freilassung der politische Häftlinge. Ein Volkspolizist sagte später aus: »Laut grölend verlangten sie Einlass. Gleichzeitig entwaffneten [sie] die aussen stehenden Posten und kamen dadurch in den Besitz von ca. 5 Karabinern. Sie verlangten, dass wir die Pforte öffnen und wenn wir dieses nicht tun würden, sie das Feuer mit Karabinern und MG eröffnen werden. Da wir nicht öffneten, versuchten sie mit einem Balken die Tür einzurammen. Mit Steinen warfen sie die Fenster ein und kurz darauf fiel der 1. Schuss. Da sie keinen Einlass erhielten, begaben sie sich in das gegenüberliegende Gerichtsgebäude und eröffneten aus den Fenstern auf die Haft-

anstalt das Feuer und schossen auf jeden VP.-Angeh[örigen], der sich sehen ließ. In der Zwischenzeit hatte eine Gruppe Menschen mittels eines Balkens die Pforte erbrochen. Sie versuchten einzudringen, wurden aber von mir daran gehindert, indem ich einen Warnschuss abgab.«[304]

Tatsächlich hatten die Demonstranten vor dem Gefängnis mehrere Volkspolizisten entwaffnet. Einige Dutzend Demonstranten ließen vom Gefängnistor ab und erstürmten – drei, vier erbeutete Karabiner in der Hand – die benachbarten, nicht so stark gesicherten Gebäude der Volkspolizei (BDVP) und des Gerichts. Es wurden mehrere Büros demoliert und Akten auf die Straße geworfen. Der anwesende Polizeipräsident versuchte vergeblich, die Aufständischen mit Worten aufzuhalten. Aus einem VP-Bericht

In Siegerlaune zeigen sich Demonstranten auf dem Balkon, vermutlich im Gebäude der besetzten Leitung der Volkspolizei in Magdeburg.

vom 19. Juni 1953: »Die Menschenmassen, angeführt durch Terroristengruppen, drangen gewaltsam durch das Tor des Hofes ein, bzw. überstiegen die Einfriedungsmauern. Die Sperrkette konnte dem Druck nicht standhalten und wurde zurückgedrängt … In der Zwischenzeit hatte sich der Hof mit tausenden von Menschen gefüllt … Durch Gruppen angeführt, begannen dann die Massen, das Gebäude zu stürmen, so dass es ihnen gelang, bewaffnet mit Steinen, Beilen, Brechstangen und Knüppeln sich Eingang in das Erdgeschoss des Dienstgebäudes zu verschaffen, [wo sie] Zerstörungen von Bildern, Transparenten und Wandzeitungen vornahmen.«[305] Aus den Fenstern des Gerichts und vom Gefängnistor aus schossen einzelne Demonstranten mit erbeuteten Waffen mehrmals in den Gefängnishof und das angrenzende Stasi-Gelände. Dabei wurden zwei Polizisten und ein MfS-Angehöriger tödlich getroffen. Polizei und KVP erwiderten das Feuer. Auch die inzwischen angerückten sowjetischen Soldaten zielten in die Menge. Drei Demonstranten, darunter eine 16-jährige Landarbeiterin, wurden erschossen.

Mehrere sowjetische Panzer fuhren langsam in die Menschenansammlung, die nun Schritt für Schritt zurückwich und in die angrenzenden Straßen flüchtete. Kleinere Gruppen von Demonstranten kehrten immer wieder zurück, und es dauerte noch mehrere Stunden, bis vor dem Gebäudekomplex aus Gefängnis und Gericht durch Waffeneinsatz und Militärpräsenz »Ruhe und Ordnung« wieder hergestellt waren.

Während vor dem Gefängnis Sudenburg geschossen wurde, fand auf dem Alten Markt eine zentrale Kundgebung mit rund 10 000 Teilnehmern statt. Mehrere Redner

Bei der gewaltsamen Erstürmung des Untersuchungsgefängnisses in Magdeburg werden alle 221 Häftlinge befreit.

stellten die bekannten Forderungen: Rücktritt der Regierung, Preissenkungen, Freilassung aller politischen Häftlinge, freie Wahlen. Als erste Berichte von den Ereignissen vor dem Gefängnis eintrafen, gab es einen Aufschrei der Empörung. Von der Versammlung wurde eine zehnköpfige Delegation bestimmt, die gegen 13 Uhr tatsächlich von Oberbürgermeister Philipp Daub (SED) empfangen wurde. Sie übergab eine Liste mit den fünf Hauptforderungen der Demonstranten:

»1. Namhaftmachung der Polizisten, die am heutigen Tage … auf die Magdeburger Bürger geschossen haben. Veröffentlichung der Namen dieser Polizisten in der Volksstimme.

2. Senkung der HO-Preise …

3. Freie Wahlen unter Zulassung sämtlicher Parteien, auch solche, die z. Zt. in der Zone ihre Tätigkeit nicht ausführen dürfen.

4. Völlige Presse- und Nachrichtenfreiheit.

5. Rücktritt des 1. Sekretärs der SED Walter Ulbricht.«[306]

Obermeister Daub soll zugesagt haben, eigens eine Stadtverordnetenversammlung einzuberufen, um die Forderungen zur Sprache zu bringen. Es ist aber zu vermuten, dass er dieses Zugeständnis machte, um die Demonstranten zu beruhigen.

Um 14 Uhr verhängte der sowjetische Stadtkommandant über Magdeburg den Ausnahmezustand. Damit waren die Unruhen aber nicht beendet. Ab 14.30 Uhr entwickelte sich in Magdeburg ein weiterer Brennpunkt. Vor dem Untersuchungsgefängnis Neustadt, rund 5 Kilometer vom Stadtzentrum entfernt, versammelten sich mehr als 2000 Demonstranten. Lautstark forderten sie die Freilassung aller politischen Häftlinge. Als nichts dergleichen geschah, schritten die Demonstranten zur Tat. Mit Äxten und Hämmern zerschlugen sie das Eingangstor und drangen in den Hof ein. Anschließend wurden die Zellen aufge-

brochen und alle 221 Häftlinge befreit, ohne dass zwischen politischen und kriminellen Insassen – etwa anhand der Gefängnisakten – unterschieden wurde. Anders als am Gefängnis Sudenburg machten hier die Wachleute nicht von der Schusswaffe Gebrauch, sondern hielten sich strikt an das von der VP-Leitung erlassene Schießverbot. (Dieses Schießverbot wurde von der SED-Spitze in Magdeburg später heftig kritisiert. Das Gefängnis Sudenburg unterstand dem Justizministerium, das kein Verbot des Schusswaffengebrauchs ausgesprochen hatte, ebensowenig wie das Ministerium für Staatssicherheit.) Laut einem Polizeibericht sollen sich mehrere Häftlinge bei der Erstürmung des Untersuchungsgefängnisses vor Volkspolizisten gestellt haben, um sie vor den Eindringlingen zu schützen.[307]

Erst am späteren Nachmittag fuhren sowjetische Panzer vor dem Untersuchungsgefängnis auf, wo es aber nichts mehr zu tun gab. Die Zellen waren leer, die Menge hatte sich bereits zerstreut. Ab dem frühen Abend des 17. Juni kam es nur noch vereinzelt zu Unmutsäußerungen kleinerer Gruppen von Demonstranten. Mit harter Hand setzten Sowjets und Volkspolizei den Ausnahmezustand durch und verhinderten jede weitere Menschenansammlung.

Die Magdeburger Ereignisse am 17. Juni gehören zu den blutigsten in der ganzen DDR. Drei Zivilisten wurden von sowjetischen Soldaten bzw. Volkspolizisten erschossen, Kurt Fritzsch (47 Jahre alt), Dora Borgmann (16 Jahre) und Hort Prietz (17 Jahre). Prietz war FDJ-Funktionär und wurde wahrscheinlich »versehentlich« getötet. Bei der Belagerung des Gefängnisses Sudenburg erschossen Demonstranten zwei Volkspolizisten und einen MfS-Mitarbeiter (Gerhard Händler, Georg Gaidzik, Hans Waldbach). Neun Demonstranten erlitten schwere, 30 leichtere Verletzungen.[308]

Wie kaltherzig die DDR-Staatsmacht mit Opfern umgehen konnte, zeigt folgende Aktennotiz zum Fall eines getöteten Demonstranten. »Da es sich um einen Provokateur handelt, wurde die Beerdigung des F. seitens der BDVP ohne Wissen der Angehörigen eingeleitet, um dadurch neue Provokationen zu vermeiden. Nach Durchführung der Bestattung wird den Angehörigen das Ergebnis mitgeteilt.«[309]

Vor dem Gefängnis Sudenburg waren zwei Demonstranten, Alfred Dartsch und Herbert Stauch, unter dem Vorwurf verhaftet worden, die tödlichen Schüsse auf KVP-Angehörige abgegeben zu haben. Sie wurden am 18. Juni von einem sowjetischen Militärtribunal zum Tode verurteilt und erschossen. Ein dritter Beschuldigter, der 42-jährige Gärtner Ernst Jennrich, wurde im August 1953 vom Bezirksgericht Magdeburg zunächst wegen »Boykotthetze und

Ende eines Aufstands: Bekanntmachung der standrechtlichen Erschießung von Demonstranten.

Bekanntmachung

des Militärkommandanten der Stadt Magdeburg

Ich mache hiermit bekannt, daß die Einwohner der Stadt Magdeburg

Dartsch, Alfred und Strauch, Herbert

wegen der aktiven provokatorischen Handlungen am 17. Juni 1953, die gegen die festgelegte Ordnung gerichtet waren, als auch wegen der Teilnahme an den banditischen Handlungen vom Gericht des Militärtribunals zum

Tode durch Erschießen

verurteilt worden sind.

Das Urteil ist am 18. Juni 1953 vollstreckt worden.

Der Militärkommandant der Stadt Magdeburg

Terror« zu lebenslänglich Zuchthaus verurteilt. Die vom Angeklagten bestrittene Erschießung eines VP-Angehörigen sah das Gericht als nicht zweifelsfrei erwiesen an. Dieses Urteil wurde auf Intervention der Staatsanwaltschaft aufgehoben. In einem neuen Prozess wurde Jennrich wegen Tötung eines VP-Angehörigen zum Tode verurteilt und hingerichtet.

Mit Verhängung des Ausnahmezustands war die Streikbewegung im Raum Magdeburg noch nicht am Ende. So verweigerten am Morgen des 18. Juni im Dimitroff-Werk rund 680 Arbeiter erneut die Arbeit. Im Karl-Marx-Werk waren es sogar über 3000 Beschäftigte, die am Vormittag des 18. Juni auf dem Betriebsgelände in Gruppen zusammenstanden und lebhaft diskutierten. Ihre Hauptforderungen lauteten weiterhin freie Wahlen, Freilassung politischer Häftlinge, insbesondere von festgenommenen Kollegen, sowie die Zurückziehung der sowjetischen Truppen. Gegen 10.30 Uhr fuhr sowjetisches Militär auf das Gelände, woraufhin sämtliche Arbeiter widerstrebend die Arbeit wieder aufnahmen. Zwei Wortführer des Streiks wurden von den Sowjets abgeführt. Auch in anderen Betrieben wurden die Streiks erst durch das Erscheinen der Sowjets endgültig beendet. Beispielsweise auf der Werft Rothensee/Magdeburg, wo noch am 18. Juni 60 Prozent der rund 1500 Beschäftigten in den Streik traten und sogar ein Streikkomitee wählten. Am Vormittag besetzten sowjetische Einheiten und ein Kommando der Volkspolizei den Betrieb und lösten die Versammlung von rund 400 Werftarbeitern mit Warnschüssen auf. 30 Arbeiter, darunter das komplette Streikkomitee, wurden verhaftet. Bis auf ganz wenige Ausnahmen wurde am 19. Juni in allen Betrieben im Bezirk Magdeburg wieder »normal« gearbeitet.

Nach offiziellen Angaben gab es am 17./18. Juni in Magdeburg in insgesamt 17 Groß- und Mittelbetrieben Arbeitsniederlegungen. Mehr als 30 000 Beschäftigte befanden sich im Ausstand.[310] Fast der gesamte Bezirk wurde von Streiks und Unruhen erfasst, u.a. in Stendal, Staßfurt, Salzwedel, Halberstadt, Wernigerode, Oschersleben und Tangerhütte mit insgesamt mehr als 80 streikenden Betrieben. Auf einzelne Regionen griffen die Unruhen mit Verzögerung über, so dass beispielsweise in Halberstadt und Staßfurt die meisten Arbeiter sich erst am 18. oder 19. Juni zu Proteststreiks entschlossen.[311] In einigen Orten, so in Wernigerode/Harz, hielten die Ausstände bis zum 20. Juni an.

Auch in Magdeburg machte sich die SED unmittelbar nach dem 17. Juni an die Ursachenforschung. »Faschistische Provokation« und »westliche Agenten«, hieß es in der SED-Presse und in offiziellen Verlautbarungen der Magdeburger SED-Leitung. Intern kamen aber auch eigene Fehler und Versäumnisse zur Sprache, aus denen Konsequenzen zu ziehen wären. So nannte eine SED-Parteiaktiv-Tagung vom 8. August 1953 als Hauptaufgaben »die Verbesserung der politischen Massenarbeit, ... die Verbindung der Parteiorganisation mit den Massen und der Kampf um die Reinheit der Partei.«[312] Letzteres wurde mit besonderem Eifer betrieben, da sich in den Augen der Parteispitze am 17. Juni erschreckend viele SED-Mitglieder als unzuverlässig erwiesen hatten. »So ließen sich viele Mitglieder mit dem Strom mitreißen ... Einige Mitglieder, wobei eine genaue Zahl bis heute noch nicht gegeben werden kann, hatten sich aktiv an den Provokationen beteiligt.«[313] Allein im Bezirk Magdeburg wurden mehr als 400 Parteiverfahren eingeleitet, die zu zahlreichen schweren Rügen und Parteiausschlüssen führten. Und immer wieder tauchte in den Verhören jenes Gespenst auf, vor dem die SED-Spitze sich fast mehr zu ängstigen schien als vor »westlichen Agenten«: der »Sozialdemokratismus«. Tatsächlich wurden

vor allem sozialdemokratische Traditionen in der Arbeiterschaft wie auch innerhalb der SED dafür verantwortlich gemacht, dass am 17. Juni so viele Arbeiter sich hatten »verführen« lassen, gegen ihre eigene Regierung zu streiken.

Aber Partei- und Staatsführung hatten auch Grund zur Freude: »Für die Arbeit im Festnahmekommando wird VP.-Mstr. Weidner wegen Brechung des Widerstandes der Provokateure und der dabei gezeigten Standhaftigkeit, Mut und Opferbereitschaft, mit 150,– DM prämiert.«[314] Insgesamt wurden nach dem 17. Juni im Bezirk Magdeburg mehrere Dutzend VP-Angehörige wegen ihres Einsatzes bei der Niederschlagung der Unruhen belobigt und mit Geldprämien zwischen 50 und 150 Mark bedacht.

Befehlsverweigerung in der Sowjetarmee?

Viel gerätselt wurde und wird über ein Ereignis, das sich in Magdeburg zugetragen haben soll: sowjetische Soldaten, die sich geweigert hatten, auf Demonstranten vor dem Gefängnis zu schießen, und deswegen am 28. Juni 1953 in einem Wald bei Biederitz erschossen worden sein sollen. Ein Gedenkstein in Berlin erinnert seit Jahrzehnten an diese 18 russischen Opfer des Aufstands.

Gesichert scheint Folgendes: Nach dem 17. Juni lief ein sowjetischer Major namens Nikita Ronschin in den Westen über und berichtete von den Hinrichtungen wegen Befehlsverweigerung. Der bundesdeutschen Öffentlichkeit wurde das durch die Mitteilung einer rechtsradikalen russischen Exilorganisation namens »Nazionalnyi Trudowoi Sojus« (NTS) bekannt, die von West-Berlin aus mit Flugblättern antikommunistische Propaganda unter den sowjetischen Truppen in der DDR betrieb. Später verlieren sich die Spuren jenes Hauptinformanten Ronschin wieder, so dass es Vermutungen gibt, er könnte in die DDR bzw. die Sowjetunion entführt worden sein.

Eine andere Quelle für die Befehlsverweigerungen ist Jurij Bassistow, ehemals Oberst der Sowjetischen Streitkräfte und ab 1959, also längere Zeit nach den Ereignissen, für mehrere Jahre in der DDR stationiert. Laut Bassistow sollen sich neben den 18 Sowjets in Magdeburg im Raum Berlin weitere 23 sowjetische Militärangehörige geweigert haben, auf Demonstranten zu schießen. Auch diese seien standrechtlich erschossen worden. Er beruft sich bei seinen Angaben auf ein deutsches Dokument aus dem SED-Archiv, das aber bislang nicht gefunden wurde. Des weiteren berichtet Bassistow, dass während seiner Dienstzeit in der DDR unter Kameraden zuweilen mit gedämpfter Stimme von den Befehlsverweigerern vom 17. Juni gesprochen worden sei.

Nach Aussage eines später übergelaufenen Sowjet-Offiziers soll im Raum Magdeburg ein sowjetischer Kommandeur vor dem Ausrücken seiner Einheiten eine bemerkenswerte Anweisung gegeben haben: »Es darf nicht dazu kommen, daß ihr auf die Leute schießen müßt – ist das klar? Das Hauptquartier sagt, daß kein nicht wiedergutzumachendes Übel angerichtet werden darf. Die Sowjetarmee ist kein Aggressor.«[315]

Ein mögliches Indiz für außergewöhnliche Vorfälle bei den sowjetischen Truppen ist das verzögerte Ausrücken von Einheiten aus ihren Kasernen bei Magdeburg am Morgen des 17. Juni. Hochkommissar Semjonow begründete das seinerzeit der Moskauer Führung gegenüber mit »Nebel«. Allerdings konnte am 17. Juni von Nebelbildung im Raum Magdeburg bei einer Luftfeuchtigkeit von rund 60 Prozent keine Rede sein. Bleibt die Frage, warum die Einheiten verspätet ausrückten. Möglicherweise doch wegen Disziplinschwierigkeiten? Solange jedoch glaubwürdige Zeugenaussagen und schriftliche Belege fehlen, ist zu vermuten, dass es sich bei jener »Verbrüderung« sowjetischer Soldaten mit deutschen Arbeitern am 17. Juni um eine Legende handelt.[316]

Leipzig, Dresden und Karl-Marx-Stadt

Leipzig

Zu den Zentren des Aufstands gehörten auch Leipzig und Dresden.

In Leipzig zogen ab 8 Uhr früh tausende Arbeiter in Richtung Stadtzentrum, unter ihnen fast 3000 Beschäftigte der Kirow-Schwermaschinen-Werke, die Bauarbeiter vom HO-Warenhaus am Schlossplatz, Eisenbahner vom Reichsbahn-Ausbesserungswerk. Die Demonstrationen verliefen zunächst friedlich. Man rief die gleichen Parolen wie fast überall: »Runter mit den HO-Preisen« – »Weg mit Ulbricht« – »Freie Wahlen«. Als die ersten Demonstrationszüge am Hauptbahnhof anlangten, kam es zu Auseinandersetzungen mit der Transportpolizei. Die Demonstranten gewannen die Oberhand und konnten mehrere Polizisten entwaffnen. Unterdessen hatten einige hundert Protestierende die FDJ-Bezirksleitung in der Ritterstraße besetzt und Mobiliar, Akten und Propagandaschriften auf die Straße geworfen.

Ab etwa 10.30 Uhr spitzte sich die Lage zu. Eine Gruppe von Demonstranten drang in das Polizeipräsidium ein, wo man jedoch, anders als erwartet, keine politischen Gefangenen fand, die man hätte befreien können.[317] Inzwischen bewegten sich mehrere Demonstrationszüge eher ziellos durch die Innenstadt. Dabei wurden Transparente abgerissen und mehrere Zeitungskioske in Brand gesteckt. Anders als in anderen Aufstandszentren, beispielsweise in Halle, Görlitz oder Magdeburg, gab es in Leipzig keinen Aufruf zu einer zentralen Kundgebung. Den Demonstranten fehlte also ein Kristallisationspunkt.

Zu einer dramatischen Zuspitzung kam es gegen 13.30 Uhr vor dem Untersuchungsgefängnis II in der Beethovenstraße, wo sich rund 1500 Demonstranten versammelt hatten. Als einige Dutzend Demonstranten nach 15 Uhr versuchten, das Gebäude zu stürmen, schossen Wachpolizisten in die Menge. Ein 19-jähriger Demonstrant wurde tödlich verletzt. In Panik flohen die Menschen in Seitenstraßen.[318]

An anderer Stelle hatten Demonstrantengruppen mehrere Gebäude besetzt, ohne auf größeren Widerstand zu stoßen, darunter die SED-Bezirksleitung, die örtliche FDGB-Zentrale und auch das Leipziger Rundfunkstudio.[319] Es ist nicht bekannt, dass die Besetzer Anstalten gemacht hätten, die Sendeanlagen zur Verbreitung von Aufrufen oder Verlautbarungen zu nutzen. Dies mag bezeichnend sein für den vergleichsweise chaotischen Verlauf des 17. Juni in Leipzig, wo sich weder Ansätze einer Struktur der Proteste noch irgendeiner Leitung fanden. Die Aufstandsbewegung hatte eindeutig spontanen Charakter.[320] Nach Angaben der SED-Bezirksleitung sollen an den Demonstratio-

nen in Leipzig insgesamt etwas mehr als 40 000 Menschen teilgenommen haben, davon etwa die Hälfte Arbeiter, 10 000 »Kleinbürger«, 10 000 Hausfrauen und rund 2000 Jugendliche.[321]

Die Erstürmung der FDJ-Bezirksleitung in Leipzig schilderte später ein Funktionär gegenüber der SED-Parteikontroll-Kommission. »Wir wollten gerade das Haus verlassen, als ein Rädelsführer ... hereinkam und brüllte: ›Wo ist der mit der blauen Jacke – von wegen das Parteiabzeichen abmachen und sich jetzt drücken wollen ...‹ (...) Wir waren etwa 30–50 m von der Verkaufsstelle entfernt, als wir Gebrüll und Geschrei hören und die Meute hinter uns her kommt. (...) Koll. K. und ich wurden von je einem Kreis umringt ... Die Masse war sehr aufgeregt

Beschäftige der Leipziger Kirow-Werke ziehen zum Untersuchungsgefängnis, einem der Zentren des Aufstands.

und wollte mich am liebsten verprügeln. Der Anführer rief sie jedoch zur Vernunft. Er führte mich dann selbst ein Stück weg und riet mir, schnellstens zu verschwinden und daß ich froh sein könnte, daß ich so davon käme.«[322]

Am frühen Nachmittag griffen sowjetische Truppen ein. Um 16 Uhr wurde vom sowjetischen Stadtkommandanten der Ausnahmezustand über die Messestadt verhängt. Dennoch kam es in den folgenden Stunden zu weiteren Demonstrationen und Zusammenstößen mit Polizei und sowjetischem Militär, wobei immer wieder Schüsse fielen. Fünf Demonstranten bzw. unbeteiligte Passanten wurden getötet. Es gab bis zum Abend mehr als 120 Verletzte.

Nach Niederschlagung der Unruhen soll ein Demonstrant, ein früherer Volkspolizist, wegen Teilnahme an der Erstürmung einer Wache der Transportpolizei von einem sowjetischen Militärtribunal zum Tode verurteilt worden sein. Es ist nicht bekannt, ob das Urteil vollstreckt wurde.[323]

Dresden

Um 3 Uhr morgens am 17. Juni erhielt die Dresdner SED-Bezirksleitung telefonisch folgende Eil-Durchsage aus Berlin: »Die 1. und 2. Sekretäre sind zu verständigen, daß damit zu rechnen ist, daß im Laufe der Nacht oder den frühen Morgenstunden bestimmte Kräfte aus Berlin in den Betrieben versuchen werden, Unruhe zu stiften im Zusammenhang mit der Frage der Normen.«[324] Das war keine Panikmache. Auch in Dresden zeigte sich binnen Stunden das Menetekel des Aufruhrs.

Nicht nur der RIAS sorgte hier dafür, dass die Menschen von den Berliner Streiks und Demonstrationen des 16. Juni erfuhren. Aus der SAG Sachsenwerk Niedersedlitz (Anlagenbau), mit 4460 Beschäftigten der größte Betrieb Dresdens, waren just am 16. Juni 30 Kollegen – Angehörige der SED-Betriebsparteischule – in der Berliner Sta-

linallee, um sich dort über »fortschrittliche Arbeitsmethoden« zu informieren. Am Morgen des 17. Juni hatten sie nichts Eiligeres zu tun, als von ihren Erlebnissen zu berichten. Nicht nur euphorisch übrigens, handelte es sich bei den Delegationsmitgliedern doch überwiegend um parteitreue Arbeiter. Grund zu Unzufriedenheit und Wut gab es auch im Sachsenwerk, das mit der Bauunion zum Ausgangspunkt von Streiks und Demonstrationen wurde.[325] Um 10 Uhr formierte sich ein Demonstrationszug von mehreren hundert Sachsenwerkern und Bauarbeitern, denen sich Passanten und Arbeiter anderer Betriebe anschlossen. Nach einem FDGB-Bericht wurden sowohl das »Deutschlandlied« als auch die »Internationale« gesungen.

Ein anderes Zentrum des Protestes war der VEB ABUS (Sächsischer Brücken- und Stahlhochbau), dessen Belegschaft sich im Laufe des Vormittags mehrheitlich den Protesten anschloss. Eine tragende Rolle spielte dabei der ABUS-Angestellte Wilhelm Grothaus. Der 60-Jährige hatte bis 1932 der SPD, dann der KPD angehört und während der Nazi-Herrschaft Widerstand geleistet. Er war ein gewandter Redner, der unter dem Beifall der Kollegen fünf Forderungen aufstellte:

»1. Rücktritt der Regierung
2. Freie und geheime Wahlen
3. Freilassung der politischen Gefangenen
4. Senkung der HO-Preise und
5. Aufhebung der Verschlechterung in der Sozialfürsorge.«[326]

Am frühen Nachmittag fand im Sachsenwerk erneut eine Versammlung mit rund 4000 (einige Quellen sprechen von fast 6000) Teilnehmern statt, darunter zahlreiche ABUS-Werker. Auch das anwesende ZK-Mitglied Otto Buchwitz, ein 74-jähriger, bei den Arbeitern durchaus angesehener früherer Sozialdemokrat und Widerstandskämpfer, konnte die wütenden Arbeiter nicht beschwichtigen. Obwohl um 14 Uhr auch über

Dresden der Ausnahmezustand verhängt worden war, folgte die Versammlung dem Aufruf des Streikführers Grothaus, zu einer zentralen Kundgebung auf den Postplatz zu marschieren.

Dort trafen etwa ab 13 Uhr immer neue Gruppen von Demonstranten ein, die aus allen Teilen der Stadt mehr oder weniger geordnet dorthin gezogen waren. Die Parolen glichen denen in anderen Städten: »Spitzbart, Bauch und Brille sind nicht des Volkes Wille« – »Wir fordern freie Wahlen« – »Nieder mit der Zone«. Auf rasch gemalten Schildern hieß es »Generalstreik«, »Freiheit«, »Nieder mit der Regierung« oder auch »Ulbricht an den Galgen«.[327]

Gegen 15 Uhr drängten sich mehrere tausend Demonstranten auf dem Theaterplatz. Eine Kundgebung kam jedoch nicht zustande, vielmehr bildeten sich innerhalb der Menschenmenge zahlreiche Gruppen von Diskutierenden. Nach einiger Zeit wurde der Platz von sowjetischen Soldaten, Volkspolizisten und KVP-Leuten geräumt, ohne dass es zu einem Schusswaffengebrauch gekommen wäre. Dramatischer entwickelte sich die Lage auf dem Postplatz und vor dem nahe gelegenen Fernmeldeamt. Es flogen Steine gegen aufgefahrene sowjetische Panzer und Soldaten. Bei der Verteidigung des Fernmeldeamtes vor zumeist jugendlichen Demonstranten feuerten sowjetische Soldaten mehrere Warnschüsse ab.

Im Vergleich zu anderen Städten, etwa zu Halle und Magdeburg oder auch dem nahe gelegenen Niesky, verliefen die Ereignisse des 17. Juni in Dresden weniger dramatisch und gewaltsam. Es wurden keine Gefängnisse oder SED-Gebäude gestürmt; es gab keine Toten und vergleichsweise wenige Verletzte. Eine Ursache mag darin liegen, dass die Sowjets relativ früh – bereits gegen 10 Uhr – mit einem großen Aufgebot an Soldaten und Fahrzeugen in Erscheinung traten und die Entstehung größerer Demonstrationszüge und die Abhaltung einer zen-tralen Kundgebung verhinderten. Gezielte und rücksichtslose Gewaltanwendung war zur Wiederherstellung von »Ruhe und Ordnung« nicht nötig. So scheiterte am späteren Abend beispielsweise der Versuch von rund 600 Dresdnern, die Untersuchungshaftanstalt zu stürmen bereits im Vorfeld, da ein massives Militär- und KVP-Aufgebot die Menge gar nicht erst in die Nähe des Gefängnisses ließ. Mehrfach sollen sowjetische Offiziere der Volkspolizei Gewaltmaßnahmen, zum Beispiel den Einsatz von Wasserwerfern, untersagt haben.[328]

Auch in Dresden fahndeten Polizei und Stasi nach »Rädelsführern«. Unter den rund 200 Verhafteten waren die Streikführer Wilhelm Grothaus und Fritz Saalfrank. Während Grothaus gegen die Nazis Widerstand geleistet hatte, war Saalfrank bereits 1932 in die NSDAP eingetreten und hatte es im Zweiten Weltkrieg bis zum Bataillonskommandeur an der Ostfront gebracht. Gerade wegen ihrer so unterschiedlichen Lebensläufe eigneten sich beide Angeklagte hervorragend für die SED-Propaganda. Hier der frühere SPD-Mann, der im Juni 1953 zum »Verräter« an den Interessen der Arbeiter wurde; »Arm in Arm« mit ihm ein »typischer Faschist«, wie die »Sächsische Zeitung« in ihrem Prozessbericht formulierte. Grothaus wurde im Juli 1953 vom Bezirksgericht Dresden zu 15 Jahren, der Mitangeklagte Saalfrank zu zehn Jahren Zuchthaus verurteilt. Grothaus wurde 1960 aus der Haft entlassen.

Allein bis Ende Juli 1953 wurden im Zusammenhang mit dem 17. Juni vom Bezirksgericht Dresden 113 Angeklagte verurteilt, die meisten wegen »Aufforderung zum Ungehorsam gegen die Gesetze«, »Widerstand gegen die Staatsgewalt« und »Aufruhr«. Das Strafmaß lag zwischen drei Monaten Haft und lebenslänglich (gegen einen Angeklagten). Die Verfahren gegen 119 Personen wurden mangels Beweisen eingestellt.[329]

Karl-Marx-Stadt

Außergewöhnlich ruhig blieb es am 17. Juni in Chemnitz. Chemnitz, wegen seiner industriellen Tradition auch das »sächsische Manchester« genannt, war im Mai 1953 in »Karl-Marx-Stadt« umbenannt worden. Im gesamten Bezirk, einst eine Hochburg der Sozialdemokraten, wurden nur rund ein Dutzend Betriebe bestreikt; die Zahl der Streikenden lag bei knapp 2000. Arbeitsniederlegungen gab es vor allem auf Baustellen und in einigen Textilbetrieben. Schwerpunkte der Proteste waren Freiberg und Werdau.[330] Nur vereinzelt kam es in Chemnitz und anderen Orten zu größeren Menschenansammlungen und Diskussionen auf den Straßen. SED-Büros und Gefängnisse blieben unbehelligt. Am 18. Juni beteiligten sich rund 2400 Arbeiter, also sogar etwas mehr als am Vortag, an kurzzeitigen Arbeitsniederlegungen.[331] Ungeachtet der vergleichsweise ruhigen Lage wurde auch über Karl-Marx-Stadt am späten Nachmittag des 17. Juni der Ausnahmezustand verhängt, »im Zusammenhang mit den Vorfällen der Unordnung unter der örtlichen Bevölkerung«, wie es im entsprechenden »Befehl Nr. 10« des sowjetischen Militärkommandanten hieß.

Einer der Gründe für die relative Ruhe im Bezirk Karl-Marx-Stadt könnte die Wismut SAG gewesen sein. Die Sowjetische Aktiengesellschaft Wismut kontrollierte den gesamten Uran-Bergbau des Erzgebirges und prägte nahezu vollständig die Industriestruktur der Region, deren Betriebe zu einem großen Teil als Zulieferer der Wismut fungierten. Das abgebaute Uran wurde ausschließlich in die Sowjetunion geliefert und dort vor allem für den Bau von Atombomben verwendet. Wegen ihrer militärischen Bedeutung unterlagen die Aktivitäten der Wismut strengen Geheimhaltungsvorschriften. Mit ihren insgesamt rund 132 000 Mitarbeitern bildete die Wismut quasi einen »Staat im Staate« unter sowjetischer Aufsicht. Der Betrieb wurde wegen seiner zentralen Bedeutung für das sowjetische Rüstungsprogramm weitgehend unter militärischen Bedingungen geführt. Über 40 Gemeinden im Bereich der SAG Wismut waren Sperrgebiet. Die Arbeiter und Angestellten der Wismut (in abgestufter Form auch die Beschäftigten in den Zuliefererbetrieben) genossen gegenüber »normalen Werktätigen« in der DDR gewisse Privilegien, von höheren Löhnen – Facharbeiter 405 bis 470 Mark im Monat (DDR-Durchschnitt 1952/53 312 Mark), in stark gesundheitsgefährdenden Bereichen bis 600 Mark – , besserer Lebensmittelversorgung und Wohnungsbeschaffung über Bildungs- und Freizeitangeboten bis zur Kinderbetreuung. Anlass zu Unzufriedenheit hatten aber auch die Wismut-Arbeiter. Die Arbeit war stark gesundheitsgefährdend und in vielen Bereichen gefährlich. Die sowjetische Betriebsleitung übte ständig einen hohen Leistungsdruck aus.

Die spezifische Mischung bei der Wismut – strenge sowjetische Kontrolle und materielle Bevorzugung der Belegschaft – mag dazu geführt haben, dass das Aufruhr-Potenzial im Bezirk Karl-Marx-Stadt weniger groß war als in den Nachbarbezirken Leipzig und Dresden. Zudem funktionierte hier am 17. Juni die Koordination zwischen SED, Volkspolizei, MfS von Anfang an reibungsloser als in anderen Bezirken, so dass staatliche Gegenmaßnahmen früher und effektiver ergriffen wurden.[332] Allerdings beteiligten sich im Nachbarbezirk Gera auch zahlreiche Wismut-Kumpel an Streiks und Protestaktionen. In Gera selbst fand eine Kundgebung mit rund 6000 Teilnehmern statt, auf der neben sozialen Forderungen (höhere Löhne und Renten) auch die Absetzung der Regierung, Freilassung politischer Häftlinge und die Auflösung des Staatssicherheitsdienstes verlangt wurden. Später kam es in Gera auch zu gewaltsamen Zusammenstößen zwischen Volkspolizei, KVP und Wismut-Arbeitern, wobei die bewaffnete Staatsmacht mehrfach zurückgeschlagen wurde. Die Arbeiter erbeuteten über ein Dutzend Waffen, die sie meist an Ort und Stelle zerschlugen. Erst durch massiven Truppen- und Panzereinsatz bekamen die Sowjets die Lage am Abend wieder in den Griff.[333]

Auch in den nördlichen Bezirken der DDR, in Schwerin, Neubrandenburg, Rostock kam es am 17./18. Juni nur vereinzelt zu Streiks und Demonstrationen. Schwerpunkte der Streiks am 18. Juni waren die Rostocker Warnow-Werft, die Mathias-Thesen-Werft in Wismar und einige Betriebe in Wittenberge.

Das Dorf

Entgegen lang gehegter Ansicht erhoben sich am 17. Juni auch größere Teile der Landbevölkerung gegen die SED-Herrschaft. Erstaunlich war das eigentlich nicht, hatte die SED doch gerade den Druck auf die Bauern in den vorangegangenen Monaten drastisch erhöht. Die Abgabemengen waren heraufgesetzt, selbstständige Bauern bei der Kreditvergabe und Versorgung mit Maschinen oder Saatgut immer stärker benachteiligt worden. Mittel- und Großbauern (mit mehr als 10 bzw. 20 Hektar Landbesitz) hatten ständig damit rechnen müssen, wegen »Wirtschaftsverbrechen« in Haft zu geraten. Gleichzeitig »warben« SED-Funktionäre immer aggressiver für die Kollektivierung, das heißt den Eintritt in Landwirtschaftliche Produktionsgenossenschaften (LPG), so dass auf dem Lande im Frühjahr 1953 eine Atmosphäre der Angst und zurückgehaltenen Wut herrschte. Immer mehr Bauern verließen Haus und Hof und gingen in den Westen.

Bereits nach den ersten Radiomeldungen von den Unruhen in Berlin und anderswo brach in zahlreichen Dörfern die angestaute Wut hervor. Dass der kurz zuvor verkündete »Neue Kurs« die Drangsalierung selbstständiger Bauern bereits rückgängig gemacht hatte (Stopp der Kollektivierungskampagne, Kredite für Großbauern etc.), verstärkte bei vielen die Entschlossenheit, mit den verhassten SED-Funktionären abzurechnen. Entsprechende Spitzel-Meldungen kamen zum Beispiel bereits am 13. Juni aus dem Kreis Apolda bei Weimar. Dort seien auf einer VdgB-Versammlung [»Vereinigung der gegenseitigen Bauernhilfe«] mit 300 Teilnehmern vier haftentlassene Großbauern mit Jubel begrüßt worden. Anschließend entspann sich eine hitzige Debatte über den »Neuen Kurs«, in deren Verlauf »ein Kampfplan angenommen werden [sollte], zu dem der Großbauer Hilgerth den Zusatzantrag stellte, den Aufbau des Sozialismus abzuschaffen und die LPGs aufzulösen. In einer Entschließung wird die Neuwahl des Gemeinderates, ... die sofortige Ablösung des Bürgermeisters, der Rücktritt der Regierung und die Durchführung von Neuwahlen gefordert.«[334] Wohlgemerkt – am 13. Juni 1953.

Auch auf dem Lande war also Mitte Juni die Lage äußerst gespannt. Oder, wie es ein SED-Bericht formulierte: »Eine erhebliche Zahl der Großbauern veranstaltete unter dem Motto ›Eine Schlacht haben wir gewonnen, die zweite folgt bald‹ Freudenfeste ...«[335]

Zum Beispiel: Ludwigsdorf

Derartige »Freudenfeste« hat es am 17. Juni mancherorts gegeben, zum Beispiel in Ludwigsdorf, einem 1800-Seelen-Ort in der Nähe von Görlitz. Dort hatten sich der SED-Bürgermeister sowie der LPG-Vorsitzende durch übergroße Härte bei der Durchsetzung des »Sozialismus auf dem Lande« besonders unbeliebt gemacht. Verschärfend kam hinzu, dass jener übereifrige LPG-Chef vom Kommandieren offenbar mehr verstand als von der Landwirtschaft, so dass die Genossenschaftsfelder in äußerst schlechtem

Zustand waren. Bürgermeister Alfred Ebhardt stammte nicht aus der Gegend, sondern war 1951 von der SED im Rahmen der
Aktion »Industriearbeiter aufs Land« von
Leipzig nach Ludwigsdorf geschickt worden.

Gegen 14.30 Uhr am 17. Juni – die Nachrichten von den DDR-weiten Unruhen waren dank RIAS in aller Munde – schritten
einige Dutzend Dorfbewohner zur aufrühre-
rischen Tat. Zum Teil mit Knüppeln bewaffnet, drangen sie ins Bürgermeisteramt ein
und forderten Ebhardt auf zurückzutreten.
Als Nachfolger hatten die Aufrührer bereits
seinen Stellvertreter, ein Mitglied der Bauernpartei, vorgesehen. Zudem forderten sie
die Herausgabe jener Kartei, in der die Abgabeverpflichtungen der einzelnen Bauern
verzeichnet waren. Doch allzu schreckhaft

scheint der SED-Bürgermeister nicht gewesen zu sein; einem späteren Bericht seiner
Frau zufolge antwortete er: »Da müßt ihr
mir schon die Pfoten abhacken. Ich bin ge-
wählter Funktionär der Gemeinde, und ihr
seid nicht die Menschen, die das Recht haben, mich abzusetzen.«[336] Mag sein, dass Ebhardt zu diesem Zeitpunkt bereits von der
Verhängung des Ausnahmezustands in Berlin und Görlitz erfahren hatte und sein Mut
dadurch gestärkt war. Als Antwort wurde
ihm von einem der Männer wutentbrannt
ein Pieck-Bild auf den Kopf geschlagen,
verbunden mit der Drohung, ihn und seine
Frau aufs Rübenfeld zu jagen, damit er das
»Arbeiten lernen« könne. Wovon die Aufrührer jedoch absahen.

Inzwischen war es den Bauern gelungen,
das Eingreifen von Abgesandten des Rates
des Kreises zu verhindern, indem sie deren
PKW einkreisten und Anstalten machten,
ihn umzukippen. Die SED-Leute zogen es
vor, Ludwigsdorf fluchtartig zu verlassen.

In der Gemeinde Altenbrak im Harz gehen
Propaganda-Plakate der SED in Flammen auf.
Die Parole der Demonstranten am Balkon lautet:
»Leben und leben lassen«.

Mehrere Dorfbewohner drangen in das Büro des LPG-Vorsitzenden ein, um ihm seine Absetzung mitzuteilen. Dieser hatte sich aber versteckt, so dass die Aufrührer unverrichteter Dinge wieder abziehen mussten. Daraufhin marschierten sie zum nahe gelegenen Kalkwerk, dessen Belegschaft vollzählig in den Streik getreten war, einschließlich der SED-Betriebsorganisation. Bauern und Kalkwerk-Arbeiter versicherten sich gegenseitiger Solidarität, ohne jedoch weitere Aktionen zu unternehmen.

Fast schien es, als sei der revolutionäre Schwung erlahmt, nachdem man mit der Absetzung des Bürgermeisters ein wichtiges Etappenziel erreicht hatte. Konkrete Maßnahmen – etwa die formale Amtsübergabe an einen neuen Bürgermeister – hielt man offenbar nicht für nötig. Vielmehr trafen sich am späten Nachmittag des 17. Juni zahlreiche Bauern in den Gasthäusern von Ludwigsdorf, um besagte »Freudenfeste« zu feiern.

Gegen 21 Uhr fuhren dann Volkspolizisten ins Dorf ein, um die alte Ordnung wiederherzustellen. Unterstützt vom SED-Bürgermeister, dem wieder aufgetauchten LPG-Vorsitzenden und einem örtlichen VP-Offizier durchkämmten sie Ludwigsdorf und nahmen insgesamt sieben »Rädelsführer« fest. Der angebliche »Hauptanstifter« – übrigens ein SED-Mitglied – war inzwischen geflohen.

Zum Beispiel: Zodel

Zodel in Sachsen, 30 Kilometer nördlich von Görlitz, 17. Juni, 18 Uhr. Es formieren sich rund 700 Personen vor dem Gasthof zu einem Demonstrationszug. In Sprechchören stellten sie soziale und politische Forderungen: »Herabsetzung des Abgabesolls« – »Gleichstellung aller Bauern« – »Freie Wahlen« – »Beseitigung der SED« und »Schlesien zurück«.[337]

Den bei vielen verhassten SED-Bürgermeister zwangen die Demonstranten, an der Spitze des Zuges mitzumarschieren. Später ergriffen die Demonstranten weitere Funktionäre, so den LPG-Vorsitzenden, den örtlichen Vorsitzenden der »Gesellschaft für Deutsch-Sowjetische Freundschaft« (DSF), die Pionierleiterin[338], und zwangen auch sie mitzulaufen. Dabei waren einige Aufrührer nicht zimperlich. So musste der DSF-Funktionär zur Gaudi der Dorfbewohner ein Stalinbild vor sich hertragen. Zeitweise wurden die »gefangenen« Funktionäre mit roten Fahnen zusammengebunden.[339] Es gab auch tätliche Angriffe gegen einzelne SED-Mitglieder, ohne dass diese aber ernsthaft verletzt wurden. Auf dem Marsch durch das Dorf – in dem zu diesem Zeitpunkt keine Polizei zu sehen war – ließ man die Wut an Transparenten und SED-Schaukästen aus. Im Gebäude des Gemeinderats wurden Spruchbänder abgerissen, Porträts von Ulbricht, Grotewohl und Pieck zerschlagen und Akten zerfetzt.

Nach knapp einer Stunde kam die Demonstration wieder an ihrem Ausgangspunkt, dem Dorf-Gasthof, an. Anders aber als etwa in Ludwigsdorf war der Aufruhr in Zodel damit noch nicht beendet. Vielmehr stellte man einen Tisch in die Mitte des Platzes, auf dem sich der SED-Bürgermeister einer hochnotpeinlichen Befragung stellen musste. Mit seinen Rechtfertigungsversuchen waren die Dorfbewohner erwartungsgemäß nicht zufrieden, und als der Bürgermeister es auch noch wagte, die ganze Aktion als illegal zu bezeichnen, wurde er so unsanft vom Tisch gestoßen, dass er leichte Verletzungen erlitt. Danach stiegen zwei Wortführer der Demonstranten, Kurt Jäger und Willi Michel, auf den Tisch und erklärten unter dem Jubel der Anwesenden Bürgermeister und Gemeinderat für abgesetzt.

Mittlerweile war es fast 21 Uhr geworden. In Zodel machte man nun Nägel mit Köpfen. In offener Abstimmung wählte die Versammlung unter freiem Abendhimmel einen neuen Gemeinderat, dem zwei selbst-ständige Bauern und ein privater Fuhr-unternehmer angehörten. Letzterer wurde auch zum neuen LPG-Vorsitzenden be-stimmt.

Anschließend trat die neue Gemeindever-tretung im Gasthaus zu ihrer konstituieren-den Sitzung zusammen. Nach kurzer Bera-tung wurde Oswald Michel, ein CDU-Mit-glied, zum neuen Bürgermeister gewählt.

Nach turbulenten Stunden hatte Zodel somit einen neuen Gemeinderat sowie einen nach demokratischen Regeln gewählten Bürgermeister. Über das alles wurde ein Be-schlussprotokoll angefertigt, das am folgen-den Tag dem Kreisgericht und dem Rat des Kreises zur Registrierung übersandt werden sollte.

Dazu kam es nicht mehr. In der Nacht rückten KVP-Einheiten in Zodel ein und verhafteten die Wortführer des Aufruhrs. In den folgenden Tagen wurden insgesamt 28 Dorfbewohner festgenommen, zehn von ih-nen jedoch bald wieder auf freien Fuß ge-setzt. Mehrere angebliche Rädelsführer der »faschistischen Provokation« in Zodel wur-den hingegen zu langjährigen Zuchthaus-strafen verurteilt.

Entgegen der SED-Behauptung, dass in Zodel wie überall auf dem Lande die Groß-bauern nahezu alleinige Anstifter und Trä-ger der »Provokationen« gewesen seien, be-teiligten sich in den Oberlausitzer Unruhe-Dörfern Angehörige aller Bevölkerungs-gruppen an den Aktionen – Bauern, Hand-werker, Arbeiter, Angestellte. Besonders em-pörte die SED-Kreisleitung denn auch, dass sogar alle Lehrer des Dorfes dem »Aufruf der faschistischen Provokateure freiwillig gefolgt sind.«[340]

Zum Beispiel: Ebersbach

Auch in anderen Ortschaften der Oberlau-sitz gab es am 17. Juni einen mehr oder min-der geordneten Machtwechsel. Beispiels-weise in Ebersbach, wo der SED-Bürger-meister auf einer ordentlich einberufenen und ausgesprochen ruhig verlaufenen Ge-meinderatssitzung formell abgewählt wur-de. Zu Tätlichkeiten wie in Ludwigsdorf oder Zodel kam es dabei nicht.

Die Amtsgeschäfte übernahm offiziell ein neunköpfiges Einwohnerkomitee, dem kein SED-Mitglied angehörte. Dieses Komitee bestand bis zum Morgen des 18. Juni. Dann war es auch in Ebersbach mit der demokra-tischen Herrlichkeit wieder vorbei. Volkspo-lizei stellte unter Gewaltandrohung die alte Ordnung wieder her.[341]

Die örtlichen SED-Kader strichen in ih-ren Berichten stets die angebliche Rädels-führerschaft der so genannten Großbauern heraus. So berichtete die SED-Bezirkslei-tung Cottbus in der Nacht zum 18. Juni nach Berlin: »... in den Kreisen Luckau, Lübben, Herzberg und Guben legten die Großbauern ... ein provokatorisches Verhalten an den Tag.« In einer anderen SED-Einschätzung heißt es: »Von Großbauern tritt die Meinung auf, daß sie die Ablieferung nicht mehr ernst zu nehmen brauchen.«[342] Besonders alarmierend wirkten Meldungen aus dem Bezirk Karl-Marx-Stadt (Chemnitz): »In vielen Orten veranstalten die Großbauern Freudenfeste mit Ihresgleichen und feiern dort ›Die Niederlage der DDR und ihren Sieg.‹« An anderer Stelle hieß es: »Einige Großbauern von Schwarzenbach, Kreis Rochlitz, erklärten dem Bürgermeister: ›Ver-halte Dich ja ruhig, die Tage Deiner Amtstä-tigkeit sind sowieso gezählt, denn wir ste-hen vor einer Revolution.‹«[343]

Es waren aber keineswegs nur die »Groß-bauern«, die sich gegen die SED auflehnten. Tatsächlich kam es mancherorts auch in LPGs zu Unruhen. Intern musste die SED-Führung einräumen, dass bei dieser Gele-genheit nicht wenige LPG-Mitglieder spon-tan ihren Austritt erklärten, wie zum Bei-spiel im Bezirk Leipzig. Dort seien »be-sonders im Kreis Oschatz starke Auflö-sungserscheinungen in der LPG festzustellen.« Aus dem Bezirk Neubrandenburg wurde berichtet: »Auf dem Lande zeigte sich besonders große Verwirrung in den LPGs. Es kam zu Massenaustritten. Die Erfassung ist in einigen Kreisen gefährdet.«[344]

Die SED bekam die Quittung für ihre rigorose Kollektivierungspolitik der vergangen Monate, bei der sie neben gebetsmühlenartiger Propaganda auch ein ganzes Arsenal von Zwangsmitteln eingesetzt hatte, von drastischen Soll-Erhöhungen über Strafverfahren wegen »Wirtschaftsverbrechen« – darunter fielen auch das »Organisieren« von Maschinenteilen oder Düngemittel – bis zu offener Gewaltandrohung. Auch auf dem Land zeigte sich dabei, dass die offizielle Rücknahme der Kollektivierungspläne im Rahmen des »Neuen Kurses« die Gemüter gerade nicht beruhigt, sondern die Bereitschaft vieler Bauern gestärkt hatte, bei erster Gelegenheit gegen die »Arbeiter-und Bauernregierung« aufzubegehren. Als dann am 17. Juni die Nachrichten von Streiks und Demonstrationen in Berlin, Leipzig, Halle, Görlitz eintrafen, schien diese Gelegenheit gekommen. Zur kampfeslustigen Stimmung auf dem Dorf mochten auch jene Großbauern beitragen, die nach Verkündung des »Neuen Kurses« aus dem Westen zurückkehrten und ihre Höfe wieder in Besitz nahmen. Vielfach wurden große Begrüßungsfeste veranstaltet, bei denen auch schon mal auf das Ende der SED-Herrschaft oder das »Wohl Adenauers« angestoßen wurde.[345]

Wenngleich die Unruhen auf dem Land am 17./18. Juni bei weitem nicht das Ausmaß und die Intensität der städtischen Ereignisse erreichten, bewiesen sie doch, dass die SED auch in den Dörfern nur geringen Rückhalt besaß. Neben den Arbeitern verweigerte am 17. Juni auch das »zweite Staatsvolk« des »Arbeiter- und Bauernstaates« in erheblichem Ausmaß die Gefolgschaft. Was die rein zahlenmäßige Beteiligung der Landbevölkerung am 17. Juni angeht, ist zu berücksichtigen, dass sich nach dem Bekanntwerden der Unruhen nicht wenige Bauern aufmachten, um an Demonstrationen in der nächst gelegenen Stadt teilzunehmen. »Von einigen Dörfern … kamen Groß- und Mittel- und Kleinbauern mit LKWs und Fahrrädern nach Jessen [Bezirk Cottbus, d. Verf.]. Es beteiligten sich auch einige LPG-Mitglieder.«[346] In einigen Regionen fuhren streikende Arbeiter auch direkt in die umliegenden Dörfer, um die Bevölkerung zur Teilnahme an den zentralen Kundgebungen aufzufordern.

Die SED musste im Zuge des »Neuen Kurses« und als Konsequenz aus dem 17. Juni also auch auf dem Lande zurückstecken. Insbesondere das Tempo der Kollektivierung, die Basis für den »Sozialismus auf dem Land«, wurde zurückgefahren. Bis Mitte Juli 1953 lösten sich 217 LPGs auf. Ende September hatten sich von rund 5000 LPGs laut Bericht des Hohen Kommissars 333 wieder aufgelöst. Unmittelbar nach dem 17. Juni wurden auch die Abgabeverpflichtungen deutlich reduziert.[347]

Unverkennbar ist ein ausgeprägtes Nord-Süd-Gefälle bei den Ereignissen vom 17. Juni 1953. Die Zentren des Aufstandsversuchs lagen eindeutig im stark industrialisierten Süden der DDR, Hochburgen der Arbeiterbewegung, in denen vielerorts auch sozialdemokratische Traditionen noch sehr lebendig waren.

Insgesamt wurden am 17./18. Juni rund 560 Städte und Ortschaften von Streiks und Unruhen erfasst. In 14 von 15 Bezirksstädten – lediglich in Suhl (Thüringen) blieb es weitgehend ruhig – und 113 von 182 Kreisstädten gab es größere Demonstrationen und Zusammenstöße mit der bewaffneten Staatsmacht bzw. sowjetischem Militär. Nach neuesten Schätzungen lag die Teilnehmerzahl bei Streiks, Demonstrationen und Kundgebungen bei mehr als 1 Million Menschen. (Die SED hatte in internen Berichten eine Zahl von rund 496 000 Teilneh-

Die Angestellten der   Halberstadt, den 19.6.1953
Kreissparkasse Halberstadt

An den
Ministerpräsidenten Otto Grotewohl
Regierung der DDR   22 JUNI 1953

B e r l i n
========

Die Angestellten der Kreissparkasse Halberstadt haben von den
schweren Mängeln und Fehlern unserer Regierung und weitgehender
Kreise unseres Staatsapparates Kenntnis genommen.
In einer kurzen Versammlung am heutigen Tage haben die Kollegen
einstimmig folgende Forderungen an die Regierung gestellt:

Wir fordern freie gesamtdeutsche W a h l e n.

Wir fordern Aufhebung des Ausnahmezustandes.

Wir fordern, dass die Verantwortlichen unserer Regierung für ihre
            Fehler zur Rechenschaft gezogen werden.

Wir fordern die Neubesetzung des Finanzministeriums.

Wir fordern eine Aufbesserung des Tarifes im Kreditwesen, insbesondere
            für die bisher stets benachteiligten Sparkassen.

Wir fordern die Senkung der HO-Preise.

Wir fordern die uns zustehenden Leistungen der SVK.

Wir fordern Herstellung des Rechtszustandes in der Weise, dass nicht
            mehr Menschen spurlos verschwinden, sondern alle, die sich
            gegen den Staat oder auch politisch vergehen, ordentlich
            abgeurteilt werden und den Angehörigen die Möglichkeit
            gegeben wird, mit ihnen in Verbindung zu treten.Das
            fordern wir auch für die in der Vergangenheit geschehenen
            Fälle.

Wir fordern Redefreiheit.

Wir fordern die Garantie der 48-Stundenwoche durch ausreichende Stellen-
                                                                besetzung.
Wir fordern die Einstellung jeglicher Repressalien gegen streikende
            Arbeiter und Angestellte in der gesamten DDR.

Wir haben nicht die Absicht, unser Volk und die Wirtschaft zu
schädigen und sehen deshalb heute von einem Streik ab.Sollten wir
nicht binnen 5 Tagen von Ihnen die Empfangsbestätigung unseres
Schreibens und das Versprechen, uns Rede und Anwort zu stehen,
erhalten haben, müssen wir uns zu weiteren Maßnahmen entschließen.

                    Die Angestellten der
                    Kreissparkasse Halberstadt

mern genannt.[348]) Bemerkenswert hoch war der Anteil von Frauen an den Demonstranten. Allerdings traten Frauen nur selten als Rednerinnen oder Wortführerinnen auf und waren auch in den Streikleitungen unterrepräsentiert. [349]

Zur Unterdrückung der Aufstände wurde in 167 von 217 Städten und Landkreisen sowie in 51 Kreisstädten der Ausnahmezustand verhängt. Ausnahmezustand herrschte auch in 14 von 15 Bezirksstädten und in Ost-Berlin.

Noch am 19. Juni erheben in Halberstadt Angestellte der Kreissparkasse selbstbewusste Forderungen an die DDR-Regierung. Laut Eingangsstempel »Weitergeleitet« am 22. Juni 1953 – »Erledigt ...«: 36 Jahre später.

Es herrscht wieder Ruhe im Land

Der Tag »X«

Im Zusammenhang mit dem 17. Juni sprach
die SED-Führung stets vom »Tag X«, einer
von langer Hand geplanten »faschistischen
Provokation«. Dabei hatte sie das Kürzel
»Tag X« nicht selbst erfunden, sondern nur
westliche Zeitungen aufmerksam gelesen,
vor allem den »Spiegel«. Der hatte bereits
im Juli 1952 ausführlich über angebliche
Bonner Planungen für einen »Tag X« berichtet, an dem nach Beseitigung des SED-
Regimes die Wiedervereinigung Deutschlands realisiert werden sollte.

Das Thema Wiedervereinigung be-
herrschte Anfang der fünfziger Jahre die
politische Diskussion in der Bundesrepublik. Höchst umstritten allerdings war der
Weg, der zur Überwindung der Teilung führen sollte. Während Bundeskanzler Adenauer auf eine zügige Integration der
Bundesrepublik in die westliche Staatengemeinschaft unter Führung der USA setzte,
dabei die Wiedervereinigung als späteres
Ergebnis eines innerdeutschen Anziehungs-
prozesses einplante (»Magnet-Theorie«),
stritten die oppositionellen Sozialdemokraten für einen eigenständigeren Kurs, der
eine Verständigung mit Moskau einschloss.

Es gab eine Reihe privater und offizieller
Gremien, die sich mit Planungen für den
Fall der Wiedervereinigung beschäftigten,
darunter auch ein so genannter »For-
schungsbeirat für Fragen der Wiedervereinigung«, der Anfang 1952 auf Initiative von
Bundeskanzler Adenauer gegründet worden
war. Geleitet wurde er von dem West-Berliner Bankier Friedrich Ernst, der führende
Wirtschaftsfachleute und Wissenschaftler
für eine Mitarbeit gewinnen konnte. Das

politische Spektrum des rund 30-köpfigen
Beirats war breit gefächert und schloss auch
Gewerkschafter und SPD-Politiker ein.
Seine Aufgabe war die ökonomische Trans-
formation östlich der Elbe, das heißt die
Angleichung an die wirtschaftlichen Ver-
hältnisse in der Bundesrepublik nach dem
»Tag X« – dem Sturz des SED-Regimes und
der Wiedervereinigung Deutschlands – theo-
retisch und praktisch vorzubereiten. Zu die-
sem Zweck erarbeitete er Gutachten und
Empfehlungen.[350]

Die konstituierende Sitzung des Forschungsbeirats fand am 24. März 1952 in
West-Berlin statt. Bei dieser Gelegenheit
äußerte sich der Minister für gesamtdeutsche Fragen, Jakob Kaiser (CDU), auch über
den möglichen Zeitrahmen für dessen Arbeit: »Es liegt durchaus im Bereich der Möglichkeit, daß dieser Tag X rascher kommt,
als die Skeptiker zu hoffen wagen. Es ist
unsere Aufgabe, für alle Probleme bestmög-
lich vorbereitet zu sein.«[351]

Bei den Planungen des Forschungsbeirats
ging es jedoch nie um die Frage, wie der
Sturz des SED-Regimes herbeigeführt wer-
den könne, sondern darum, Wirtschaft und
Gesellschaft in Mittel- bzw. Ostdeutschland
den westdeutschen Verhältnissen anzupas-
sen. Man setzte vor allem auf eine politische
Lösung, das heißt auf die Verständigung der
Großmächte über ein wiedervereinigtes
Deutschland. Erarbeitet wurden Pläne für
die Reprivatisierung von Betrieben und die
Rücknahme der Bodenreform. Die Wieder-

**Die Zentren des Aufstands vom 17. Juni lagen in
Berlin und dem Süden der DDR. Hier eine Über-
sichtskarte des Bonner Ministeriums für gesamtdeutsche Fragen.**

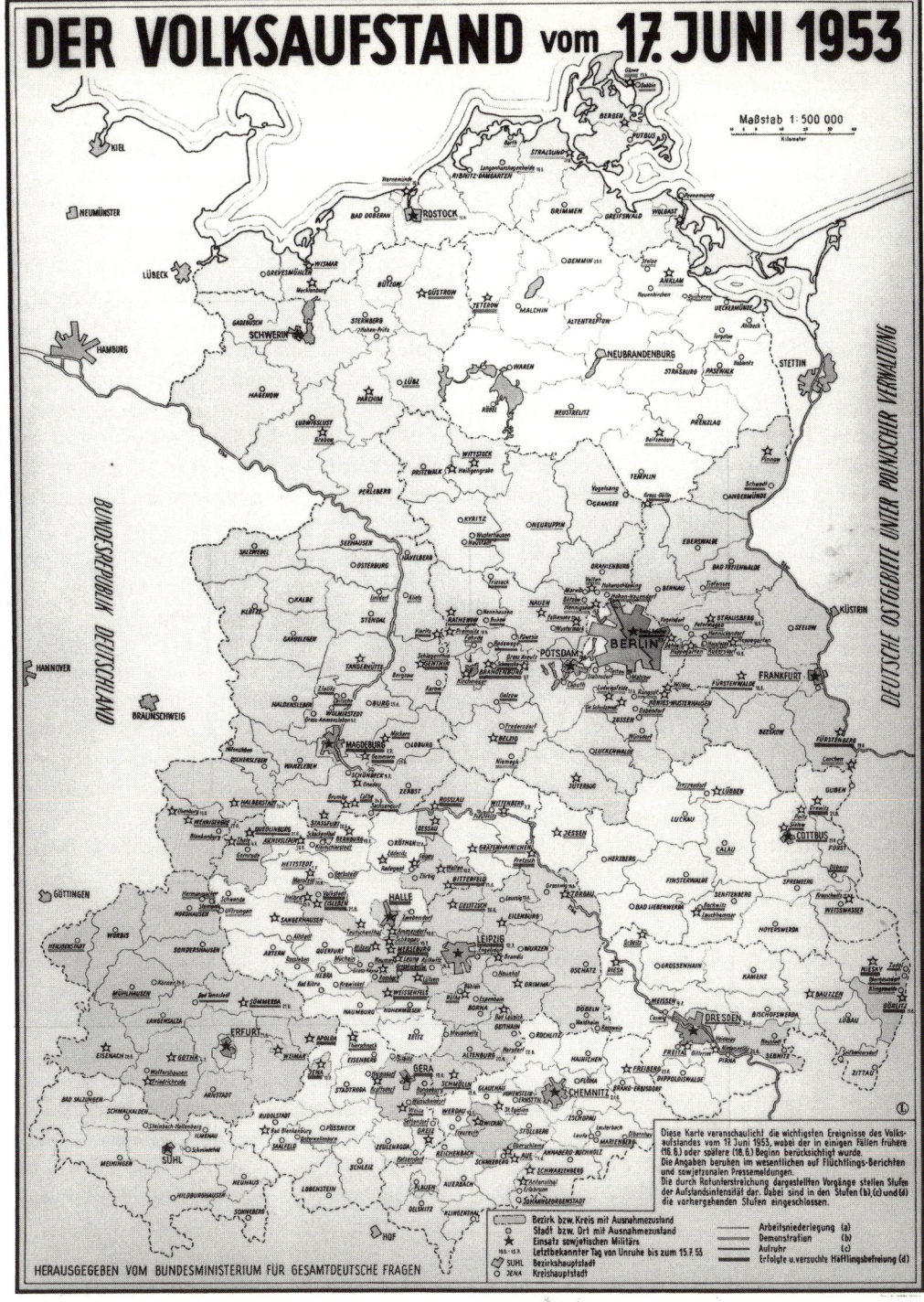

DER VOLKSAUFSTAND vom 17. JUNI 1953

Maßstab 1:500 000

BUNDESREPUBLIK DEUTSCHLAND

DEUTSCHE OSTGEBIETE UNTER POLNISCHER VERWALTUNG

Diese Karte veranschaulicht die wichtigsten Ereignisse des Volksaufstandes vom 17 Juni 1953, wobei der in einigen Fällen frühere
(16.6.) oder spätere (18.6.) Beginn berücksichtigt wurde.
Die Angaben beruhen im wesentlichen auf Flüchtlings-Berichten
und sowjetzonalen Pressemeldungen.
Die durch Rotunterstreichung dargestellten Vorgänge stellen Stufen
der Aufstandsintensität dar. Dabei sind in den Stufen (b),(c) und (d)
die vorhergehenden Stufen eingeschlossen.

Bezirk bzw. Kreis mit Ausnahmezustand
Stadt bzw. Ort mit Ausnahmezustand
Einsatz sowjetischen Militärs
Letztbekannter Tag von Unruhe bis zum 15.7.53
SUHL   Bezirkshauptstadt
JENA   Kreishauptstadt

Arbeitsniederlegung   (a)
Demonstration   (b)
Aufruhr   (c)
Erfolgte u.versuchte Häftlingsbefreiung (d)

HERAUSGEGEBEN VOM BUNDESMINISTERIUM FÜR GESAMTDEUTSCHE FRAGEN herstellung des »ostelbischen« Junkertums aus der Zeit vor 1945 war allerdings nicht geplant, wie überhaupt die sozialdemokratischen Beiratsmitglieder für die Beibehaltung einiger »Errungenschaften« der DDR (im westlichen Sprachgebrauch »SBZ«), etwa volkseigene Güter oder die »Vereinigung für gegenseitige Bauernhilfe«, und die Sozialisierung bestimmter Schlüsselindustrien plädierten (die sie seinerzeit auch für die Bundesrepublik forderten).[352] Einen Schwerpunkt der Beiratsarbeit bildeten Währungsfragen. Dabei kam man zu dem Ergebnis, dass der Kredit- und Investitionsbedarf nach dem »Tag X« eine erhebliche Belastung für die westdeutsche bzw. dann gesamtdeutsche Volkswirtschaft bringen werde. Der Beirat zeigte sich jedoch zuversichtlich, dass die rasant wachsende Wirtschaft der BRD, nicht zuletzt eine Folge des so genannten »Koreabooms«[353], dies bewältigen könne.

Der tatsächliche Einfluss des Gremiums auf die konkrete Politik der Bundesregierung lässt sich schwer einschätzen, war aber, wie meist bei derartigen Expertengremien, eher gering. Für die SED jedoch war die Existenz einer derartigen Planungsgruppe, deren Aktivitäten keineswegs geheim waren, ein gefundenes Fressen. Nach dem 17. Juni griff sie begierig das im Bericht des »Spiegel« genannte Kürzel »Tag X« in ihrer Propaganda auf, um die Volkserhebung als einen vom Westen gesteuerten Putschversuch darzustellen. So empörte sich Ulbricht in einer Rede am 20. Juli 1953 in Bitterfeld: »Auch im Leuna-Werk waren ... Agenten für den Tag X vorbereitet.«[354]

Prozesse gegen »Agenten« und »Rädelsführer«

Die staatlich gelenkte Presse der DDR führte ab dem 20. Juni eine regelrechte Hetzkampagne gegen angebliche »Provoka-

teure«. Den Ton gab das »Neue Deutschland« vor: »So sieht die faschistische Brut der Adenauer, Ollenhauer, Kaiser und Reuter aus!«, lautete die Überschrift am 21. Juni. Darunter hieß es: »Nebenstehend veröffentlichen wir das Foto eines Mitglieds einer Gruppe westberliner Provokateure ... Texashemd mit Cowboy, Texaskrawatte mit der Abbildung nackter Frauen, Texasfrisur, Verbrechergesicht – das sind die Ritter der ›abendländischen Kultur‹, die typischen Vertreter der amerikanischen Lebensweise.« Am 23. Juni berichtete das ND unter der Überschrift »So zeigte der Faschismus seine Fratze« über Unruhen und Gefangenenbefreiungen in Halle, Görlitz, Jena und Leipzig: »Diese Bestien in Menschengestalt wurden von Adenauer, Kaiser und Konsorten auf die friedliebenden Menschen unserer Republik losgelassen, um zu morden und zu zerstören, was die Werktätigen mit ihren Händen aufgebaut haben.«

In Halle schrieb die SED-Zeitung »Freiheit« am 22. Juni: »Faschistische Provokateure und kriminelle Elemente ... stürmten öffentliche Gebäude, brachen Gefängnisse auf und schlugen Fensterscheiben ein. Fortschrittliche Menschen wurden tätlich angegriffen...«

»Der Abschaum der Menschheit – Die Rädelsführer des faschistischen Putschversuchs« titelte das »Neue Deutschland« am 24. Juni »Der Tag X, dieses faschistische Abenteuer westlicher Agenten, ist kläglich ... gescheitert. Mit Mord und Terror versuchten die Banditen ihre Ziele zu erreichen, aber vergeblich. Abscheu und Haß erfüllt jeden ehrlichen Menschen, wenn er sieht, mit welchen verbrecherischen Methoden diese Provokateure vorgingen ... Die Stunde dieser Banditen hat geschlagen. Gemeinsam mit der Bevölkerung werden unsere Staatsorgane dafür sorgen, daß die Rä-

Das »Neue Deutschland« verbreitet am 18. Juni die SED-Interpretation des Aufstands.

NEUES DEUTSCHLAND

ORGAN DES ZENTRALKOMITEES DER SOZIALISTISCHEN EINHEITSPARTEI DEUTSCHLANDS

Berliner Ausgabe „Vorwärts"   Berlin, Donnerstag, 18. Juni 1953   8. (64.) Jahrgang / Nr. 140 / Einzelpreis 15 Pf

Was ist in Berlin geschehen?

Die unmittelbaren Ursachen der Unruhen in Berlin hängen mit der jüngsten Entwicklung in der Deutschen Demokratischen Republik zusammen. Die Feinde der Deutschen Demokratischen Republik in Westdeutschland begreifen, daß die praktische Durchführung des neuen Kurses unserer Partei und Regierung — ein Kurs auf Hebung des Lebensstandards der breitesten Massen und Stärkung der Rechtssicherheit — zu schweren Rückschlägen für sie, zu ihrer Katastrophe führen muß. Das haben sie selber angegeben. Sie beschreiben selber die Panik, die schon bei Bekanntwerden der ersten unserer neuen Maßnahmen in Bonn entstand.

Wenn wir heute mitteilen, daß Jacob Kaiser in Westberlin sei, so zeigt sie sie den Zusammenhang zwischen der Panik in Bonn und den Provokationen in Berlin klar.

Die neuen Maßnahmen unserer Regierung führten schon Stunden nach ihrer Veröffentlichung zu einem Ergebnissen. Die Republikflucht ging jäh zurück, die Zahl der aus Westdeutschland in die Deutsche Demokratische Republik Übersiedler stieg vielen Orten bereits die Zahl der aus der DDR Abwandernden. Breiteste Teile der Bevölkerung, insbesondere auch Kreise der Intelligenz und des Mittelstandes, gingen mit neuem Schwung an die Arbeit. Diese Erfolge alarmierten die Kriegstreiber in Westdeutschland und Westberlin und veranlaßten sie zu ihrer beschleunigt durchgeführten, großangelegten Provokation.

Jene Menschen, die heute noch irritiert sind und das Wesen der Provokation nicht durchschauen, mögen sich vergegenwärtigen: Die Regierung der Deutschen Demokratischen Republik trifft Maßnahmen, für die der Herren in Bonn — angeblich — wird eintraten, sie lockert das Regime der Interzonenpässe, unterstützt Privatbetriebe und den privaten Handel, setzt die geflüchteten Großbauern wieder in ihre Rechte ein — und in diesem Augenblick entsenden die faschistischen Agenten Hunderte und Tausende von Provokateuren, um die Arbeit der Regierung der DDR um jeden Preis zu stören.

Sie bedienen sich der Verkehr zwischen Ost- und Westberlin eingeführten Erleichterungen, über die sich Hunderttausende friedliebender Bürger freuen, um eine Masseninvasion von gekauften Gesindel in Gang zu bringen.

Wer diese Zusammenhänge überlegt, der sieht, worum es geht. Natürlich geht es nicht um die Normenfrage. Das wurde völlig klar, als nach den Beschlüssen der Regierung, die die Normenfrage aufrücken der Provokateuren erst recht zu Provokationen schritten. Es gibt ehenswonig um freie Wahlen, so wollen sich das Adenauer-Regime zu sehr fürchtet, daß es ein Betrugsmanöver nach dem anderen inszeniert, um freie Wahlen zu verhindern, während ungekehrt unsere Regierung solche Maßnahmen ausarbeitete, welche die Voraussetzungen für freie Wahlen in ganz Deutschland schaffen.

Es geht den westlichen Agenturen darum, das große Aufbauwerk in der DDR, den ganzen Aufschwung durchzuführend wird und mit dem sich die ganze Bevölkerung verbunden fühlt, zu stören. Es geht ihnen darum, die Einheit, die durch die Maßnahmen unserer Regierung ein befriedeltsames Stück näherrückt, zu vereiteln. Es geht ihnen darum,

den Kriegskurs Adenauers und der Amerikaner, der immer sichtbarer ins Wanken gerät, um jeden Preis wieder aufzurichten. Es geht ihnen darum, gegen die Lebensinteressen des deutschen Volkes und aller Völker einen niederträchtigen Schlag zu führen. Dazu ist der Demonstration von faschistischen Truppen zur Aufzwingung der Bevölkerung dahin und dorthin dirigierten. Dazu die amerikanischen Funkwagen, die im Auftrage der faschistischen Truppe Weisungen erteilten und ihre Helferhelfer aus den Kreisen der deutschen Monopolherren, die Maßnahmen der Regierung zu durchkreuzen versucht.

Es wurde festgestellt, daß die Arbeitsniederlegungen, zu denen es gestern in einer Reihe von Betrieben kam, ebenso wie die provokatorischen Ausschreitungen einzelner Gruppen faschistischer Agenten in den Straßen des demokratischen Sektors von Berlin, nach einem einheitlichen, in Westberlin hergestellten, für einen bestimmten geeigneten Moment vorgesehenen Plan durchgeführt wurden.

Die Exzesse endeten mit dem vollen Zusammenbruch des angezettelten

Zusammenbruch des Abenteuers ausländischer Agenten in Berlin

Die Regierung der Deutschen Demokratischen Republik teilt mit: Während der Regierung der Deutschen Demokratischen Republik ihre Anstrengungen darauf richtet, durch neue wichtige Maßnahmen die Lebenshaltung der Bevölkerung zu verbessern, wobei sie ihre besondere Aufmerksamkeit der Verbesserung der Lage der Arbeiterschaft zuwendet, haben käufliche Elemente, und zwar Agenten ausländischer Staaten und ihre Helferhelfer aus den Kreisen der deutschen Monopolherren, die Maßnahmen der Regierung zu durchkreuzen versucht.

Es wurde festgestellt, daß die Arbeitsniederlegungen, zu denen es gestern in einer Reihe von Betrieben kam, ebenso wie die provokatorischen Ausschreitungen einzelner Gruppen faschistischer Agenten in den Straßen des demokratischen Sektors von Berlin, nach einem einheitlichen, in Westberlin hergestellten, für einen bestimmten geeigneten Moment vorgesehenen Plan durchgeführt wurden.

Die Exzesse endeten mit dem vollen Zusammenbruch des angezettelten Abenteuers, da sie auf den Widerstand der großer Teile der Bevölkerung und der Marktorgane stießen.

In den Betrieben wird die normale Arbeit wieder aufgenommen. Auf den Straßen wird die Ordnung aufrechterhalten. Keinerlei Ausschreitungen von Provokateuren und kriminellen Elementen werden geduldet werden.

Gescheitert sind die schändlichen Versuche der ausländischen Agenten, die wichtigen auf die Verbesserung der Lebenslage der Bevölkerung gerichteten Maßnahmen der Regierung zu stören. Gescheitert ist der Versuch, Verwirrung zu säen, um der Herstellung der Einheit Deutschlands neue Hindernisse in den Weg zu legen.

Die Regierung der Deutschen Demokratischen Republik wird entschieden Maßnahmen ergreifen, um die an den Ausschreitungen Schuldigen strengster Bestrafung zuzuführen.

Die Provokateure können nicht auf Milde rechnen.

Bekanntmachungen der Regierung der DDR

Maßnahmen der Regierung der Deutschen Demokratischen Republik zur Verbesserung der Lage der Bevölkerung sind von faschistischen und anderen reaktionären Elementen in Westberlin mit Provokationen und schweren Störungen der Ordnung im demokratischen Sektor von Berlin beantwortet worden. Diese Provokationen sollen die Herstellung der Einheit Deutschlands erschweren.

Der Anlaß für die Arbeitsniederlegung der Bauarbeiter in Berlin ist durch den gestrigen Beschluß in der Normenfrage fortgefallen.

Die Unruhen, zu denen es danach gekommen ist, sind das Werk von Provokateuren und faschistischen Agenten ausländischer Mächte und ihrer Helferhelfer aus deutschen kapitalistischen Monopolen. Diese Kräfte sind mit der demokratischen Macht in der Deutschen Demokratischen Republik, die die Verbesserung der Lage der Bevölkerung organisiert, unzufrieden. Die Regierung fordert die Bevölkerung auf:

1. Die Maßnahmen zur sofortigen Wiederherstellung der Ordnung in der Stadt zu unterstützen und die Bedingungen für eine normale und ruhige Arbeit in den Betrieben zu schaffen.
2. Die Schuldigen an den Unruhen sofort zur Verantwortung gezogen und streng bestraft. Die Arbeiter und alle ehrlichen Bürger werden aufgefordert, die Provokateure zu ergreifen und den Staatsorganen zu übergeben.

3. Es ist notwendig, daß die Arbeiter und die technische Intelligenz in Zusammenarbeit mit den Machtorganen selbst die notwendigen Maßnahmen zur Wiederherstellung des normalen Arbeitsverlaufes ergreifen.

Die Regierung der Deutschen Demokratischen Republik
Otto Grotewohl, Ministerpräsident

Berlin, den 17. Juni 1953

Berlin (ADN). Im Interesse der unverzüglichen Normalisierung des Lebens führen die Organe der Verwaltung, der Wirtschaft und des Verkehrs in der Deutschen Demokratischen Republik und im demokratischen Sektor Berlins am 18. Juni ihre reguläre Tätigkeit durch.

Alle Arbeiter, Angestellte und Angehörige der Intelligenz nehmen zu den üblichen Zeiten ihre Beschäftigung ordnungsgemäß wieder auf.

Alle Geschäfte sind zu öffnen, damit der Handel wieder seinen ungestörten Fortgang nimmt.

Die Regierung der Deutschen Demokratischen Republik
Der Ministerpräsident
Otto Grotewohl

Berlin, den 17. Juni 1953.

Befehl des Militärkommandanten des sowjetischen Sektors von Berlin

Betrifft: Erklärung des Ausnahmezustandes im sowjetischen Sektor von Berlin

Berlin (ADN). Für die Herbeiführung einer festen öffentlichen Ordnung im sowjetischen Sektor von Berlin wird befohlen:
1. Ab 13 Uhr des 17. Juni 1953 wird im sowjetischen Sektor von Berlin der Ausnahmezustand verhängt.
2. Alle Demonstrationen, Versammlungen, Kundgebungen und sonstigen Menschenansammlungen über drei Personen werden auf Straßen und Plätzen sowie in öffentlichen Gebäuden verboten.

3. Jeglicher Verkehr von Fußgängern und der Verkehr von Kraftfahrzeugen und anderen Fahrwegen wird von 21 Uhr bis 5 Uhr verboten.
4. Diejenigen, die gegen diesen Befehl verstoßen, werden nach den Kriegsgesetzen bestraft.

Militärkommandant des sowjetischen Sektors von Groß-Berlin
gez. Generalmajor Dibrowa

Die Verbrechen der westberliner Provokateure

Berlin (Eig. Ber.). Vom Präsidium der Volkspolizei wird mitgeteilt:
Im Verlaufe des 17. Juni 1953 versuchten bezahlte verbrecherische Elemente aus Westberlin die Bevölkerung des demokratischen Sektors zu Gewaltaktionen gegen die staatliche Ordnung, die staatliche Eigentum, gegen Läden und Geschäftshäuser und gegen die Volkspolizei aufzuhetzen. Mit Hilfe in Westberlin produziert, wurden mit Nazizeichen ausgestattete weitberliner Provokateure eingesetzt, die mit Brandstiftung und Plünderung begannen. Am Potsdamer Platz wurde in Brand gesteckt das HO-...

(weitere Spalten unvollständig)

Otto Nuschke von Stumm-Polizei verhaftet

Parteileitung der CDU fordert sofortige Freilassung

Die Welt erkämpfte Hinrichtungsaufschub für die Rosenbergs

Ein neuer Sieg der gewaltigen Protestbewegung der Völker

Washington (ADN). In letzter Stunde hat Bundesrichter William Douglas vom Obersten Gerichtshof der USA dem unschuldig zum Tode verurteilten Ehepaar Rosenberg einen Hinrichtungsaufschub auf unbestimmte Zeit erwirkt. Die Nachrichtenagentur Reuter meldet, daß Richter Douglas eine acht Seiten lange Erklärung abgegeben, in der es heißt, daß er davon von den Verteidigern des Ehepaares Rosenberg eingereichten Antrag auf die Anwendung der Habeas-Corpus-Akte nicht entsprechen werde.

Präsident Zapotocky interveniert bei Eisenhower

Washington (ADN). Der Präsident der Tschechoslowakischen Republik, Antonin Zapotocky, hat, wie westliche Nachrichtenagenturen aus Washington berichten, an Präsident Eisenhower ein Handschreiben gerichtet...

Demarkationslinie in Korea festgelegt

Kein Hindernis mehr für Abschluß des Waffenstillstandes

Pammunjom (ADN). Auf der Mittwochsitzung der Stabsoffiziere beider Seiten in Pammunjom ist ein Übereinkommen über die Festlegung der Demarkationslinie für eine Waffenstillstand in Korea erzielt worden, berichten westliche Nachrichtenagenturen...

In der Chausseestraße, in der Nähe des französischen Sektors, drangen westberliner Faschisten in den demokratischen Sektor ein und steckten ein Gebäude in Brand. Die Bevölkerung nahm empört gegen die Brandstifter Stellung und begrüßte die eingreifende Volkspolizei mit lauten Beifallskundgebungen und Bravorufen.

Der verbrecherische Zerstörungswut der westberliner Banditen, die am Dienstag im Schutze der von ihnen aufgehetzten und zum Zerstörenwerk und Verbrennung von Personenkraftwagen. Unser Bild zeigt einen völlig demolierten Kraftwagen in der Stalinallee.

Wortlaut der Reden der Genossen Otto Grotewohl und Walter Ulbricht auf der Berliner Parteiaktivtagung auf Seite 3

delsführer und Hintermänner des faschistischen Putsches ihrer verdienten Strafe nicht entgehen.«

Das aber wurde ein unerwartet schwieriges Stück Arbeit.

Schon am Abend des 17. Juni verkündete die DDR-Regierung ihre Interpretation der Ereignisse: ein »faschistischer Putschversuch«. »Die Unruhen … sind das Werk von Provokateuren und faschistischen Agenten ausländischer Mächte und ihren Helfershelfern aus deutschen kapitalistischen Monopolen«, so Otto Grotewohl in einer ersten Regierungserklärung.[355]

Um diese Propaganda irgendwie zu untermauern, brauchte man Schuldige: »Rädelsführer«, »Provokateure«, »Agenten«. Die

zu finden, abzuurteilen und der DDR-Bevölkerung als Verantwortliche vorzuführen, war in den folgenden Wochen Hauptaufgabe von Polizei und Justiz. So gab das MfS am 23. Juni Anweisung an sämtliche Dienststellen, der SED unverzüglich Materialien zu übergeben, »die einwandfrei beweisen, daß Provokateure im Auftrag Westberliner oder westdeutscher Dienststellen sowie verbrecherischer Organisationen gehandelt und Unruhen, Terrorakte, Brandstiftungen, Tätlichkeiten und Überfälle … durchgeführt haben.«[356]

Die SED-Parteikontrollkommission Dresden verschickte am selben Tag ein Rundschreiben, in dem sie die »werten Genossen« aufforderte, »typische Einzelfälle« zu melden, die auf eine »genaue Organisation dieser faschistischen Provokation schließen« lassen. Zum Schluss hieß es: »Genossen, wir rechnen bestimmt aus jeder Parteikontrollkommission auf 2–3 solcher Beispiele.«[357] Was blieb den Genossen ange-

»Viele Delegationen aus Betrieben und Schulen besuchen im Volkspolizei-Krankenhaus in Berlin die bei der faschistischen Provokation verletzten Volkspolizisten.« Originalbildunterschrift der Agentur Zentralbild, 2. Juli 1953.

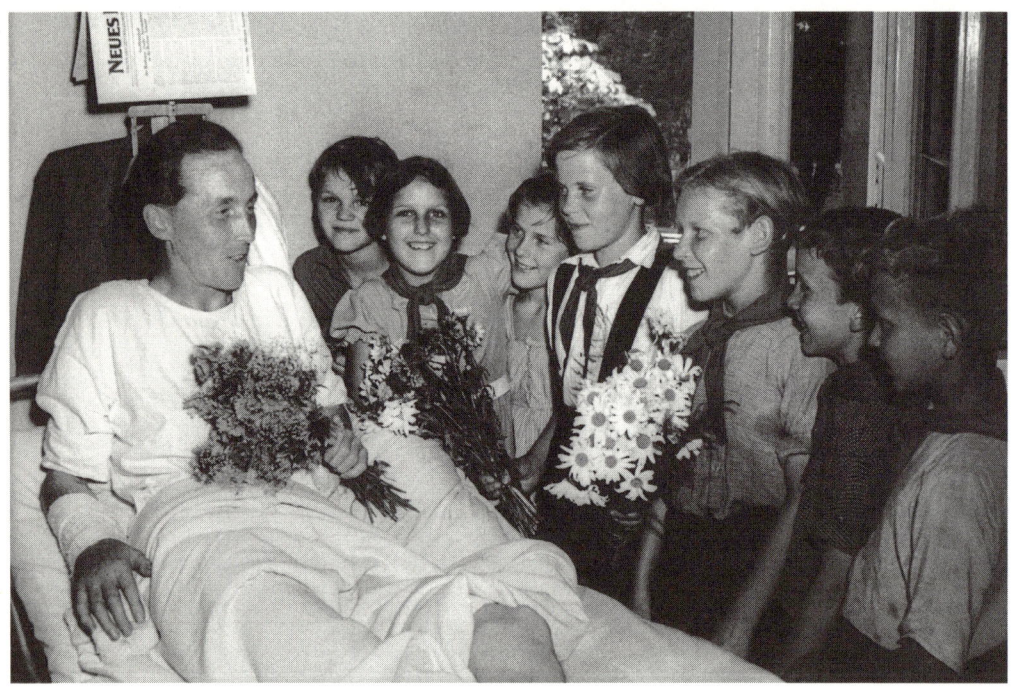

sichts einer so klaren Erwartungshaltung anderes übrig, als entsprechende Berichte zu liefern, wie dünn – oder nicht vorhanden – die Beweislage auch sein mochte.

Auch die sowjetische Besatzungsmacht beteiligte sich an der Suche nach »Rädelsführern«. Der Berliner Streikführer Siegfried Berger wurde am frühen Morgen des 20. Juni verhaftet und ins sowjetische Untersuchungsgefängnis nach Karlshorst gebracht.

»Man … brachte mich … in ein Vernehmungszimmer … Hier saß … ein großer, starker Russe mit hochgekrempelten Hemdsärmeln … Ich wurde aufgefordert, mich gegenüber dem Russen auf einen Stuhl zu setzen, der vor dem Mittelteil des Tisches stand. Ich setzte mich …, ohne daß der Russe mich zu bemerken schien. Er las Zeitung … langsam kam die Nacht, die Lichter in den Räumen gingen aus … der Russe schien mich nicht zu bemerken, ich wartete weiter. Anfangs war ich gespannt, was nun geschehen würde. Ich war auf alles gefaßt, aber nichts geschah, und ich zwang mich, nicht zu denken, um nicht nervös zu werden. Die Sterne funkelten am klaren Abendhimmel – plötzlich schreit der Russe mich an. ›An was denken Sie?‹ Meine Antwort war: ›An nichts.‹ Da fing er an zu toben, mit den Armen zu fuchteln und zu schreien: ›Die erste Frage, die ich an Sie stelle, beantworten Sie mit einer Lüge! Was soll ich von Ihnen denken? Ich will Ihnen helfen, und Sie lügen mich an! Überlegen Sie sich sofort, an was Sie gedacht haben, aber ehrlich! Wenn Sie weiter lügen, bekommen Sie eine große Strafe!‹ Nach einer Weile erneuten Wartens die gleiche Frage. Von mir wieder die gleiche Antwort. Dies geht so einige Male hin und her. Dann ruft er den Posten, und ich komme zurück in die Zelle …« Noch in derselben Nacht wurde Berger erneut zum Verhör gebracht. »Ich solle ihm sagen, weshalb ich hier wäre. Ich antwortete ihm, daß ich mir keiner Schuld bewußt sei … Wieder die alte

Brüllerei mit Drohungen usw. Nie wieder werde ich meine Familie wiedersehen, wenn ich so weiterlüge, sondern mein Leben irgendwo als Waldarbeiter beenden und dann an irgendeiner unbekannten Stelle verscharrt werden! In dieser Tonart ging es noch eine Weile. Dann wurde ich wieder in meine Zelle gebracht.« Das nächste Verhör leitete ein anderer Offizier. Er »fing etwas sanfter an. Z. B. sagte er: ›Jeder Mensch macht einmal einen Fehler, aber man kann seinen Fehler wiedergutmachen, und dann wird auch die Strafe klein. Vielleicht nur 5 Jahre, oder man kommt sogar ganz frei, das liegt dann nur an mir. Wenn ich aber so weiterlügen würde, dann würde ich bestimmt 25 Jahre bekommen und meine Familie nie wiedersehen‹ usw. usw. Außerdem hätte ja auch das Lügen gar keinen Zweck, denn ihm wären meine Auftraggeber bekannt, … sie hätten mich im Westen fotografiert, und meine Freunde hätten ja doch schon alles über mich ausgesagt … Sie hatten noch andere psychische Tricks. Z. B. wurde fast immer in den ersten Monaten die Schreibtischlampe so gestellt, daß sie mir voll ins Gesicht leuchtete. (…) Auf dem Schreibtisch des Vernehmungsoffiziers lag fast immer eine griffbereite Pistole.«[358]

Im Oktober 1953 wurde Berger von einem sowjetischen Militärtribunal u.a. wegen Mitorganisation eines Aufstandsversuchs gegen die DDR-Regierung zu sieben Jahren Arbeitslager verurteilt. Anderthalb Jahre verbrachte er im Arbeitslager Workuta in der Sowjetunion, bevor er im September 1955 begnadigt und nach West-Berlin entlassen wurde.

Das SED-Regime führte nach dem 17. Juni allerdings keinen blindwütigen Rachefeldzug gegen Streikende und Demonstranten. Streng patriarchalisch unterschied es vielmehr zwischen den vom Westen gelenkten »Rädelsführern« und der Masse »verführter Arbeiter«. Auf letztere bezog sich folgender Befehl des Berliner Polizeipräsidenten: »Personen, die im Zusammenhang mit den Unruhen festgenommen wurden und bei denen Verdachtsmomente vorliegen, die aber nicht zur Einleitung eines Strafverfahrens ausreichen, sind zum Sammellager, Berlin-Alt-Friedrichsfelde, Magerviehhof zu bringen.«[359] Wie es dort zuging, schilderte eine Insassin: »[Wir wurden] in zwei großen Hallen des Schlachthofes untergebracht. Von den etwa 1200 dort inhaftierten Menschen war ungefähr ein Viertel Frauen. Die Männer lagerten auf der einen Seite der Halle, die Frauen auf der anderen. Verpflegung gab es in den ersten 24 Stunden überhaupt nicht, dann wurden zum Frühstück und Abendbrot je 100 Gramm trockenes Brot ausgegeben. (…) Wenn die Posten den Eindruck hatten, es würde in der

Die 33-jährige Buchhalterin Ursula R. wird Ende Juni 1953 vor dem Stadtgericht in Ost-Berlin wegen »offener faschistischer Propaganda« angeklagt. Sie soll dazu aufgefordert haben, eine rote Fahne herunterzureißen. Das Urteil lautet auf drei Jahre Gefängnis.

Halle zu laut, dann schossen sie von draußen mit ihren Maschinenpistolen durch die Fenster.«[360] Die meisten Verhafteten wurden in den nächsten Tagen wieder freigelassen; doch die harte Hand des Regimes hatten sie deutlich zu spüren bekommen.

Noch am 18. Juni wurde in Berlin ein »Operativstab« zur Koordinierung bzw. Lenkung der Strafverfahren eingerichtet. An seiner Spitze stand Hilde Benjamin, die wegen ihrer oft unerbittlichen Härte gefürchtete Vizepräsidentin des Obersten Gerichts der DDR.[361]

In Absprache mit den SED-Bezirksleitungen wurden jeweils »geeignete Schöffen« und »geeignete Pflichtverteidiger« bestellt, die den reibungslosen Ablauf der Prozesse im Sinne der SED gewährleisten sollten. Mehrfach griff der »Operativstab« auch direkt in laufende Verfahren ein, wie ein später geflohener Mitarbeiter berichtete: »Die Instrukteure riefen … nachts an und unterbreiteten dem Nachtdienst Fälle zur Entscheidung. Sah der … den Sachverhalt als klar und unkompliziert an, gab er seine Entscheidung über das zu fällende Strafmaß an den anrufenden Instrukteur bekannt, andernfalls stellte er die Entscheidung bis zum nächsten Morgen nach Vortrag bei Frau Benjamin zurück. Diese traf dann die Entscheidung …«[362] Trotzdem lief nicht immer alles reibungslos. So beklagte sich Hilde Benjamin Ende Juli 1953 darüber, »daß sich beim Obersten Gericht Tendenzen der ›Unabhängigkeit‹ zeigen. Es sind schwere Diskussionen … notwendig, um die Empfehlungen und Meinungen des Operativstabes durchzusetzen.«[363]

Aus dem Justizministerium kam die Anweisung, bei der Strafzumessung scharf zu unterscheiden zwischen den von den westlichen Kriegstreibern entsandten oder inspirierten Agenten und Rädelsführern auf der einen und den verführten Werktätigen der DDR auf der anderen Seite. Die Agenten seien hart zu bestrafen.[364] Die aber zu finden, war gar nicht so einfach. Polizei und Justiz hatten vielmehr große Probleme, die ideologischen Vorgaben der SED zu erfüllen, soll heißen, es gab unter den Verhafteten weder genügend »Agenten«, West-Berliner oder Westdeutsche noch ehemalige NSDAP-Mitglieder, um die Behauptung von der »faschistischen Provokation« zu untermauern. So musste der neue Chef der Staatssicherheit, Ernst Wollweber, im November 1953 etwas kleinlaut zugeben, »daß es uns bis jetzt nicht gelungen ist, nach dem Auftrag des Politbüros die Hintermänner und die Organisatoren des Putsches vom 17. Juni festzustellen.«[365] Da nützte auch jenes »Merkblatt« zur Strafverfolgung nichts, das die Sowjets kurz nach dem 17. Juni an DDR-Ministerpräsident Grotewohl übergaben. Dort hieß es unter Punkt 4 klipp und klar: »In den nächsten Tagen ist eine Reihe von Gerichtsverhandlungen in Sachen der Anstifter und Anführer der Unruhen, vor allem aus der Reihe der Bewohner Westberlins … vorzubereiten und durchzuführen.«[366]

Allen Problemen zum Trotz, der SED-Verfolgungsapparat lief auf Hochtouren. Bis zum 27. Juni wurden in der gesamten DDR laut einem Bericht an Grotewohl 9536 Personen verhaftet. Nach späteren Schätzungen landeten bis Ende Juli 1953 fast 13 000 Personen im Gefängnis, von denen allerdings die meisten nach wenigen Tagen ohne Anklageerhebung wieder freigelassen wurden. 4976 Festgenommene kamen nach kurzer Zeit wieder auf freien Fuß. Gerichtsverfahren wurden bis Ende Juni 1953 gegen 1268 Personen eingeleitet.[367] Wer aber als vermeintlicher »Rädelsführer« in die Fänge der DDR-Justiz geriet, hatte zum Teil drakonische Strafen zu gewärtigen. Insgesamt wurden von der DDR-Justiz bis Ende Januar 1954 im Zusammenhang mit dem 17. Juni gegen 3449 Personen Strafverfahren eingeleitet. Es kam zu 2134 Anklageerhebungen. »Von den 1526 Angeklagten, die verurteilt wurden, erhielten

2 Angeklagte die Todesstrafe
3 Angeklagte lebenslänglich Zuchthaus,
13 Angeklagte Strafen von 10 – 15 Jahren,
99 Angeklagte Strafen von 5 – 10 Jahren,
824 Angeklagte Strafen von 1 – 5 Jahren,
546 Angeklagte Strafen bis zu einem Jahr.«[368]

Zum Zeitpunkt der offiziellen Aufstellung im Januar 1954 waren noch rund 120 Verfahren nicht abgeschlossen.

Die beiden in der Statistik aufgeführten Todesurteile ergingen gegen Erna Dorn, die »Kommandeuse von Ravensbrück«, und den Gärtner Ernst Jennrich, der bei der Erstürmung des Magdeburger Gefängnisses an der Tötung von drei Wachleuten beteiligt gewesen sein soll. Vor allem die in Halle aus dem Gefängnis befreite Erna Dorn diente der SED-Propaganda als »Beweis«, dass es sich beim Aufstand vom 17. Juni um einen faschistischen Putschversuch gehandelt habe.

Die Sowjets machten mehrfach kurzen Prozess. Von sowjetischen Standgerichten wurden zwischen dem 17. und 20. Juni 1953 mindestens 18 Personen wegen Teilnahme an bewaffneten Ausschreitungen zum Tode verurteilt.[369] Über die Gesamtzahl der Verurteilungen durch sowjetische Militärtribunale liegen keine gesicherten Daten vor.

Im Juni 1954 fand ein Schauprozess gegen vier West-Berliner statt, die von der Stasi nach dem 17. Juni in den Ostteil entführt worden waren. Wegen »Rädelsführerschaft« verurteilte das Oberste Gericht der DDR die Angeklagten, darunter ein Mitarbeiter des Ostbüros der FDP und ein Streikführer, der in den Westen geflohen war, zu Freiheitsstrafen bis zu 15 Jahren Zuchthaus.[370] Drei Wochen zuvor waren vier Angeklagte, die mit ihrem Streikaufruf auf der Baustelle Krankenhaus Friedrichshain am 15./16. Juni den Stein ins Rollen gebracht hatten, wegen »Sabotage in Tateinheit mit friedensgefährdender faschistischer Tätigkeit« zu Haftstrafen zwischen vier und acht Jahren verurteilt worden.[371]

Eine zentrale Frage zum 17. Juni war auch für die SED die nach der sozialen Basis des Aufstands. Allerdings erlauben statistische Angaben aus den Gerichtsakten nur vorsichtige Schlüsse, da die angelegten Kriterien (»Arbeiter«, »Angestellte«, »Sonstige«) nicht klar definiert sind. Den SED-Funktionäre mochte die Statistik allemal Kopfzerbrechen bereiten, vor allem wegen des hohen Anteils von Arbeitern unter den Verhafteten bzw. Verurteilten.

So waren von mehr als 5000 im Juli 1953 noch Inhaftierten

Arbeiter	3456	(65,2%)
Angestellte	688	(13%)
Selbst. Handwerker	288	(4,2%)
LPG-Bauern	17	(0,3%)
Klein-/ Mittelbauern	104	(1,9%)
Großbauern	24	(0,4%)
Unternehmer	21	(0,4%)
Arbeitslose	89	(1,7%)
Sonstige	669	(12,6%)[372]

Eine Statistik der Urteile ergab fast dasselbe Bild. Nach einer Aufstellung vom 5. Oktober 1953 waren von 1240 bis dahin verurteilten Personen

Arbeiter	1090
Unternehmer	70
Bauern	46
Großbauern	15

Von den Verurteilten gehörten 59 der SED an, 22 der CDU, 21 der LDP, 16 der NDPD und 17 der DBD (Bauernpartei). 197 waren Mitglied der FDJ.[373]

Angesichts dieser Zahlen fiel der Nachweis, dass es sich am 17. Juni wesentlich um eine vom Westen gelenkte »faschistische Provokation« gehandelt habe, ziemlich schwer. Zwar hatten von 310 Festgenommenen in Ost-Berlin laut Volkspolizeibericht 171 ihren Wohnsitz in West-Berlin, eine aktive Rolle bei den Demonstrationen konnte ihnen aber in den seltensten Fällen nachgewiesen werden, ganz zu schweigen von »An-

stiftung« und »Rädelsführerschaft«.[374] Auch lag der Anteil von früheren Mitgliedern in NS-Organisationen unter den Verurteilten bei knapp 10 Prozent, ein Wert, mit dem die Behauptung von der »faschistischen Provokation« nur schwer untermauert werden konnte. Der Anteil ehemaliger NS-Parteigänger unter den SED-Mitgliedern war zu jenem Zeitpunkt höher.[375]

Um der SED-Führung aus dieser Verlegenheit zu helfen, veröffentlichte die DDR-Presse tagelang angebliche Geständnisse von »faschistischen Rädelsführern«, die jedoch unglaubwürdig klangen.[376] Mehrfach kam es vor, dass die Staatssicherheit aus Verhafteten derartige Aussagen herausprügelte.

Die neue Justizministerin Hilde Benjamin versuchte sogleich, eine Erklärung für die hohe Zahl verurteilter Arbeiter zu geben: »Die Zahl der verurteilten Arbeiter ist nach der Statistik sehr hoch. (…) Bei diesen … handelt es sich jedoch um Menschen, die heute Arbeiter sind. Man kann daraus nicht schließen, daß sie ihrer sozialen Herkunft nach aus der Arbeiterklasse kommen, auch nicht, daß es wirkliche Arbeiter sind. Wenn auch nach der Statistik … nur 29 Verurteilte [bezieht sich auf eine einzelne Statistik, d. Verf.] ehemalige Mitglieder der NSDAP und SA usw. waren, so ist mit Sicherheit anzunehmen, daß sich unter [den Verurteilten, d. Verf.] … viel mehr als nur 29 politisch Belastete befinden, die nach 1945 gezwungen waren, einer ehrlichen Arbeit nachzugehen.«[377]

Bei ihrer Suche nach »Rädelsführern« stießen Volkspolizei und Staatssicherheit auf ein weiteres Problem: die Solidarität der Arbeiter. So klagte die SED-Bezirksleitung Cottbus am 20. Juni: »Es sind noch keine Fälle bekannt geworden, wo die Werktätigen von selbst den staatlichen Organen Rädelsführer übergeben haben.« Die Bezirksleitung Potsdam meldete: »Oft müssen wir überlegen, ob wir überhaupt eine Verhaftung durchführen, da sonst Gefahr besteht, daß wieder gestreikt wird.«[378] Nicht anders die Situation in Berlin, wie ein VP-Bericht von Anfang Juli verdeutlicht: »Die Kollegen der volkseigenen Betriebe teilen ... sehr selten irgendwelche Hinweise mit. Im VEB Fortschritt Werk II sagen die Frauen zum Beispiel ›Wir verpetzen niemand‹. Aus solchen Äußerungen, die keine Einzelerscheinungen sind, kann man ersehen, dass das Klassenbewusstsein unserer Werktätigen unter dem Durchschnitt liegt.«[379]

Tatsächlich gab es nach dem 17. Juni in zahlreichen Betrieben Arbeitsniederlegungen und Streikdrohungen, um verhaftete Kollegen wieder frei zu bekommen. So zum Beispiel im Kreis Sebnitz/Sachsen, wo laut SED-Bericht vom 22. Juni »die Kollegen des Fortschrittswerkes I ihre Arbeit niederlegen wollen, wenn sie keinen Bescheid erhalten, von wem die zwei Kollegen Hesse und Los abgeholt wurden und warum.«[380] Manchmal hatten solche Aktionen sogar Erfolg und die Kollegen erhielten vom MfS oder der Polizei die geforderte Auskunft.

Allein, es fanden sich noch genügend DDR-Bürger mit überdurchschnittlichem »Klassenbewusstsein«. Sie schwärzten die Kollegen oder Nachbarn nur allzu bereitwillig bei der Stasi an. Ein Beispiel aus dem Kreis Quedlinburg: »Der Inhaber des Fuhrgeschäfts Seideler, Brückenstr., bringt zum Ausdruck, die Regierung ist nicht von uns gewählt, es muss eine neue gewählt werden ...

Frau Bendler aus der Rud. Breitscheidstr. ... sagte: dass Mitte Juni die DDR zusammenbrechen würde und dies auch die Russen nicht verhindern könnten.

Der Koll. Paul Wensch, beschäftigt beim Rat der Stadt Quedl[inburg] pöbelte ... mit den Worten ...: ›Jetzt habt ihr ausgespielt.‹ ... Der Inhalt über die Namen wird der VP zugeleitet.«[381]

In zahlreichen Fällen zeigte die DDR-Justiz nach dem 17. Juni große Härte. Insgesamt aber ist festzustellen, dass angesichts des Ausmaßes der Volkserhebung und der realen Gefährdung des Regimes am 17. Juni dessen juristische Reaktion eher zurückhaltend ausfiel, sowohl was die Zahl der Strafverfahren als auch – von einzelnen Terrorurteilen abgesehen – was die Höhe der Strafen anging.

Möglicherweise kam darin auch jene »patriarchalische Haltung« zum Ausdruck, die mit zum Charakter des SED-Regimes gehörte. Erinnert sei an die häufig benutzte Formel von den »verführten Arbeitern«, deren »wahre« Interessen die SED-Spitze besser zu kennen beanspruchte als viele Arbeiter selbst. Manchmal war man sogar bereit, bei »fehlgeleiteten« Arbeitern nachsichtig zu sein, wie etwa die neue Justizministerin Hilde Benjamin, die eigentlich nicht für ihre Weichherzigkeit bekannt war. Ende Juli 1953 schrieb sie an den sowjetischen Hochkommissar: »Durch die Unterschätzung der subjektiven Tatseite der Verbrechen kam unsere demokratische Justiz ... zu einer unverhältnismäßig hohen Zahl der Verurteilung von Arbeitern, häufig auch zu überhöhten Strafen gegen Arbeiter.«[382]

Doch wehe, das »Mündel wollte Vormund« sein, das heißt in Staat und Wirtschaft tatsächlich mitreden im Sinne demokratischer Machtverteilung. Diese Menschen traf die ganze Härte einer SED-gelenkten Justiz.

Auf der anderen Seite zeigte sich die SED durchaus bemüht, den »Neuen Kurs« auch in der Justiz umzusetzen. Konkret bedeutete das, dass im Zuge der »Beseitigung vorliegender Härten« bis Oktober 1953 rund 24 000 Personen aus der Haft entlassen wurden. Wenig später ließen die Sowjets rund 6000 Inhaftierte frei, die von sowjetischen Militärtribunalen verurteilt worden waren. Auch hier offenbarte sich das Janusköpfige der SED-Politik jener Monate: eine gewisse Lockerung der Repression einerseits – auf der anderen Seite die Festigung dikta-

M. 41 30 ?   *all*   305

7.9.1953

232 36 43

Pl/Rö.

An den
Stellvertreter des Vorsitzenden
der Staatlichen Kontrollkommission
Genosse W a b r a

im H a u s e

Die am 28.8.1953 geführte Aussprache im Sekretariat Grotewohl
mit einigen Mitarbeitern des DIA Transportmaschinen

    Talareck
    Bernicke
    Sander (BGL.-Vors.)
    Lindenberg – Bauarbeiter – VEB Industriebau

macht es notwendig über obengenannte Personen eine genaue
Charakteristik einzuholen.
Wir bitten die Durchführung dieser Aufgabe durch Ihre Dienst-
stelle zu veranlassen und uns über das Ergebnis zu informieren.

            (Tzschorn)
        Persönlicher Referent
        des Ministerpräsidenten

Vermerk :

    Die Forderung nach Untersuchung stützt sich auf die
    provokatorische Fragestellung des Bauarbeiters Lin-
    denberg,(Warum tritt Regierung nicht zurück wenn sie
    Fehler gemacht hat ? usw.) die von übrigen Anwesenden
    der Delegation stillschweigend und teilweise ergänzend
    hingenommen wurde.

            Clo. 9/h

»Aussssprache mit den Massen«: Nach missliebi-
gen Äußerungen einer Arbeiter-Abordnung wird
umgehend ein Ermittlungsverfahren eingeleitet.

torischer Strukturen in Staat und Gesellschaft.

Unmittelbar nach dem gescheiterten Volksaufstand flohen einige hundert DDR-Bürger nach West-Berlin, um sich der Verfolgung durch MfS und Justiz zu entziehen. Das war ein schwieriges und riskantes Unternehmen, da die DDR als Reaktion auf den 17. Juni die Westsektoren für mehrere Tage abriegelte. Die Flüchtlingszahlen insgesamt gingen nach dem 17. Juni – auch in Folge der zeitweiligen Sperrung des »Schlupflochs« Berlin – stark zurück. Während in der ersten Jahreshälfte 1953 über 216 000 Menschen in den Westen gegangen waren, waren es zwischen Juli und Dezember 1953 rund 105 000. In den folgenden Jahren kehrten durchschnittlich rund 220 000 Menschen pro Jahr der DDR den Rücken.[383]

Der Fall Max Fechner

Zwei Wochen nach Niederschlagung des Juni-Aufstands druckte das »Neue Deutschland« ein Interview mit DDR-Justizminister Max Fechner, und zahlreiche Leser rieben sich verwundert die Augen. War der »Neue Kurs« mit seinem Versprechen größerer Rechtsstaatlichkeit doch keine bloße Propaganda? Fechner, ein früherer Sozialdemokrat und während der NS-Herrschaft zeitweise inhaftiert, schlug in dem Interview mit Blick auf die ersten Prozesse nach dem 17. Juni neue Töne an. »Es dürfen nur solche Personen bestraft werden, die sich eines schweren Verbrechens schuldig machten. Andere Personen werden nicht bestraft. Das trifft auch für Angehörige der Streikleitung zu. Selbst Rädelsführer dürfen nicht auf bloßen Verdacht … bestraft werden. (…) Es wird also nicht etwa gegenüber denen, die gestreikt oder demonstriert haben, eine Rachepolitik betrieben.« Zwei Tage später setzte das »Neue Deutschland« noch eins drauf, indem es brisante Fechner-Äußerungen abdruckte, die angeblich wegen »eines technischen Fehlers« zunächst nicht veröffentlicht worden waren: »Das Streikrecht ist verfassungsmäßig garantiert. Die Angehörigen der Streikleitung werden für ihre Tätigkeit als Mitglieder der Streikleitung nicht bestraft.« Das war einigermaßen sensationell, hieß es doch im Klartext, dass die streikenden Arbeiter am 16./17. Juni nur von ihrem verbrieften Recht Gebrauch gemacht hatten. Justizminister Fechner sprach zwar auch von »Rädelsführern« und »Verbrechen«, erwähnte die offizielle Bezeichnung »faschistische Provokation« aber mit keinem Wort. Bei zahlreichen DDR-Bürgern mochte nach dem Fechner-Interview die Hoffnung aufkeimen, dass die SED es mit dem lautstark verkündeten Schutz der »demokratischen Gesetzlichkeit und Stärkung der Rechtssicherheit« tatsächlich ernst meinte. Die Arbeiter nahmen mit Genugtuung zur Kenntnis, dass ihnen ihr wirksamstes Kampfmittel – der Streik – nicht länger streitig gemacht wurde.

Eine trügerische Hoffnung. Es war Fechners letztes Zeitungsinterview. Am 14. Juli 1953 fasste das Politbüro folgenden Beschluss:

»1. Max Fechner wird wegen partei- und staatsfeindlichen Verhaltens aus der Partei ausgeschlossen.

2. Fechner wird seiner Funktion als Justizminister enthoben und in Untersuchungsarrest genommen.

3. Den Sekretären der Bezirksleitungen wird mitgeteilt, dass das Politbüro das Interview Fechners für falsch und schädlich hält.«[384]

Der bei der Sitzung anwesende stellvertretende Hohe Kommissar Judin rief dem anwesenden Fechner noch zu – zitternd vor Empörung: »Bei uns in der Sowjetunion gibt man für solche Sachen zwölf Jahre Zuchthaus.«[385] Offensichtlich passte weder die von Fechner geforderte Einhaltung rechtsstaatlicher Prinzipien noch ein garantiertes Streikrecht ins Konzept der SED, in der

Ulbricht mittlerweile das Ruder wieder fest in der Hand hatte.

Max Fechner wurde 1955 wegen »Verbrechen gegen den Staat« zu acht Jahren Zuchthaus verurteilt. Das Gericht hatte auch keine Bedenken, Fechners homosexuelle Neigungen als strafverschärfend zu werten. Im April 1956 – in der »Tauwetter-Periode« nach dem XX. Parteitag der KPdSU – wurde Fechner begnadigt und 1958 wieder in die SED aufgenommen.

Zur neuen Justizministerin ernannte das Politbüro Hilde Benjamin. Die parteitreue Juristin, Witwe eines im KZ umgekommenen Kommunisten, hatte bereits als Staatsanwältin und Vizepräsidentin des Obersten Gerichts der DDR unerbittliche Härte gezeigt. Ulbricht konnte sich also darauf verlassen, dass Hilde Benjamin die Justiz vor allem als »Instrument im Klassenkampf« gebrauchen und für entsprechende Urteile gegen »Rädelsführer« sorgen würde. In der Tat: Von der eher bürgerlichen Rechtsauffassung eines Max Fechner war sie nicht angekränkelt, wie u.a. ihr Schreiben an Hochkommissar Semjonow vom 28. Juli 1953 dokumentiert: »Die verbrecherischen Maßnahmen des ehemaligen Justizministers Fechner, durch ein … Interview die Richter zu verwirren und sie zu falschen Entscheidungen zu bringen, konnte zwar in einer Anzahl von Fällen zu einem vorübergehenden Erfolg führen. Durch die rasch einsetzende Instrukteurstätigkeit … waren auch diese Versuche des Gegners, den Klassenkampf zu seinen Gunsten zu entscheiden, zum Scheitern verurteilt.«[386]

Was aber hatte es wirklich auf sich mit jenem Fechner-Interview, das bei Teilen der DDR-Bevölkerung einige Hoffnungen weckte, während Walter Ulbricht die kalte Wut packte? Erst nach dem Untergang der DDR trat ein früherer Mitarbeiter Fechners mit der Behauptung an die Öffentlichkeit, dass jene »Berichtigung« im »Neuen Deutschland«, in der ausdrücklich vom verfassungsmäßigen Streikrecht die Rede war, gar nicht von Fechner selbst, sondern »von oben«, soll heißen von der SED-Führung, veranlasst wurde. Dies würde aber bedeuten, dass Ulbricht dem als zu weich empfundenen Fechner eine Falle stellte, um ihn der Arbeit für den »Klassengegner« bezichtigen zu können und die DDR-Justiz unter der strengen Anleitung von Hilde Benjamin auf striktem Parteikurs zu halten.[387]

Zugleich bot sich mit dem Fechner-Interview für Ulbricht eine weitere Handhabe gegen seinen schärfsten Rivalen Rudolf Herrnstadt. Dieser war als Chefredakteur des »Neuen Deutschland« schließlich für den Abdruck des Interviews verantwortlich. Wenngleich die genauen Umstände des Fechner-Interviews nicht eindeutig zu klären sind, so bewies doch Ulbricht in jedem Fall einmal mehr die Fähigkeit, eine sich bietende Gelegenheit entschlossen für seine Interessen zu nutzen.

Machtkampf in SED und Kreml

Materielle Zugeständnisse

Am 20. August 1953 saßen Grotewohl und Ulbricht wieder einmal im Moskauer Kreml und harrten neuer Kritik und Anweisungen. Doch diesmal wurde ihnen anderes zuteil – Wohltaten, für die Ministerpräsident Grotewohl geradezu überschwänglich dankte. »Was Ihr uns hier heute vorschlagt, ist für uns so überraschend und überwältigend, dass uns fast die Worte fehlen …«[388]

In der Tat gewährte Moskau der DDR nach Niederschlagung des Volksaufstands umfassende Unterstützung zur Überwindung der Wirtschaftskrise, insbesondere zur Verbesserung der Versorgungslage. So versprach die Sowjetführung zusätzliche Warenlieferungen für 590 Millionen Rubel sowie einen kurzfristigen Kredit von 485 Millionen Rubel. Zugleich gewährte sie einen Schuldenerlass im Umfang von 430

Millionen Rubel und eine Verminderung der Besatzungskosten, die den Staatshaushalt der DDR seit Jahren stark belasteten. Darüber hinaus verzichtete die Sowjetunion ab 1. Januar 1954 auf Reparationen in Form von Warenlieferungen oder Geldleistungen, was eigenen Darstellungen zufolge einem Gegenwert von 2,537 Milliarden Dollar zu »Friedenspreisen von 1938« entspräche, und übergab zum selben Zeitpunkt 33 noch verbliebene Sowjetische Aktiengesellschaften – mit Ausnahme der Wismut – im Gesamtwert von angeblich 2,7 Milliarden DM.[389]

Diese Hilfen waren bitter nötig. Zur Umsetzung des »Neuen Kurses« und »Ruhigstellung« der Bevölkerung musste die DDR-Führung rasch Verbesserungen bei der Versorgung mit Lebensmitteln und Konsumgütern bieten. Tatsächlich füllten sich in den Wochen und Monaten nach dem 17. Juni allmählich die Regale. Lang entbehrte Waren wie Zucker, Fette, auch viele Konsumgüter waren wieder erhältlich. Anfang Juli 1953 beschloss das Politbüro eine generelle Erhöhung der Lebensmittelversorgung um 10 bis 15 Prozent im 4. Jahresquartal. Zu diesem Zweck sollten zusätzlich u.a. 20 000 Tonnen Fleisch, 16 700 Tonnen Butter, 28 Millionen Eier und 8400 Tonnen Reis eingeführt werden.[390]

Die im Frühjahr gestrichenen Fahrpreisermäßigungen wurden wieder eingeführt. Zudem gab es in größerem Umfang Zuschüsse für Wohnungsinstandsetzungen und zur Verbesserung der sanitären Verhältnisse in den Betrieben – zuvor ein ständiger Stein des Anstoßes. Die Mindestrenten wurden von 65 Mark monatlich auf 75 Mark angehoben, was allerdings immer noch kaum mehr als dem Existenzminimum entsprach. Auch die Löhne wurden erhöht, wobei auf ausdrückliche Anweisung des Politbüros untere Lohngruppen stärker als höhere angehoben wurden, so dass sich eine weitere Lohnnivellierung ergab. Zudem sollte die Lohnanhebung durch Abschläge bei Spitzenlöhnen weitgehend »kostenneutral« gestaltet werden. Allerdings wurden für bestimmte Gruppen hoch qualifizierter Arbeiter, zum Beispiel im VEB Zeiss-Jena, zusätzliche Vergütungen bewilligt. Insgesamt wurden die Löhne auf der Normenbasis vom 1. April 1953 neu berechnet, was einen realen Einkommenszuwachs bedeutete.[391]

Die sowjetische Besatzungsmacht hielt übrigens ein strenges Auge auf derlei Maßnahmen, da nur durch eine »ernsthafte Verbesserung der materiellen Lebenslage in den volkseigenen und privaten Betrieben« eine Stabilisierung der politischen Lage in der DDR zu erreichen sei, wie Hochkommissar Semjonow Mitte Juli 1953 nach Moskau berichtete. Die Sowjets blieben stets bei jener Doppelstrategie von »Zuckerbrot und Peitsche«. Ebenso eindringlich wie materielle Verbesserungen forderte Semjonow darum, als Lehre aus dem 17. Juni die taktische Aufstellung der sowjetischen Truppen in der DDR zu verbessern und »insbesondere die Einquartierung einer erforderlichen Anzahl von Panzereinheiten in Berlin vorzunehmen.«[392]

Die Versorgungslage nach dem 17. Juni mochte sich spürbar verbessern, und auch soziale Zugeständnisse in Form von Lohn- und Rentenerhöhungen machte die SED-Führung unter dem Eindruck der Massenerhebung. Eines aber gewährte sie nicht: eine Demokratisierung der DDR-Gesellschaft. Nach seinem Sieg über Herrnstadt, Zaisser und andere Reformkräfte innerhalb der SED setzte Walter Ulbricht vielmehr alles daran, die diktatorischen Herrschaftsstrukturen in Partei und Gesellschaft zu festigen. Der Ausbau des Sicherheitsapparates war eine zentrale Maßnahme zur Herrschaftssicherung.

Dass trotz gewaltsamer Niederschlagung der Aufstandsversuch vom 17. Juni bei einigen DDR-Bürgern auch zu einer (zumindest zeitweisen) Stärkung des Selbstbewusstseins führte – schließlich hatten Hundert-

tausende der SED die »Faust gezeigt« –,
mag ein Beispiel aus Görlitz illustrieren.
Dort berichtete der Rat der Stadt, Abt.
Wohnraumlenkung, Anfang Juli 1953: »Seit
dem 17. 6. muss festgestellt werden, daß das
Publikum energischer Wohnungen fordert
und durch das aggressive Auftreten besonders die Sachbearbeiter ... zu leiden haben.«[393]

Auch die »Korrespondenzabteilung« von
Staatspräsident Pieck registrierte für Juni
1953 in Wohnungsfragen eine gestiegene
Anzahl von Eingaben, vor allem Proteste gegen Zwangsumquartierungen. »Die Einsen-
der nehmen Bezug auf den neuen Kurs ...
und verlangen die Rückgängigmachung der
Zwangsumquartierungen.«[394]

Ulbricht vor dem Sturz

Im Frühjahr 1953 hatte die Moskauer Füh-
rung erkannt, dass Ulbrichts »Aufbau des
Sozialismus« in einer Katastrophe enden
würde. Mit dem verordneten »Neuen Kurs«
sollte das Ruder herumgerissen werden.
Doch glaubte im Kreml kaum jemand mehr,
Ulbricht selbst könne den Karren aus dem
Dreck ziehen.

Obwohl über die internen Debatten jener
Wochen wenig bekannt ist, spricht vieles
dafür, dass sowohl Berija als auch seine
Gegner um Chruschtschow, Molotow und
Malenkow auf neue Leute setzten, um in der
DDR eine radikale Kursänderung herbeizu-
führen – möglicherweise Herrnstadt oder
der von Ulbricht ausgebootete Franz Dahlem.

Auffallend zurückhaltend verhielt sich
Hochkommissar Semjonow, der es Zaisser,
Herrnstadt und anderen überließ, Ulbricht
anzugreifen. Seine wenigen direkten Äußerungen zu Ulbricht waren allerdings scharf
genug (wenn auch ein wenig kryptisch), um
zu signalisieren, dass Ulbrichts Stern zu
sinken begann. So sagte er nach der turbulenten Politbüro-Sitzung vom 9. Juni, in der
Ulbricht sich harsche Kritik an seinem Dog-

matismus und diktatorischen Führungsstil
hatte anhören müssen: »Ja, Genosse Ul-
bricht, meiner Meinung nach ist es jetzt an
Ihnen, aus dieser sehr fundierten Kritik des
Politbüros ernste Folgerungen zu ziehen.«[395]
Das klang nicht so, als wollten Semjonow
und die sowjetische Führung Ulbricht in
Schutz nehmen. Ganz im Gegenteil. Um den
10. Juni herum nahm Iwan I. Iljitschow,
Chef der Diplomatischen Mission in der
DDR, Rudolf Herrnstadt, den schärfsten
Kritiker Ulbrichts, beiseite: »Vielleicht ist
der beste Ausweg folgender: Sie und Zaisser
nehmen ein paar Genossen aus dem Politbüro zusammen, ... gehen gemeinsam zu
Ulbricht ... und sprechen mit ihm ... Er ist
doch ein erfahrener Mann, sicher versteht er
das. Na, und wenn er nicht verstehen will –
dann berichten Sie uns, und wir werden tätig werden.«[396] Eine Aufforderung, Ulbricht
zu stürzen?

Dazu passen Hinweise auf eigenwillige
Pläne, die Semjonow im Frühjahr 1953 verfolgt haben soll. Am 13. Juni – vier Tage vor
Ausbruch der Unruhen – soll er dem liberalen Politiker Hermann Kastner (LDPD) das
Amt des DDR-Ministerpräsidenten angeboten haben. Ob aus eigenem Antrieb oder im
Auftrag Moskaus, womöglich Berijas, ist
ungeklärt. Da die Ulbricht-SED mit ihrem
»Aufbau des Sozialismus« grandios gescheitert war, sollte nach Semjonows Vorstellungen (oder denen seiner Moskauer Auftraggeber) eine bürgerlich geprägte Regierung die
ökonomische und politische Lage in der
DDR stabilisieren. Dafür schien Kastner,
der schon 1950 einmal für kurze Zeit stellvertretender Ministerpräsident gewesen
war, der geeignete Mann. Die Sache war
aber ausgesprochen pikant – Kastner stand
seit Jahren im Dienst der CIA und der westdeutschen »Organisation Gehlen«, wovon
Semjonow jedoch keinen Schimmer hatte.
Ein echter Treppenwitz der Geschichte: An
der Spitze der DDR-Regierung ein BND-
Agent.

Semjonow soll in jenen kritischen Wochen auch mit dem CDU-Vorsitzenden Otto Nuschke über eine eventuelle Regierungsübernahme gesprochen und das Amt des Ministerpräsidenten sogar dem früheren Reichskanzler Joseph Wirth (ehemals Zentrum-Partei und 1921/22 Reichskanzler) angeboten haben.[397]

Es stand also nicht gut um Walter Ulbricht.

Dann kam der 17. Juni. Hunderttausende in der DDR forderten den Sturz des verhassten »Spitzbarts«, eine neue Regierung, freie Wahlen. Nur mit Hilfe sowjetischer Truppen hatte sich die SED an der Macht halten können. Offiziell saßen die Schuldigen im Westen, doch hinter den Kulissen wurde auch in den Reihen der SED nach Verantwortlichen gesucht. Die parteioffizielle Version – »faschistische Provokationen ausländischer Agenten« – hatte Rudolf Herrnstadt bereits am 18. Juni im »Neuen Deutschland« formuliert, ausgerechnet jener Herrnstadt also, der doch zu den schärfsten Kritikern Ulbrichts gehörte und im Machtkampf der folgenden Tage eine wichtige Rolle spielen sollte.

Erneut stand im Zentrum der Kritik SED-Chef Walter Ulbricht, dessen realitätsfernes Konzept vom »beschleunigten Aufbau des Sozialismus« die Krise erst heraufbeschworen hatte. Wie bereits nach Verkündung des »Neuen Kurses« am 11. Juni wurde im Politbüro vor allem Ulbrichts autoritärer Führungsstil angeprangert.

Unmittelbar nach Niederschlagung des Aufstands sahen sich die Sowjets erneut nach einer personellen Alternative um. In einem vertraulichen Gespräch befragte Hochkommissar Semjonow den Leiter der SED-Informationsabteilung (»Leitende Organe der Partei und Massenorganisationen«) Karl Schirdewan über dessen Meinung zu dem Politbüro-Mitglied Heinrich Rau. »Dazu meinte ich, er könne bei einem erforderlichen Wechsel ein aussichtsreicher Kandidat für die Parteiführung sein.« Zugleich warnte Schirdewan davor, in der gespannten Lage überstürzt »den Reiter zu wechseln«. Nach seinem Eindruck sah Semjonow das ähnlich.[398] Dennoch – Ulbrichts Stuhl wackelte beträchtlich und seine Entmachtung schien nur noch eine Frage der Zeit. Mit dem Personenkult war es nach dem 17. Juni sowieso (zunächst einmal) vorbei. Am 27. Juni beschloss das Politbüro kurz und knapp: »Die Ehrenbürgerschaft der Stadt Leipzig für Genossen Ulbricht wird nicht verliehen.«[399]

Selbst Ulbrichts treuer Eckart, Erich Honecker, gab dessen Partie fast schon verloren. Nach einer Politbüro-Sitzung am 18. Juni sagte er zu einem Vertrauten: »Alle fallen über Walter her. Er wird wohl unterliegen.«[400]

Ende Juni spitzte sich die innerparteiliche Krise weiter zu. Es gab Anzeichen, dass Rudolf Herrnstadt, der in den vergangenen Wochen wiederholt Ulbrichts Führungsstil und dessen Entfernung von den Massen kritisiert hatte, die Oberhand gewinnen würde. Am 25. Juni, bei einer Vorbereitungssitzung für das vom 24.–26. Juli 1953 stattfindende 15. ZK-Plenum, griff Herrnstadt den Parteichef frontal an. »Es tut mir leid, Walter, noch folgendes sagen zu müssen: Ich habe noch einen zweiten Antrag: wäre es nicht besser, wenn Du die unmittelbare Anleitung des Parteiapparats abgibst?« Und wahrhaftig, Ulbricht schien sich geschlagen zu geben: »Walter hörte mit hochrotem Kopf zu. Dann erwiderte er … wörtlich: ›Wenn *Du* diesen Antrag nicht gestellt hättest, hätte *ich* ihn gestellt.« So schilderte Herrnstadt später die Szene.[401]

Rudolf Herrnstadt wurde beauftragt, einen Entschließungsentwurf für das 15. ZK-Plenum zu formulieren, auf dem »Lehren« aus dem 17. Juni gezogen werden sollten. Der Entwurf übte u.a. scharfe Kritik am Zustand der SED, verurteilte »Administrieren« und »Sektierertum« und sprach sich für eine Erneuerung von Partei und Parteispitze aus. Die Partei müsse wieder »zur Partei des Volkes werden«.[402] Zur »Erneuerung der Partei« seien »Massenverbundenheit« und »Kollektivität in der Arbeit der Leitung« unbedingt notwendig.[403] Doch schon in der nächsten Politbüro-Sitzung am 4. Juli startete Ulbricht einen Gegenangriff. Zielsicher stürzte er sich auf Herrnstadts Formulierung, die SED müsse zur »Partei des Volkes werden«. Dies, so ein erregter Ulbricht, sei eine typisch sozialdemokratische Forderung und bedeute nichts anderes als die »Aufgabe des Klassencharakters der Partei.« Die Erwiderung Herrnstadts, so habe er das keineswegs gemeint, wischte Ulbricht vom Tisch. Taktisch geschickt hatte er einen Vorwurf gefunden, der seine innerparteilichen Gegner, vor allem Herrnstadt und Zaisser, stigmatisieren sollte: »Sozialdemokratismus«.

Noch aber blies ihm der Wind ins Gesicht.

Auf der Politüro-Sitzung vom 7. Juli sprach Elli Schmidt offen aus, was viele aus der Führungsriege dachten: »Der ganze Geist, der in unserer Partei eingerissen ist, das Schnellfertige, das Unehrliche, das Wegspringen über die Menschen und ihre Sorgen, das Drohen und Prahlen – das erst hat uns so weit gebracht, und daran, lieber Walter, hast Du die meiste Schuld, und das willst Du nicht eingestehen, daß es ohne alledem keinen 17. Juni gegeben hätte.«[404]

Am folgenden Tag diskutierte das Politbüro bereits offen über die Entmachtung Ulbrichts. Als neuen General- bzw. Ersten Sekretär schlug Staatssicherheitsminister Zaisser Rudolf Herrnstadt vor, »weil er besser das Ohr an den Massen hatte als wir. (...) der Apparat in der Hand W.U[lbrichts] ist eine Katastrophe ...«[405] Auch die Politbüro-Mitglieder Ackermann, Rau, Ebert, Oeßner, Jendretzky, Schmidt sprachen sich für die Ablösung Ulbrichts aus. Lediglich Hermann Matern und Honecker hielten noch zu ihm.

Honecker: »Man darf U[lbricht] nicht allein schuldig machen. Es schädigt die Partei wenn man U. als ... 1. Sekretär ausscheidet.« Wie Grotewohl sich im Politbüro äußerte, geht aus seinen Notizen, die er während der Sitzung anfertigte, nicht hervor. Ulbricht selbst zeigte in dieser Sitzung Zeichen von Resignation – (oder sogar Einsicht?): »Ich bin nicht der Meinung, dass ich 1. Sekretär sein muss. Dazu gehört Vertrauen, das muss erst wieder kommen.«[406]

Der Kreml

Der Ost-Berliner Machtpoker steuerte auf seinen Höhepunkt zu, als unvorhergesehene Ereignisse dazu führten, dass die Karten wieder neu gemischt wurden.

Am 8. Juli 1953 flogen Grotewohl und Ulbricht auf Geheiß der Kreml-Führung erneut nach Moskau, das zweite Mal innerhalb von nur vier Wochen. Damals, Anfang Juni, hatte man sie gehörig zusammengestaucht. Was würden sie nun zu hören bekommen – vier Wochen und einen Volksaufstand später?

Diesmal ging es allerdings gar nicht um die DDR, zumindest nicht unmittelbar. Wie stets bei wichtigen Sitzungen machte sich Grotewohl eifrig Notizen: »Mitteilung, dass B[erija] ... wegen seiner verbrecherischen antiparteilichen antisowjetischen Tätigkeit entlarvt und verhaftet sei. Er hat gestanden und Besserung gelobt.«[407]

Die zitierten Aufzeichnungen Grotewohls werfen ein bezeichnendes Licht auf die politische Naivität des Ministerpräsidenten der DDR. Berija habe gestanden und »Besserung gelobt« – wie ahnungslos musste jemand sein, nicht zu bemerken, dass es im Moskau jener Jahre nicht darum ging, »Fehler zu gestehen« und »Besserung zu geloben«, sondern um erbitterte Machtkämpfe, bei denen die wichtigste Frage war, wer wen zuerst aus dem Weg räumte. Ulbricht mit seinen Erfahrungen aus dem Moskauer Exil hätte es Grotewohl erklären können.

Der monatelange Machtkampf in Moskau war also entschieden. Chruschtschow, Molotow und Malenkow hatten sich gegen Innenminister Berija durchgesetzt und die seit Stalins Tod umkämpfte Führung an sich gerissen. Nach Stalins Tod am 5. März 1953 hatte ein kollektives Führungsgremium, dem Wjatscheslaw Molotow, Georgi M. Malenkow und Lawrentij Berija angehörten, die Partei- und Staatsführung übernommen. Doch hinter den Kulissen begann ein erbitterter Kampf um die Macht, in dem sich vor allem der gefürchtete Innenminister Berija auf der einen Seite und Molotow, Bulganin und Chruschtschow, nach einigem Zögern auch Malenkow gegenüberstanden. Es war ein Kampf auf Leben und Tod, wie eigentlich jeder Machtkampf in Moskau seit Lenins Tod im Jahr 1924. Jeder belauerte jeden in diesem Frühjahr 1953 und sammelte Verbündete. Die Gänge und Zimmer des Kreml waren erfüllt vom Flüstern der Verschwörergruppen. Es gab heimliche Treffen in Hinterzimmern und Privatwohnungen. Wem kann man noch vertrauen? Wer gehört zu uns, wer zu den anderen?

Chruschtschow notierte in seinen Erinnerungen einen kurzen Wortwechsel mit Malenkow: »›Sehen Sie nicht, wohin das führt? Wir steuern auf eine Katastrophe zu. Berija wetzt schon die Messer!‹ Malenkow antwortete: ›Ja, aber was können wir machen?‹ Chruschtschow: ›Jetzt ist es soweit, daß man sich widersetzen muß.‹«[408]

Tatsächlich hatte der wegen seiner Machtgier und kalten Rücksichtslosigkeit gefürchtete Berija in den vergangenen Wochen zahlreiche Hebel in Bewegung gesetzt, um die alleinige Macht an sich zu reißen. So hatte er den sowjetischen Geheimdienst in das von ihm geführte Innenministerium integriert und sich damit die Kontrolle über große Teile der Exekutive gesichert. Schlüsselpositionen des Geheimdienstes (MGB) besetzte Berija mit Vertrauten. Aus den Auslandszentralen wurden mehrere hundert Offiziere zurückbeordert, was für die DDR den – von Berija nicht beabsichtigten – Effekt hatte, dass im April/Mai 1953 die Arbeit des sowjetischen Geheimdienstes teilweise lahmgelegt war.

In diesen Wochen hatten die führenden Männer der Sowjetunion also wahrlich genug eigene Sorgen und Pläne. Und doch mussten sie sich auch um die Probleme eines deutschen Parteichefs kümmern, der in »linksradikalem Übereifer« den Sozialismus geradezu herbeizwingen wollte und im Begriff stand, die DDR, den westlichen Außenposten des Sowjetsystems, zu Grunde zu richten.

Am 26. Juni schlugen die Berija-Gegner zu. Auf einer Sitzung des Partei-Präsidiums (vergleichbar dem Politbüro) übernahm es Chruschtschow – da Malenkow offensichtlich die Nerven versagten –, Berija frontal anzugreifen. Er bezichtigte ihn des partei- und staatsfeindlichen Verhaltens und des Versuchs, die Alleinherrschaft an sich zu reißen. Am Ende der Sitzung wurde ein überrumpelter Berija von hochrangigen Militärs verhaftet, darunter der Weltkriegsheros Marschall Georgi Schukow, den Chruschtschow auf seine Seite hatte ziehen können.

Berija wurde u. a. vorgeworfen, er habe im Frühjahr 1953 geplant, die DDR »fallen zu lassen«, das heißt ein wiedervereinigtes, neutrales, und von bürgerlichen Parteien regiertes Deutschland zuzulassen. So erklärte Chruschtschow auf dem ZK-Plenum am 2. Juli 1953 zum »Fall Berija«: »Bei der Erörterung der deutschen Frage gab er [Berija] sich ziemlich eindeutig als … Agent des Imperialismus zu erkennen. Er schlug vor, auf den Aufbau des Sozialismus zu verzichten und dem Westen Zugeständnisse zu machen. Dies hätte bedeutet, 18 Millionen Deutsche der Herrschaft der amerikanischen Imperialisten zu übergeben.«[409] In einem Geheimprozess wurde Berija zum Tode verurteilt und im Dezember 1953 erschossen.[410]

Ulbrichts Rettung

Gewiefter Taktiker, der er war, gelang es Ulbricht, die neue Konstellation in Moskau für sich auszunutzen. Aus den von Herrnstadt verfassten Reformvorschlägen konstruierte Ulbricht eine »parteifeindliche Plattform«, die zur Umwandlung der SED in eine »sozialdemokratische Volkspartei« und letztlich zur ihrer Zerstörung führen sollte. Ergänzt wurde dieser Vorwurf durch den nicht minder schwer wiegenden der »Fraktionsbildung« der »Gruppe Herrnstadt/Zaisser«.

In der Politbüro-Sitzung vom 18. Juli holte Ulbricht zum entscheidenden Schlag aus. Mit Bezug auf den 17. Juni warf er Herrnstadt und Zaisser eine »kapitulantenhafte, im Kern sozialdemokratische« Haltung vor. Besonders geschickt – und perfide – war die Behauptung, Zaisser habe als Minister für Staatssicherheit versucht, sich über die Partei zu stellen. Denselben Vorwurf nämlich erhob man in Moskau gegen Berija. Herrnstadt und Zaisser mochten noch so heftig protestieren; unausgesprochen war damit eine Verbindungslinie zwischen Berija und den Hauptgegnern Ulbrichts gezogen. Kaum ein Politbüro-Mitglied (bzw. Kandidat) traute sich noch, Herrnstadt und Zaisser in ihrer Kritik an Ulbricht zuzustimmen, um nicht selbst in die Nähe des »Parteifeindes« Berija zu geraten.[411]

Bei diesen Sitzungen des Politbüros war auch der sowjetische Hochkommissar Semjonow zumeist anwesend. Er schien die Vorwürfe gegen Herrnstadt/Zaisser zu teilen. Nach der Erinnerung Herrnstadts bemerkte Semjonow einmal, das Politbüro »werde besser arbeiten können, wenn einige Genossen, die die Arbeit erschweren, ausscheiden … In den Pausen sahen wir ihn sich mit Oelßner beraten. Zaisser, Ackermann, Elli Schmidt und ich waren für ihn Luft.«[412]

Ohne Zustimmung der neuen sowjetischen Machthaber um Chruschtschow und Malenkow konnten Veränderungen im Ost-Berliner Machtgefüge nicht geschehen. Ulbricht war es offenbar gelungen, sich quasi als »Opfer« Berijas darzustellen, der seit Monaten auf seinen, Ulbrichts, Sturz hingearbeitet habe, weil er Berijas (angeblichen oder tatsächlichen) Deutschlandplänen einer »Preisgabe der DDR« – so die Anklage gegen Berija – im Wege gestanden habe. Seine innerparteilichen Gegner Herrnstadt und Zaisser hätten faktisch als Berijas Handlanger agiert. Aufgrund sehr dünner Aktenbasis in dieser Frage ist nicht klar, ob Ulbricht wirklich so argumentierte und seine Moskauer Genossen ihm glaubten. Auch sind die Protokolle des KPdSU-Präsidiums (vergleichbar dem Politbüro) aus jener Zeit nicht zugänglich.[413] Die Memoiren von Chruschtschow oder Semjonow erweisen sich in dieser Frage als wenig ergiebig, so dass man nach wie vor auf Spekulationen angewiesen ist. Tatsache ist, dass von einem Sturz Ulbrichts Anfang Juli 1953 in Moskau nicht mehr die Rede war.

Möglicherweise haben bei Chruschtschow und Malenkow seinerzeit auch andere Überlegungen eine Rolle gespielt: Kaum hatte die SED mit dem »Neuen Kurs« die Zügel gelockert, war ihre Herrschaft ins Wanken geraten. Der sowjetischen Führung musste das zu denken geben, denn ohne massive Repressionen war die Parteimacht in den Satellitenstaaten offenkundig nicht zu halten. Unruhe in ihrem Herrschaftsbereich konnte sie überhaupt nicht gebrauchen, zumal Chruschtschow und Genossen selbst noch um die Festigung ihrer Macht ringen mussten.

Das könnte Ulbrichts Rettung gewesen sein. Offensichtlich wollte die Moskauer Führung kein Risiko eingehen und überließ es dem Machtpolitiker Ulbricht, die DDR »zusammenzuhalten«. Als Chruschtschow sich Ende Juni 1953 gegen Berija durchgesetzt hatte, schien der sowjetischen Parteispitze Ulbricht an der Spitze der DDR lieber als ein Reformpolitiker vom Schlage Rudolf Herrnstadts oder Wilhelm Zaissers, denen die Macht vielleicht binnen kurzem völlig entgleiten würde.[414]

Besiegelt wurde Ulbrichts Triumph auf dem 15. ZK-Plenum vom 24.–26. Juli 1953. Erneut wurde der Aufstand vom 17. Juni als »faschistischer Putsch« bezeichnet, vorbereitet von den »monopolkapitalistischen und junkerlichen Kreise[n] Westdeutschlands. (…) Die Absichten der westdeutschen Monopolkapitalisten und Junker haben am 17. Juni in den volksfeindlichen Forderungen der faschistischen Provokateure auf Sturz der Regierung der DDR und Wiederherstellung der Macht der Großkapitalisten und Junker ihre Widerspiegelung gefunden.« Neben »faschistischen Untergrundbewegungen« wurden auch »illegale Organisationen aus ehemaligen SPD-Mitgliedern, die noch den arbeiterfeindlichen Auffassungen des Sozialdemokratismus anhingen«, für die Unruhen verantwortlich gemacht.

Nur vereinzelt wurde noch Kritik am Zustand der SED dahingehend geübt, dass ihre Arbeit effektiver werden müsse. Zwar wurde bemängelt, dass »die innerparteiliche Demokratie schwach entwickelt und Kritik und Selbstkritik ungenügend entfaltet« seien (»An die Stelle der Überzeugungsarbeit trat oft nacktes Kommandieren.«), von struktureller Erneuerung aber war keine Rede mehr. Vielmehr wurden diejenigen, die dies im engen Führungszirkel vor wenigen Tagen gefordert hatten, scharf kritisiert. »Im Politbüro machte sich bei einigen Genossen ein Zurückweichen vor der feindlichen Propaganda bemerkbar, die das Hauptfeuer gegen den Kern der Parteiführung richtete.« [Sollte heißen: gegen Ulbricht, d. Verf.] Diese Genossen traten als parteifeindliche Fraktion mit einer defätistischen, gegen die Einheit der Partei gerichteten Linie auf und vertraten eine … auf die Spaltung der Parteiführung gerichtete Plattform (Genossen Zaisser und Herrnstadt).« Letzterem wurde

an anderer Stelle eine »kapitulantenhafte, im Wesen sozialdemokratische Auffassung« vorgeworfen.[415]

Ulbricht hatte den Machtkampf gewonnen. Herrnstadt und Zaisser wurden zunächst aus Politbüro und Zentralkomitee, Anfang 1954 aus der SED ausgeschlossen. Beiden wurden untergeordnete wissenschaftliche Arbeiten zugewiesen.

Ulbrichts Sieg über seine Gegner hatte schwer wiegende Konsequenzen für die SED und die DDR. Erstens konnte er seine alte Machtposition als SED-Chef (nicht mehr mit dem Titel »Generalsekretär«, sondern als »1. Sekretär«) behaupten, ungeachtet aller Fehler und Versäumnisse, die er in einer schwachen Stunde teilweise selbst eingeräumt hatte. Zweitens wurden die Versuche einer strukturellen Erneuerung der streng hierarchisch gegliederten SED unterbunden. Eine existentielle Krise, welche die Chance einer Neubesinnung und Reformierung der SED hätte bringen können, führte letztlich dazu, dass ihre Stalinisierung vorangetrieben wurde.

Verschärfte Repression

Kaum in Karlshorst eingetroffen, hatte der sowjetische Marschall Sokolowski am Mittag des 17. Juni Staatssicherheitsminister Zaisser angeherrscht: »Warum habt ihr das nicht verhindern können?« Auch für den aus den Unruhen gestärkt hervorgegangenen Ulbricht war genau das die Kernfrage. Und er beantwortete sie auf seine Weise – mit verschärften Repressionen. Dass es neben der »Peitsche« für die DDR-Bevölkerung auch das »Zuckerbrot« gab, war bezeichnend für den repressiv-paternalistischen Charakter der SED-Herrschaft.

Als eine der wichtigsten Schlussfolgerungen aus dem 17. Juni verstärkte die SED den gesamten Sicherheits- und Repressionsapparat, wobei es insbesondere bei der Stasi zu einschneidenden Veränderungen kam. Mit deren Arbeit war das Politbüro nämlich äußerst unzufrieden: »Die Juni-Ereignisse in der DDR deckten große Mängel in der Arbeit der Organe der Staatssicherheit auf. (…) die Organe des MfS [waren] nicht fähig die Vorbereitung des faschistischen Putsches … aufzudecken, sie gaben nicht ein einziges Signal über die Vorbereitung der Provokationen.«[416] Zur Erhöhung seiner Schlagkraft verordnete das Politbüro personelle wie strukturelle Veränderungen, zudem die personelle und materielle Aufstockung des Sicherheitsapparates. Dazu gehörte nicht zuletzt die verstärkte Werbung von inoffiziellen Mitarbeitern.

Als Hauptverantwortlicher für die »Misere« wurde Staatssicherheitsminister Zaisser seines Amtes enthoben und durch Ernst Wollweber ersetzt. Zugleich wurde das MfS

zum »Staatssekretariat« zurückgestuft und dem Innenministerium unterstellt. Im Politbüro übernahm Ulbricht persönlich die Zuständigkeit für die Staatssicherheit. Harsche Kritik gab es übrigens nicht nur gegen den geschassten Minister Zaisser, sondern auch gegen den zweiten Mann der Stasi: »Für den unzulänglichen Zustand der Staatssicherheitsorgane ist auch der Genosse Mielke verantwortlich …«[417] Dessen Karriere wurde davon allerdings wenig beeinträchtigt.

Auch Deutsche Volkspolizei (DVP) und Kasernierte Volkspolizei (KVP) wurden personell vergrößert und waffentechnisch aufgerüstet. So konnte der DVP-Chefinspektor Karl Maron nach dem 17. Juni eine Erhöhung des Planstellen-Solls um 14 000 Stellen erreichen. Die stark veraltete Bewaffnung – die Volkspolizei übernahm häufig von der KVP ausgemusterte Waffenbestände – wurde modernisiert und vergrößert, so dass die Volkspolizei im November 1953 u.a.

Nikita Chruschtschow (l.) setzte sich im Juni 1953 im Machtkampf gegen Berija durch. Das stärkte auch Ulbrichts (r.) Position.

über rund 3160 Gewehre, 27 000 Karabiner, 10 000 Mpi, 1150 MG und 60 000 Pistolen verfügte. Sichergestellt wurde auch, dass stets ausreichend Munition zur Verfügung stand, was in der Vergangenheit keineswegs immer der Fall gewesen war.[418]

Einschneidende Veränderungen erfuhr auch die Kasernierte Volkspolizei (KVP), das stärkste bewaffnete Organ der DDR. Die Truppe war 1952 quasi als Vorläuferorganisation einer eigenen DDR-Armee, die 1956 aufgestellt wurde, gegründet worden. Mitte 1953 umfasste sie rund 110 000 Mann, nachdem sich ihr Personalbestand in den vorangegangenen zwölf Monaten im Rahmen des DDR-Aufrüstungsprogramms mehr als verdoppelt hatte.

Zentrale Schlussfolgerung der SED-Führung aus den Ereignissen vom 17. Juni war, dass sich die KVP verstärkt auf Einsätze im Innern vorbereiten sollte. Während des Aufstands hatten die KVP-Einheiten erst nach stundenlanger Orientierungslosigkeit und Verunsicherung eingegriffen, dann aber – entgegen gegenteiliger Befürchtungen in der SED-Spitze – als loyale und effektive Stütze des Regimes agiert. Als völlig unzureichend hatten sich Befehlsstrukturen, Nachrichtensystem und die Motorisierung der KVP erwiesen.

Vor allem in diesen Bereichen setzten die Maßnahmen an. So wurde das gesamte Gebiet der DDR in Einsatzbereiche mit speziellen Alarm- und Einsatzplänen unterteilt. Den Einsatzstäben gehörten Vertreter der KVP, der SED, der Polizei und der Staatssicherheit an. Die Führungsstruktur der KVP wurde unter Generalleutnant Heinz Hoffmann, dem späteren Verteidigungsminister, gestrafft.

Nachdem er Mitte Juni seine Macht schon fast eingebüßt hatte, präsentiert sich nach der Niederschlagung des Aufstands ein verbissen blickender Ulbricht (l.) gemeinsam mit Ministerpräsident Grotewohl bei einer offiziellen Huldigungskundgebung in Ost-Berlin.

Wegen des »Neuen Kurses«, der eine stärkere Förderung des Konsums beinhaltete, musste auf Weisung Moskaus der rein quantitative Ausbau der KVP gestoppt werden. Die knapper gewordenen Mittel wurden dafür gezielt in besonders »rückständige« Bereiche wie Motorisierung, Nachrichtenübermittlung und waffentechnische Ausbildung gesteckt, so dass sich die Schlagkraft der KVP auch und vor allem nach innen deutlich erhöhte.[419]

Dass bei SED-Bezirks- und Kreisleitungen und bewaffneten Kräften am 16./17. Juni oft stundenlang Desorientierung und Handlungsunfähigkeit geherrscht hatten, hatte die SED-Führung schockiert. Ein

derartiges Desaster wollte sie nie mehr erleben. Sie ließ umfassende Alarmpläne ausarbeiten, um auf »organisierte Unruhen« schnellstens reagieren zu können. Im Bedarfsfall sollte die Alarmierung auch mittels Rundfunk erfolgen. »In diesen außergewöhnlichen … Fällen wird … durch wiederholtes Einblenden in die laufende Sendung ein Kennwort bzw. eine bestimmte Redewendung bekanntgegeben.«[420]

Eine weitere Konsequenz des 17. Juni war die Aufstellung der »Kampfgruppen der Arbeiterklasse«, die im Juli 1953 vom 15. ZK-Plenum – auf dem Ulbricht seine Macht gesichert hatte – beschlossen wurde. Diese bewaffneten Formationen wurden in volkseigenen Betrieben und Gütern sowie in staatlichen Verwaltungen und Institutionen gebildet. Ihre Aufgabe bestand darin, im Fall von Arbeitsniederlegungen, Protestdemons-

Verhärtete Fronten nach der Niederschlagung des Volksaufstands. An der Berliner Sektorengrenze stehen sich Uniformierte aus West- (l.) und Ost-Berlin gegenüber.

trationen oder Werksbesetzungen unverzüglich einzuschreiten. Die Mitgliedschaft war freiwillig; aufgenommen wurden in erster Linie Mitglieder und Kandidaten der SED sowie »fortschrittliche, klassenbewußte parteilose Arbeiter und Angestellte ... werktätige Einzelbauern« sowie progressive »Angehörige der technischen, wissenschaftlichen und künstlerischen Intelligenz.«[421] Die waffentechnische und taktische Ausbildung (anfangs an Kleinkalibergewehren) erfolgte durch Instrukteure der Gesellschaft für Sport und Technik (GST). Die Leitung der »Kampfgruppen« lag in den Händen der jeweiligen SED-Parteisekretäre.[422]

Zur Sicherung ihrer wieder gefestigten Macht gingen Ulbricht und Genossen daran, die SED von denjenigen Funktionären und Mitgliedern zu »säubern«, die sich am 17. Juni als »kapitulantenhaft« und »schwankend« erwiesen hatten. Vor allem solche Parteimitglieder, die sich des »Sozialdemokratismus« verdächtig gemacht hatten, gerieten ins Visier der Parteikontrollkommissionen, hatte doch das 15. ZK-Plenum im Juli 1953 den »Kampf gegen noch vorhandene Überreste der sozialdemokratischen Ideologie«[423] zu einer vordringlichen Aufgabe erklärt.

Wegen »parteifeindlichen« Verhaltens – dazu zählte beispielsweise die Teilnahme an Demonstrationen am 16./17. Juni – wurden mehrere tausend Parteiverfahren eingeleitet, von denen bis März 1954 rund 23 100 mit dem Parteiausschluss endeten.[424] Als Begründung genügten manchmal schon »abfällige Äußerungen am 17. 6. gegen die Maßnahmen unserer Regierung«.[425] Daneben wurden mehrere tausend »Rügen« bzw. »schwere Rügen« ausgesprochen. So führte beispielsweise die Bezirksparteikontrollkommission Halle zwischen dem 17. Juni und 15. Oktober 1953 insgesamt 411 Parteiverfahren, die mit 327 Ausschlüssen, 20 strengen Rügen, 31 Rügen und 33 Verwarnungen endeten.[426] Vor allem aber wurden

zahlreiche hochrangige und mittlere SED-Funktionäre ihrer Ämter enthoben und durch Parteigänger Ulbrichts ersetzt. Der Hauptvorwurf lautete ideologische Unzuverlässigkeit und »Kapitulantentum«, immer wieder zusammengefasst in der Bannformel »Sozialdemokratismus«.

Das 15. ZK-Plenum wählte im Juli 1953 ein neues Politbüro, dem die offenen Kontrahenten Ulbrichts und einige »unsichere Kantonisten« nicht mehr angehörten, darunter Herrnstadt, Zaisser, Anton Ackermann und Elli Schmidt. Von den 81 im Jahr 1952 gewählten Mitgliedern und Kandidaten des Zentralkomitees der SED verloren 29 bis 1954 ihren Sitz. In den Bezirksleitungen wurden über 60 Prozent der Leitungskader ausgetauscht, auf Kreisebene 53 Prozent der 1. Sekretäre ihrer Posten enthoben.

Unter den so Gemaßregelten waren auch der 1. Kreissekretär und der Oberbürgermeister von Görlitz, Weichold und Ehrlich. Ihnen wurde nicht zuletzt vorgeworfen, mit den Aufrührern verhandelt zu haben.[427] Die Position der Ulbricht-SED brachte besonders drastisch Bruno Baum, Mitglied der Berliner Bezirksleitung, in einer Rede sechs Tage nach dem 17. Juni zum Ausdruck: »In dieser Situation [ist] es nicht angebracht, mit Provokateuren zu diskutieren, die rücksichtslos entfernt werden müssen. Besser ist es, einige Saboteure zu erschießen, als daß ein ganzes Volk in namenloses Elend gestürzt werden würde.«[428]

Bemerkenswert ist, dass durch den Austausch zahlreicher Funktionäre der Anteil von früheren NSDAP-Mitgliedern unter den Parteikadern anstieg. Nach einer SED-Statistik für das Jahr 1953 hatten 8,6 Prozent (96 800 Personen) der SED-Mitglieder früher der NSDAP angehört.[429]

In Reaktion auf den 17. Juni und die Konsequenzen der SED-Führung gab es in den folgenden Wochen aber auch zahlreiche Parteiaustritte. Allein bis zum 21. Juli 1953 verließen 1737 Mitglieder und Kandidaten die SED. Einer parteiinternen Aufstellung zufolge nannten die meisten als Beweggründe: »1. Wir sind keine Faschisten; 2. Vertrauen in die Partei verloren; ... 4. Nicht einverstanden damit, daß der 17. Juni als faschistische Provokation bezeichnet wird; 5. Man soll der Bildung weiterer Parteien zustimmen und dann gehen wir alle geschlossen in die SPD.«[430] Allerdings hielten sich die Parteiaustritte bei einer Mitgliederzahl von rund 1,23 Millionen (Mai 1953) in Grenzen. Zudem gab es bis Ende Juli 1953 2400 Anträge auf Aufnahme in die SED, ganz überwiegend von KVP-Angehörigen.[431]

Zu denken geben musste der SED-Führung allerdings, dass der Anteil der Arbeiter bei den Parteiaustritten 37 Prozent betrug. Ministerpräsident Grotewohl notierte denn auch einige Wochen nach dem 17. Juni: »Völliger Bruch – Partei/Arbeiterkl.[asse]. Nur auf diesem Boden konnte Tag X entwickelt werden.«[432] Von Ulbricht sind derlei zerknirschte Gedanken nicht bekannt.

»Wir begrüßen die energischen Maßnahmen«: Ergebenheitsadressen

Am 17./18. Juni waren bei der Partei- und Staatsführung nicht nur aggressive Resolutionen eingetroffen, die den Rücktritt der Regierung und freie Wahlen forderten. Zahlreiche Betriebe hatten in den kritischen Tagen Ergebenheitsadressen gesandt. Deren Formulierungen klangen allerdings meist so klischeehaft, dass sie schwerlich einer spontanen Gefühlsregung entsprungen waren. So schrieb die LPG »7. Oktober« aus dem Kreis Stendal am 18. Juni: »Mit Empörung haben wir von den Machenschaften der Agenten des deutschen und ausländischen Monopolkapitals Kenntnis genommen. (...) Allen Agenten, Provokateuren und sonstigen Handlangern Adenauers und des deutschen sowie ausländischen Monopolkapitals wer-

den wir, ganz gleich wo sie auch auftreten, das Handwerk legen und sie den Staatsorganen übergeben. (...) Wir begrüßen die Massnahmen des Oberbefehlshabers der Roten Armee in Deutschland ..., die Ruhe wiederherzustellen.« Es folgten 21 Unterschriften.[433]

In einem Telegramm verurteilte die Belegschaft der MTS Lenzen (bei Wittenberge) »aufs schaerfste die Machenschaften der amerikanischen Kriegstreiber, die durch Agenten und faschistische Rowdies versuchen unsere demokratische Ordnung zu stoeren und fordern deren strengste Bestrafung. Unser Vertrauen zur Partei der Arbeiterklasse ist dadurch nur gestaerkt worden.«[434] Auch die Belegschaft des Kraftfutterwerks Falkensee bei Berlin hatte ihre Lektion gelernt und protestierte am 20. Juni telegrafisch »gegen die Provokateure von Westberlin, die ehrliche Arbeiter zum Streik aufgehetzt (haben)... Wir begruessen die energischen Maßnahmen unserer Regierung und werden zum Dank dafuer noch tatkraeftiger um die Erfuellung unserer Planauflagen kaempfen.«[435]

Auffallend viele Studentengruppen schickten Ergebenheitsadressen nach Ost-Berlin. So telegrafierten die Studierenden der Fachschule Bergbau in Zwickau: »Wir fordern die strengste Bestrafung der verbrecherischen Provokateure. All unsere Arbeit gilt der Herbeiführung eines einheitlichen friedliebenden Deutschland.«[436] Tatsächlich waren an den Demonstrationen und Unruhen des 17. Juni verhältnismäßig wenig Studenten beteiligt gewesen. Vielfach traten sie sogar offen gegen die Demonstranten auf und verteidigten die Politik der SED. So berichtet Hans Mayer, damals Literaturprofessor in Leipzig, dass die »ganz überwiegende Mehrheit unserer ... Studenten leidenschaftlich bemüht [war], die Universität gegen einen denkbaren Ansturm der Aufständischen ... zu verteidigen.«[437] Die vergleichsweise hohe Loyalität der Studenten zur SED hing auch mit ihrer relativ privilegierten Position, guten Berufsaussichten sowie mit einer SED-Bildungspolitik zusammen, die Kinder aus Arbeiterfamilien bei der Hochschulzulassung bevorzugte. Viele Studenten mochten darum der Ansicht sein, dass sie der SED etwas zu verdanken hätten. Es passt ins Bild, dass auch der Anteil von SED-Mitgliedern unter den Studenten besonders hoch lag.

Doch muss auch hier differenziert werden. Es war eher eine Minderheit der Studenten, die der SED am 17. Juni aktiv – in Streitgesprächen mit Demonstranten etc. – zur Seite stand. Die meisten verhielten sich abwartend. Es waren vor allem Mediziner und Studenten technischer Fakultäten, die sich zahlreich an Demonstrationen und Kundgebungen gegen das Regime beteiligten.[438]

Zu den Ergebenheitsadressen, wie sie nach dem 17. Juni zu Dutzenden in der

SED-Presse veröffentlicht wurden, notierte der Romanistik-Professor Victor Klemperer, wahrlich kein Gegner der SED: »Ekelhaft die Erklärungen des ganz besonders festen Vertrauens in unsere Regierung.« (20.6.) Und noch etwas vertraute der jüdische Romanist, der das NS-Regime in Deutschland nur mit knapper Not überlebt hatte, seinem Tagebuch an. »Ich kann für mich nur wiederholen … : *Für mich wirken die sowjetischen Panzer als Friedenstauben. Ich werde mich genau so lange sicher in meiner Haut fühlen, als die sowjetische Herrschaft bei uns währt. Hört sie auf, dann gute Nacht.*«[439] Eine Einzelstimme, sicher. Doch auch andere frühere Nazi-Opfer mögen am 17. Juni ähnliche Gefühle beschlichen haben, ohne dass sie der SED-Propaganda vom »faschistischen Putschversuch« tatsächlich Glauben schenkten.

Von der SED Anfang Juli in Dresden organisierte »Vertrauenskundgebung«.

Eine Art »Solidaritätsadresse« schickte am 17. Juni auch der Dichter und Dramatiker Bertolt Brecht. Sie brachte ihm, vor allem im Westen, viel Kritik und Feindseligkeit ein:

»Werter Genosse Ulbricht,

die Geschichte wird der revolutionären Ungeduld der Sozialistischen Einheitspartei Deutschlands ihren Respekt zollen. Die grosse Aussprache mit den Massen über das Tempo des sozialistischen Aufbaus wird zu einer Sichtung und zu einer Sicherung der sozialistischen Errungenschaften führen. Es ist mir ein Bedürfnis, Ihnen in diesem Augenblick meine Verbundenheit mit der Sozialistischen Einheitspartei Deutschlands auszudrücken.«[440]

Das »Neue Deutschland« veröffentlichte allerdings nur den letzten Absatz, nicht die kritischen Worte davor, worüber sich Brecht empörte.

Am Vormittag des 17. Juni hatte Brecht noch im Theater geprobt und war beim Herannahen der Panzer auf die Straße gegangen, begleitet von seinem Mitarbeiter Manfred Wekwerth: » ...ich weiß noch, Brecht beunruhigte und erschütterte in diesen Stunden besonders, daß sich in den fordernden Gesängen der Arbeiter die ›Internationale‹ mehr und mehr mit der ersten Strophe des ›Deutschlandliedes‹ mischte.«[441]

Offenbar war Brecht von den Ereignisse erschreckt und fasziniert zugleich. Am 20. August 1953 notierte er in sein Arbeitsjournal: »der 17. Juni hat die ganze existenz verfremdet. In aller ihrer richtungslosigkeit und jämmerlicher hilflosigkeit zeigen die demonstrationen der arbeiterschaft immer noch, daß hier die aufsteigende klasse ist. Nicht die kleinbürger handeln, sondern die arbeiter. Ihre losungen sind verworren und kraftlos, eingeschleust durch den klassenfeind, und es zeigt sich keinerlei kraft der organisation, es entstehen keine räte, es formt sich kein plan ... Das war der kontakt. Er kam nicht in der form der umarmung, sondern in der form des faustschlags, aber es war doch der kontakt. – die partei hatte zu erschrecken, aber sie brauchte nicht zu verzweifeln. ... Deshalb empfand ich den schrecklichen 17. Juni als nicht einfach negativ.«[442]

Doch allzuviel Hoffnung hatte Brecht wohl nicht, dass die SED die richtigen Schlussfolgerungen aus den Ereignissen ziehen würde. Wenige Wochen später schrieb er ein eher bitteres Gedicht, das in der DDR jahrelang unveröffentlicht blieb:

Die Lösung
Nach dem Aufstand des 17. Juni
Ließ der Sekretär des Schriftstellerverbands
In der Stalinallee Flugblätter verteilen,
Auf denen zu lesen war, daß das Volk
Das Vertrauen der Regierung verscherzt
    habe
Und es nur durch verdoppelte Arbeit
Zurückerobern könne. Wäre es da
Nicht doch einfacher, die Regierung
Löste das Volk auf und
Wählte ein anderes?

Unmittelbar nach dem 17. Juni fanden sich jedoch genug parteitreue Künstler, die in öffentliche Erklärungen ungebrochen die Linie der SED-Spitze vertraten. So wie Kurt Barthel (»Kuba«), jener »Sekretär des Schriftstellerverbandes« aus Brechts Gedicht, der in einem Artikel für das »Neue Deutschland« am 20. Juni über die protestierenden Arbeiter herfiel: »Maurer – Maler – Zimmerleute. Sonnengebräunte Gesichter und weißleinene Mützen, muskulöse Arme, Nacken – gut durchwachsen, nicht schlecht habt ihr euch in eurer Republik genährt (...) Ihr zogt mit dem Gesindel, das, von den großen Weltbrandstiftern gedungen, schon die Benzinflaschen in der Tasche trug. (...) Eure

Solidaritätsadresse Bertolt Brechts an SED-Chef Ulbricht. Das »Neue Deutschland« druckte nur den letzten Satz.

19.6.

BERTOLT BRECHT   Berlin, 17. Juni 1953

14

Werter Genosse Ulbricht,

    die Geschichte wird der
revolutionären Ungeduld der Sozialistischen
Einheitspartei Deutschlands ihren Respekt zollen.

    Die grosse Aussprache mit
den Massen über das Tempo des sozialistischen
Aufbaus wird zu einer Sichtung und zu einer
Sicherung der sozialistischen Errungenschaften
führen.

    Es ist mir ein Bedürfnis,
Ihnen in diesem Augenblick meine Verbundenheit
mit der Sozialistischen Einheitspartei Deutschlands
auszudrücken.

    Ihr

    [Unterschrift: Bertolt Brecht]

BERLIN-WEISSENSEE, BERLINER ALLEE 190, FERNRUF 560393 . BANK: BERLINER STADTKONTOR 20/94 134
BERLIN NW 7, LUISENSTRASSE 18, FERNRUF 421968 (BERLINER ENSEMBLE)

schlechten Freunde, das Gesindel von drüben, strich auf seinen silbernen Fahrrädern durch die Stadt wie Schwälbchen vor dem Regen. Dann wurden sie weggefangen. Ihr aber dürft wie gute Kinder um neun Uhr abends schlafen gehen. Für euch und den Frieden der Welt wachen die Sowjetarmee und die Kameraden der deutschen Volkspolizei.

Schämt ihr euch so, wie ich mich schäme?

Da werdet ihr sehr viel und sehr gut mauern ... müssen, ehe euch diese Schmach vergessen wird.«[443]

Der Komponist Paul Dessau, der eng mit Brecht zusammenarbeitete, schrieb: »Die Sowjetarmee hat durch ihr entschlossenes Durchgreifen gegen die faschistischen Brandstifter in Berlin die Freiheit für das deutsche Volk gesichert. (...) Die faschistischen Brandstifter müssen mit Stumpf und Stiel ausgerottet werden. Das ist die Aufgabe jedes anständigen Deutschen.«[444] Der Dramatiker Friedrich Wolf zog Parallelen zur nationalsozialistischen Machtergreifung 1933: »Haben sich am Mittwoch [dem 17. Juni, d. Verf.] alle klare Rechenschaft abgelegt, wie sie zu handeln haben? ... Ich spreche hier nicht von den berechtigten Forderungen der Arbeiter und unseren Fehlern, die noch ausführlich behandelt werden müssen. (...) es geht um Krieg und Frieden, es geht wieder um das Leben von Millionen ... Ist das nicht ein Signal, ebenso bedrohlich wie brennende Autos und Kioske, ein Signal wie der Reichstagsbrand?«[445]

Andere Schriftsteller und Künstler bemühten sich um stärkere Differenzierungen, indem sie – bei grundsätzlicher Treue zur SED und zur sozialistischen Idee – nach den tieferen Ursachen des Aufstands fragten, die sie nicht zuletzt in Fehlern und Versäumnissen der SED sahen. Zu ihnen gehörte zum Beispiel Erich Loest, der am 4. Juli 1953 im Börsenblatt des deutschen Buchhandels schrieb: »Wir dürfen es uns mit den Provokateuren vom 17. Juni nicht zu leicht machen. Auf der einen Seite stand ihre wohlgerüstete Organisation, und ihre Arbeit gipfelte in Brand, Terror und Mord. Auf der anderen Seite standen die Demonstrationen von Arbeitern, die sich gegen Mißstände ... zur Wehr setzten. Es wäre den Provokateuren nicht gelungen, Teile der Arbeiterschaft vor ihren Karren zu spannen, wenn nicht von Regierung und Partei ... Fehler von zum Teil ernstem Ausmaß begangen worden« wären.[446] Vordringlich sei, die Gängelung der Presse zu beenden, damit in den Zeitungen endlich ein wahrheitsgetreues Bild der gesellschaftlichen Wirklichkeit erscheinen und die Interessen der Bevölkerung ungefiltert zum Ausdruck kommen könnten. Im selben Sinne äußerte sich der Schriftsteller Stefan Heym, der 1952 aus dem amerikanischen Exil in die DDR gegangen war, um dort am Aufbau des Sozialismus mitzuwirken. Zwar durfte Heym in den folgenden Monaten in der »Berliner Zeitung« wiederholt kritische Fragen stellen, wurde aber bald »zurückgepfiffen«. Beider späteres Ergehen dokumentiert, wie die SED mit Kritik – sie mochte so konstruktiv und »solidarisch« sein, wie sie wollte – umging. Erich Loest wurde 1957 wegen »staatsfeindlicher Gruppenbildung« zu sieben Jahren Zuchthaus verurteilt; Stefan Heym war ab Mitte der sechziger Jahre zunehmender Drangsalierung ausgesetzt. Sein Roman über den 17. Juni (»5 Tage im Juni«) durfte in der DDR nicht erscheinen.

Die Reaktion des Westens

Am 18. Juni veröffentlichten die drei westlichen Stadtkommandanten von Berlin eine scharfe Protestnote gegen den sowjetischen Panzereinsatz. »Als Kommandanten des französischen, des britischen und des amerikanischen Sektors von Berlin und im Namen der Alliierten Hochkommission haben wir den Wunsch, unsere tiefe Besorgnis über die Ereignisse zum Ausdruck zu bringen, die sich in den letzten Tagen in Berlin abgespielt haben. Wir verurteilen den unverantwortlichen Rückgriff auf militärische Gewalt, der zur Tötung oder ernstlichen Verwundung einer beträchtlichen Anzahl von Berliner Bürgern … führte.«[447]

Das war das Mindeste, was die Demonstranten in Ost-Berlin und der DDR sowie die westdeutsche Öffentlichkeit erwarten durften. Weitergehende Unterstützung durch den Westen – etwa ein militärisches Eingreifen zugunsten der Aufständischen – mochten einzelne Demonstranten erhofft haben, war aber angesichts der weltpolitischen Gesamtlage illusorisch. Indes, die Position der Westalliierten zu den Ereignissen in der DDR war längst nicht so einhellig, wie jener erste Protest vermuten ließ.

Großbritannien: Churchills Sonderweg

Vor allem der britische Premierminister Winston S. Churchill hatte eine ganze eigene Sicht der Ereignisse. Als Frank Roberts aus dem Foreign Office am Nachmittag des 17. Juni dem Premierminister erstmals von den Unruhen in Ost-Berlin berichtete, hatte er eigentlich erwartet, dass Churchill sich vom Freiheitswillen der mutigen Ost-Berliner beeindruckt zeigte. Aber »im Gegenteil, er war tief besorgt (worried).«[448] Wenige Tage später äußerte Churchill gegenüber einem ranghohen Mitarbeiter des Außenministeriums: »Sollten die Sowjets einfach zusehen, wie die Ostzone in Anarchie und Chaos versinkt? Ich hatte den Eindruck, daß sie angesichts der zunehmenden Unordnung mit recht großer Zurückhaltung reagierten.«[449]

Bereits am 21. Juni hatte Churchill in gereiztem Ton dem britischen Stadtkommandanten in Berlin, Generalmajor Coleman, geschrieben: »Falls die Sowjetunion als Ordnungsmacht mit … weitverbreiteten Bewegungen von gewalttätiger Unordnung konfrontiert wurde, dann hatte sie sicherlich das Recht, das Kriegsrecht zu verhängen, um anarchische Zustände zu verhindern.« Vermutlich mit Blick auf die kämpferischen Protestnoten seiner Amtskollegen in Washington, Bonn und Paris ergänzte er: »Wir können unsere vielen Schwierigkeiten nicht überwinden, wenn wir aus Gründen lokaler Propaganda Behauptungen [aufstellen], die nicht mit den Tatsachen übereinstimmen.« In ähnlichem Sinne ließ sich auch der britische Hochkommissar Sir Ivone Kirkpatrick gegenüber seinem US-Kollegen James Conant vernehmen. Man könne den Deutschen nicht erlauben, Unruhen in der sowjetischen Zone anzuzetteln. Zumal dann die Gefahr bestehe, dass Ähnliches auch in den Westzonen geschehen könne.[450]

Hielt es Großbritannien im Juni 1953 tatsächlich mehr mit der »Ordnungsmacht« Sowjetunion als mit den Demonstranten in der DDR und mit seinen Verbündeten im Westen? Churchill war nicht Großbritannien, und selbst in seinem Kabinett teilten längst nicht alle seine Ansichten bezüglich Moskau und Ost-Berlin. Und mitnichten war aus dem scharfen Antikommunisten ein Parteigänger der Sowjets geworden.

Bei aller Kritik an der Sowjetunion war aber in London die Sorge groß, dass eine allzu ungeduldige, aggressive Politik gegenüber Moskau einen militärischen Konflikt provozieren könnte. Ausdrücklich warnte das Foreign Office darum vor der Anstiftung zu Aufständen in Ostmitteleuropa oder anderer »Operationen, um die Satelliten-Staaten zu befreien«.[451]

Churchill hatte seinen eigenen Kopf und nicht die geringste Scheu, seinen Verbündeten auch einmal gehörig auf die Nerven zu gehen. So betrieb der britische Premierminister im Frühjahr 1953 eine ganz eigene Entspannungspolitik. Nach dem Tod Stalins sah er die Chance, mit der neuen Kreml-Führung zu einer Verständigung zu gelangen und den Kalten Krieg beizulegen. Auch die Wiedervereinigung Deutschlands, so hoffte er, könne auf diese Weise erreicht werden. Denn im Gegensatz zu Eisenhower und Adenauer war Churchill geneigt, an die Ernsthaftigkeit der Moskauer »Friedensinitiativen« vom April/Mai 1953 zu glauben. Bei seinen Planungen schwebte ihm eine Art Neuauflage des Locarno-Vertrags von 1925 vor, der seinerzeit die westeuropäischen Grenzen festgeschrieben und eine Verständigung zwischen Frankreich und Deutschland ermöglicht hatte.[452]

In einer Aufsehen erregenden Unterhausrede erläuterte er am 11. Mai 1953 seine Pläne. Kernpunkt war eine Dreimächtekonferenz (Großbritannien, USA, Sowjetunion), auf der die Hauptstreitfragen des Ost-West-Konfliktes geklärt werden sollten. Churchill deutete an, dass er sich als Preis für eine Ost-West-Verständigung auch ein wiedervereinigtes, allerdings neutrales Deutschland unter Verzicht auf Wiederbewaffnung und politische Westintegration vorstellen könnte. In diesem Zusammenhang äußerte er deutliches Verständnis für das Sicherheitsbedürfnis der UdSSR. »Rußland hat ein Recht darauf, sich sicher zu fühlen, … daß die schrecklichen Ereignisse der Invasion Hitlers sich nicht wiederholen können«.[453]

Das Hauptmotiv dieser Entspannungspolitik war aber nicht Churchills Wunsch, der Sowjetunion ein möglichst großes Sicherheitsgefühl und den Deutschen die staatliche Einheit zu verschaffen. Es bestand vielmehr darin, die britische Weltgeltung zu erhalten. Churchill war überzeugt, dass bei einer Fortdauer des Kalten Krieges Großbritannien mit den USA und der Sowjetunion weder ökonomisch noch militärisch würde mithalten können und somit das Ende des British Empire und der britischen Weltmachtstellung nur eine Frage der Zeit wären.

In Washington und Bonn stießen Churchills Vorstellungen auf heftige Ablehnung. Eisenhower und Adenauer setzten ganz auf die Westintegration und Wiederbewaffnung der Bundesrepublik im Rahmen einer »Europäischen Verteidigungsgemeinschaft« (EVG). Auch das britische Außenministerium unter Anthony Eden teilte ganz und gar nicht den Optimismus Churchills mit Blick auf die neue Kremlführung, sondern war überzeugt, dass Moskau an seinen expansionistischen Zielen festhalten werde.[454]

Die Unruhen in der DDR und der sowjetische Militäreinsatz passten dem britischen Premier ganz und gar nicht ins Konzept, vor allem weil die Sowjetunion nicht gerade als eine »Friedensmacht« dastand. Tatsächlich nahmen Washington und Bonn die Niederschlagung des Volksaufstands zum Anlass, Churchills eigenwilligen Entspannungsplänen eine klare Abfuhr zu erteilen. So stellte US-Präsident Eisenhower am 18. Juni gegenüber Vertrauten mit einer gewissen Erleichterung fest, dass der »Aufstand uns das stärkste mögliche Argument gegen Churchills Plan einer Vier-Mächte-Konferenz geliefert hat.«[455] Für Bonn und Washington kam weiterhin nur eine Wiedervereinigung Deutschlands zu den Bedingungen des Westens in Frage.

Auch im britischen Außenministerium fühlten sich die zahlreichen Gegner der Churchill-Pläne in ihrer Ablehnung bestätigt. In ihren Augen waren sie ohnehin bloße Hirngespinste eines alternden Politikers, der nicht mehr auf der Höhe der Zeit war, und konnten nach der sowjetischen Militäraktion in der DDR zu den Akten gelegt werden. So nannte denn auch ein Mitarbeiter des Foreign Office unverblümt den Volksaufstand einen »großen Triumph« der Churchill-Gegner. Kein Wunder, dass der 79-jährige, gesundheitlich schwer angeschlagene Premierminister von den Ereignissen des 17. Juni wenig erbaut und nur zu vergleichsweise lauen Stellungnahmen bereit war. Am 25. Juni 1953 schrieb er an Bundeskanzler Adenauer: »Ich bin vollkommen mit Ihnen der Meinung, daß die letzten Ereignisse in Berlin und Ostdeutschland erneut die dringliche Notwendigkeit gezeigt haben, daß Deutschland in die Lage versetzt werden muß, unter freiheitlichen Bedingungen vereinigt zu werden, und zwar unter Bedingungen, die dem Frieden in ganz Europa förderlich sind.«[456] Über Unterdrückung und Freiheitswillen der Ostdeutschen kein Wort, auch nicht über den Militäreinsatz der Sowjets.

USA: Verhinderung des Dritten Weltkriegs

Ganz anders die Amerikaner. Die Eisenhower-Administration fühlte sich durch den 17. Juni sowohl in ihrer Einschätzung des Freiheitswillens der Menschen hinter dem »Eisernen Vorhang« (»captive people«) als auch der ungeschmälerten Aggressivität des Sowjet-Kommunismus bestätigt. Bereits am Abend des 17. Juni freute sich Außenminister John Foster Dulles in einem Telegramm an die US High Commission (HICOG) in Bonn über die »exzellenten propagandistischen Möglichkeiten«, die in den Unruhen steckten.[457]

Präsident Dwight D. Eisenhower hatte im Januar 1953 sein Amt mit der erklärten Absicht übernommen, im gespannten Verhältnis zur Sowjetunion – einst Verbündeter in der Anti-Hitler-Koalition – eine härtere Gangart einzuschlagen. Anders als sein Vorgänger Harry S. Truman, der das Konzept der »Eindämmung« (»Containment«) verfolgt hatte, nannten der einstige Weltkriegsgeneral Eisenhower und sein Außenminister Dulles offen als Ziel das »Zurückdrängen« (»Roll Back«) des sowjetischen Einflusses. Vor allem Außenminister Dulles sprach immer wieder von der »friedlichen Befreiung der gefangenen Völker«, wobei er im Wahlkampf des öfteren den Zusatz »friedlich« einfach vergaß. Es waren diese aggressiven Töne, die Winston Churchill nach dem Wahlsieg Eisenhowers zu seinem Privatsekretär sagen ließen: »Ganz im Vertrauen, ich bin sehr besorgt. Ich denke, daß dies einen Krieg viel wahrscheinlicher machen wird.«[458] Adenauer war weniger besorgt. Mit Dulles verband ihn eine persönliche Freundschaft, und auf den westdeutschen Bundeskanzler konnte sich die US-Regierung so fest verlassen wie dieser sich auf sie. Und auch beim »Roll Back« galt: Wahlkampf-Rhetorik ist noch nicht konkrete Politik.

Unmittelbar nach Eintreffen der ersten Berichte aus Ost-Berlin diskutierte man in Washington sogar, die Ostdeutschen direkt zu einem Aufstand gegen das Ulbricht-Regime aufzurufen, verwarf diese Möglichkeit aber rasch wieder. Auch die Amerikaner wollten kein Öl ins Feuer gießen. So kam der US-amerikanische Stadtkommandant Thomas S. Timberman schon am Morgen des 17. Juni mit seinen beiden westlichen Kollegen überein, dass ihre Hauptsorge in Berlin die Aufrechterhaltung von »law and order«

sein müsse. Auch wurde allen in Berlin stationierten Agenten aus Washington ausdrücklich verboten, den Demonstranten Waffen zur Verfügung zu stellen.[459] Bekanntlich ließ Timberman an »seinen« Sektorengrenzen Panzer auffahren, um den Durchzug von DDR-Demonstrationen zu verhindern und allzu hitzigen West-Berlinern einen massenhaften Übertritt nach Ost-Berlin zu verwehren. Washington weigerte sich sogar, dem Regierenden Bürgermeister Ernst Reuter, der sich am 17. Juni in Wien aufhielt, ein Flugzeug für dessen sofortige Rückkehr zur Verfügung zu stellen. Aus der Blockadezeit 1948/49 kannten sie seine Fähigkeit, Emotionen zu wecken, und hielten es in der gespannten Lage für besser, wenn Reuter erst mit Verspätung nach Berlin zurückkehren würde.[460]

An einer unmittelbaren Eskalation waren die USA am 17. Juni nicht interessiert. Andererseits nahmen sie den niedergeschlagenen Volksaufstand zum Anlass, erneut in die Offensive zu gehen. Bereits am 18. Juni standen die Unruhen in der DDR auf der Tagesordnung des Nationalen Sicherheitsrats, einem wichtigen Entscheidungsgremium der US-Regierung.

In der Top-secret-Sitzung ging es vor allem um die Frage, welche Konsequenzen die USA aus den Unruhen (»riots«) für ihre Politik gegenüber Moskau und seinen »Satelliten-Staaten« ziehen sollte. Außenminister Dulles betonte dabei, dass die USA mit dem Ausbruch der Unruhen nichts zu tun hätten (»The United States had nothing whatever to do with inciting these riots ...«[461]). Präsident Eisenhower erklärte, es sei richtig gewesen, den Aufständischen keine Waffen zur Verfügung zu stellen, da es sonst ein Blutbad unter den Demonstranten gegeben hätte. Aber, so der Präsident, sollte es eine reale Chance für den Erfolg eines bewaffneten Aufstands im sowjetischen Herrschaftsbereich geben, könne man auch anders entscheiden. »Unser Problem war [am 17. Juni],

die Erfolgschancen abzuschätzen.« Es hätten real keine bestanden; noch sei die Zeit nicht gekommen, Unruhen im Ostblock und im kommunistischen China aktiv zu schüren. (»It was still his opinion, he [Eisenhower] said, that the time to ›roll them out for keeps‹ is not yet.«)[462]

Ganz offensichtlich aber begann es im sowjetischen Herrschaftsbereich zu gären. Dies galt es zu nutzen. So beauftragte der Nationale Sicherheitsrat noch am 18. Juni das »Psychological Strategy Board (PSB)«, eine CIA-Abteilung für psychologische Kriegsführung, ein Aktionsprogramm für die nächsten 60 Tage zu entwerfen. Am 29. Juni 1953 lag es vor, mit Vorschlägen für eine ganze Reihe subversiver Maßnahmen. Allgemein sollte der Widerstand gegen die kommunistischen Regime »genährt« werden. Es sollten, wo immer möglich, Widerstandsgruppen gebildet werden, die bei einer Verschärfung der Lage die Kerne einer breiteren Bewegung bilden sollten. Unter Punkt 2. f. schlug der PSB vor, das Projekt einer »Freiwilligen-Armee« (»Volunteer Freedom Corps«), gebildet aus geflohenen Regimegegnern, voranzutreiben. Mittelfristig sollte eine bewaffnete Untergrundorganisation zur Vorbereitung und Lenkung bewaffneter Aufstände aufgebaut werden. Zudem sollte die »Ausschaltung« führender Personen in den Satelliten-Staaten autorisiert werden.[463]

Das Aktionsprogramm wurde vom Sicherheitsrat angenommen; allerdings stießen Pläne für radikale Aktionen, wie zum Beispiel Attentate, innerhalb der US-Regierung auf Ablehnung. Das PSB erhielt die Anweisung, das Schwergewicht auf die Intensivierung des passiven Widerstands zu legen.[464]

Insgesamt spiegelt das PSB-Programm NCS 158 die Hochstimmung, die der Volksaufstand vom 17. Juni in Teilen der Eisenhower-Administration ausgelöst hatte, schien doch erstmals seit Beginn des Kalten Krieges die Möglichkeit einer aktiveren Politik zur »Befreiung der Völker Osteuropas«, einschließlich der DDR, gegeben.

Bonn:
Ein Tag der deutschen Einheit

Bereits die erste offizielle Erklärung der Bundesregierung hatte gezeigt, dass sie an einer Eskalation der Ereignisse in der DDR nicht interessiert war. Niemand solle sich und seine Umgebung in Gefahr bringen, mahnte Jakob Kaiser, der Minister für gesamtdeutsche Fragen, am Abend des 16. Juni über den RIAS die Menschen in der DDR.

Im selben Sinne äußerte sich Bundeskanzler Adenauer am Nachmittag des 17. Juni im Bundestag: »Wie auch die Demonstrationen der Ostberliner Arbeiter in ihren Anfängen beurteilt werden mögen, sie sind zu einer großen Bekundung des Freiheitswillens des deutschen Volkes in der Sowjetzone und in Berlin geworden. Die Bundesregierung empfindet mit den Männern und Frauen, die heute in Berlin Befreiung von Unterdrückung und Not verlangen. Wir versichern Ihnen, daß wir in innigster Verbundenheit zu Ihnen stehen. Wir hoffen, daß Sie sich nicht zu unbedachten Handlungen hinreißen lassen, die ihr Leben und die Freiheit gefährden könnten. Eine wirkliche Änderung des Lebens der Deutschen in der Sowjetzone kann nur durch die Wiederherstellung der deutschen Einheit in Freiheit erreicht werden.«[465]

Diese »Verbundenheit« Adenauers ging aber nicht so weit, unverzüglich nach West-Berlin zu fliegen, um die Menschen in der DDR persönlich und aus nächster Nähe seiner Solidarität zu versichern. Der Kanzler begab sich erst zur offiziellen Trauerfeier für die Opfer des Aufstands am 23. Juni nach West-Berlin. Adenauer verstand es, aus dem 17. Juni Nutzen für seine Politik zu

ziehen. Am 1. Juli 1953 erklärte er im Bundestag, die Niederschlagung des Volksaufstands zeige in aller Deutlichkeit, dass erst nach der vollen West-Integration der Bundesrepublik es sinnvoll sei, mit Moskau in Verhandlungen zu treten, um schließlich die Wiedervereinigung Deutschlands zu erreichen. Zudem nutzte Adenauer den 17. Juni, um allen Versuchen, die politische, wirtschaftliche und vor allem militärische Eingliederung der Bundesrepublik in Frage zu stellen – wie es etwa die SPD im Innern, Churchill unter den Verbündeten tat –, mit besonderem Nachdruck eine Absage zu erteilen. Und der Kanzler war klug genug, den 17. Juni zu einem zentralen Wahlkampfthema zu machen. Bei den Bundestagswahlen vom 6. September 1953 erhielten CDU/CSU 45,2 Prozent – gegenüber 1949 ein Zugewinn von 14,2 Prozentpunkten. Die SPD kam auf 28,8 Prozent (1949: 29,2 Prozent.)

Eine bittere Ironie des gescheiterten Volksaufstands bestand somit darin, dass er bewirkte, was die allermeisten Demonstranten in Ost-Berlin und der DDR gerade nicht gewollt hatten: eine – zumindest vorläufige – Vertiefung der deutschen Teilung.

Nur eine Woche nach dem 17. Juni 1953 erhielten die westlichen Hohen Kommissare in der Bundesrepublik den Status von Botschaftern. Auch die westdeutschen Vertreter bei den Westmächten wurden in den Rang von Botschaftern erhoben. Die Erlangung staatlicher Souveränität der Bundesrepublik – nicht zuletzt als Gegenleistung für die Westintegration – machte Fortschritte.

Kaum waren die Demonstranten auseinandergetrieben und die Schüsse verhallt, hatte in der Bundesrepublik der politische Streit darüber begonnen, was denn eigentlich geschehen war in Ost-Berlin und der DDR. Übereinstimmung gab es in der Einschätzung, dass sich die Menschen gegen das Unrechtsregime der SED erhoben hatten und für freie Wahlen und die Wiedervereinigung Deutschlands auf die Straße gegangen waren.

Sowohl die in Bonn regierende CDU als auch die oppositionelle SPD betonten immer wieder den »nationalen« Aspekt der Erhebung. Es habe soziale und politische Forderungen gegeben, aber alles »mündete in dieses glühende Bekenntnis: wir wollen nicht mehr in einem gespaltenen Deutschland leben, wir wollen Wiedervereinigung«, wie der SPD-Abgeordnete Herbert Wehner am 1. Juli 1953 in einer leidenschaftlichen Bundestagsrede ausrief.[466] Auch Bundeskanzler Adenauer betonte vor dem Bundestag die Frage der Wiedervereinigung: »Der Aufstand der deutschen Bevölkerung in

Ost-Berlin und der sowjetisch besetzten Zone gegen Unfreiheit und Unterdrückung hat die Spaltung Deutschlands wieder in den Brennpunkt der außenpolitischen Auseinandersetzungen gerückt. … Millionen Deutsche haben die Welt aufgerufen, damit die Wiedervereinigung in Freiheit Tatsache werde und damit Brüder und Brüder und Schwestern und Schwestern nach Jahren der Trennung wieder zusammenkommen und das deutsche Haus gemeinsam bauen können.«[467]

Völlig einig in der Deutung des 17. Juni waren sich die westdeutschen Parteien aber nicht. Hinzu kam – es herrschte Wahlkampf; im September 1953 sollte ein neuer Bundestag gewählt werden. Es war der Berliner SPD-Abgeordnete Willy Brandt, der im Bundestag die politisch-sozialen Aspekte des Volksaufstandes hervorhob und ihn dabei ausdrücklich in die Tradition sozialde-

Trauerfeierlichkeiten für die Opfer des 17. Juni in West-Berlin. Bei der Kundgebung vor dem Rathaus Schöneberg am 23. Juni spricht der Regierende Bürgermeister Ernst Reuter. Links neben ihm Bundeskanzler Konrad Adenauer.

mokratischen Emanzipationsstrebens stellte: »In der machtvollen Manifestation in Ost-Berlin und der sowjetischen Zone drückt sich nicht der Schrei nach dem Anschluß an Bonn aus, sondern es drückt sich darin auch aus der Anspruch auf die echte Mitgestaltung dieser arbeitenden Menschen bei der Schaffung einer gesamtdeutschen Ordnung. (…) Auf den Transparenten … standen viele und wichtige Forderungen. Nirgends hat etwas gestanden von jener Reprivatisierung der Mammutwerke, für die sich offenbar … der Herr Staatssekretär im Ministerium für gesamtdeutsche Fragen ausgesprochen hat. Wenn die Arbeiter in der Zone für bestimmte politische Zwecke so ausgeschlachtet werden sollen …, dann muß man darauf erwidern: die fassen die Wiedervereinigung nicht als eine Gelegenheit zu persönlichem Gewinnstreben auf. Sie wollen demokratisieren, nicht restaurieren.« Zuvor hatte schon Herbert Wehner – ein Wort von Karl Marx zitierend – ausgerufen: »Die Arbeiter sind zwar geschlagen, aber sie sind nicht besiegt!«[468] Derlei sozialdemokratisch gefärbte Interpretationen mag vielen Konservativen oder Wirtschaftsliberalen etwas schrill in den Ohren geklungen haben, die viel lieber den nationalen Aspekt der Erhebung betonten als deren sozialpolitische, gewerkschaftlich geprägten Elemente zu Kenntnis zu nehmen.

Zur Tragik des 17. Juni gehörte im Übrigen auch, dass die meisten unmittelbar Beteiligten – so sie nicht den Weg in den Westen wählten – sich an der Diskussion um den Charakter »ihres« Aufstands nicht beteiligen konnten.

So schnell wurde noch kaum ein Ereignis historisiert wie der 17. Juni 1953. Denn trotz aller Meinungsunterschiede über den »Wesenskern« des Geschehens beschlossen die Bundestagsparteien bereits am 3. Juli 1953 einhellig – mit Ausnahme der KPD – die Einführung des »Tages der deutschen Einheit« als gesetzlicher Feiertag. Die Initiative war von der SPD ausgegangen, die Anfang der fünfziger Jahre Bundeskanzler Adenauer vorwarf, mit seiner Politik der konsequenten Westintegration die Wiedervereinigung Deutschlands auf längere Sicht zu verspielen. Der Namensvorschlag stammte von Herbert Wehner, der nicht zuletzt die von konservativer Seite immer wieder bezweifelte »nationale Zuverlässigkeit« der Arbeiterschaft durch den 17. Juni eindrucksvoll unter Beweis gestellt sah.[469] Das Gesetz hatte folgenden Wortlaut, in dem die offizielle Bonner Interpretation sehr klar zum Ausdruck kam: »Am 17. Juni 1953 hat sich das deutsche Volk in der sowjetischen Besatzungszone und in Ostberlin gegen die kommunistische Gewaltherrschaft erhoben und unter schweren Opfern seinen Willen zur Freiheit bekundet. Der 17. Juni ist dadurch zum Symbol der deutschen Einheit in Freiheit geworden. Der Bundestag hat das folgende Gesetz beschlossen:

§ 1 Der 17. Juni ist der Tag der deutschen Einheit.

§ 2 Der 17. Juni ist gesetzlicher Feiertag.«[470]

Was war der 17. Juni?

Was war geschehen am 17. Juni 1953? Wer hatte den »den Aufstand geprobt« und mit welchem Ziel? War es ein Arbeiter- oder ein Volksaufstand – war es gar eine versuchte Revolution?

Als am 16. Juni 1953 Ost-Berliner Arbeiter auf die Straße gingen, stellten sie zunächst soziale Forderungen: Rücknahme der Normerhöhungen und Herabsetzung der HO-Preise. Doch innerhalb weniger Stunden standen politische Losungen im Mittelpunkt: »Nieder mit Ulbricht« – »Weg mit der Regierung« – »Freie Wahlen«. Am 17. Juni radikalisierte sich der Protest gegen die SED-Herrschaft. Parteizentralen und Gefängnisse wurden gestürmt. In mehreren Orten schossen Kasernierte Volkspolizei und Volkspolizisten in die Menge. Vereinzelt schossen Demonstranten zurück. Es gab zahlreiche Tote und Verletzte. Schließlich bereitete das militärische Eingreifen der Sowjets den Unruhen ein blutiges Ende.

Noch am Abend des 17. Juni 1953 begann der Streit um die politische Bewertung des Geschehens. Für die SED-Führung, die an diesem Tag in den Abgrund geschaut hatte, war es eine klare Sache. Ihre Propaganda stellte den 17. Juni als »faschistische Provokation« dar, als den vom Westen geplanten und gesteuerten »Tag X« zur Beseitigung des »Arbeiter- und Bauernstaates«. An dieser Version hielt das SED-Regime Zeit seines Bestehens fest.

In der Bundesrepublik betonten Politiker den »nationalen« Aspekt des Aufstands. Sie hatten aus den Sprechchören vor allem die Forderung nach gesamtdeutschen Wahlen und Wiedervereinigung herausgehört. So hieß der umgehend eingeführte Feiertag denn auch »Tag der deutschen Einheit«.

Allerdings blieben Erkenntnisse über sowohl die Träger des Aufstands als auch ihre Forderungen und »Stoßrichtung« sehr diffus und boten darum ein weites Feld für Interpretationen und Projektionen. In den sechziger Jahren wurde im Westen die These vom »Arbeiteraufstand« favorisiert. Doch zeigen die gewaltige Teilnehmerzahl bei Streiks und Demonstrationen – mehr als eine Million Menschen – sowie die massenhafte Beteiligung von Angestellten, Verkäuferinnen, nicht zuletzt vieler Bauern, dass durchaus von einem »Volksaufstand« gesprochen werden kann. Nach dem Untergang der DDR wurde von einigen Historikern die These aufgestellt, dass es sich beim 17. Juni sogar um den Versuch einer regelrechten »Revolution« gehandelt habe, die auf eine völlige Umwälzung der politischen Verhältnisse zielte.

Auch mit der Distanz von fünf Jahrzehnten und trotz immenser Quellenbestände fällt es nicht leicht, Charakter und Zielrichtung des 17. Juni zu bestimmen. Die Erhebung war zu kurz, als dass sich eine klare Programmatik und revolutionäre Strukturen hätten herausbilden können. Zu ihren Merkmalen gehört zudem, dass es ein »Aufstand ohne Gesicht« geblieben ist, das heißt ohne Führungspersonen, von einigen lokalen Streikführern abgesehen. Es fehlen umfassende soziologische Untersuchungen über die Zusammensetzung der Demonstranten insgesamt sowie ihrer – sofern überhaupt solche in Erscheinung traten – Führungsguppen (Streikleitungen, Stadtkomitees). Prozessakten, Flüchtlingsbefragungen und Erinnerungen von Zeitzeugen geben zwar einen Eindruck von der gesellschaftlichen Breite des Aufstands, erlauben aber wegen der schmalen Datenbasis keine eindeutigen Aussagen.

Die Kernfrage lautet nach wie vor: Was wollten die Aufständischen? Der 17. Juni begann mit einem klassischen Arbeitskonflikt. Bauarbeiter wehrten sich gegen Normerhöhungen, das heißt gegen die Zumutung, für weniger Lohn mehr leisten zu sollen. Insofern war der 17. Juni auch Höhepunkt einer Rationalisierungs- bzw. Modernisierungskrise in der DDR. Bereits mit Einführung der »Technischen Arbeitsnormen« hatte die SED versucht, dringend notwendige Produktivitätssteigerungen zu erreichen. Ein Problem, vor dem jede Volkswirtschaft, jeder Betrieb immer wieder steht, wobei sich stets die Frage stellt, wie die allfälligen Widerstände der Betroffenen gegen Neuerungen überwunden werden.

Die SED versuchte es mit Zwang und Propaganda und erlitt damit totalen Schiffbruch. Genau das wollten die Ost-Berliner Bauarbeiter zum Ausdruck bringen, als sie am 16. Juni riefen: »Wir sind Arbeiter und keine Sklaven!« Bezeichnenderweise versagte das SED-Regime gerade bei seinem zentralen Anspruch, nämlich die »Entfesselung der Produktivkräfte« durch die sozialistische Veränderung der Produktionsverhältnisse zu erreichen. Diese marxistische Rechnung war ohne den Wirt – die Arbeiterschaft – gemacht.

Das Ulbricht-Regime drohte zu scheitern, als es Rationalisierungen in der Wirtschaft autoritär durchsetzen wollte. Dass die Arbeiter sich dies nicht gefallen ließen, spricht wiederum für das Selbstbewusstsein eben jener Arbeiter, die am 16./17. Juni ihre Oberen beim Wort nahmen. Eine »Arbeiter-und Bauern-Regierung« hatte gefälligst für die Interessen der Arbeiter und Bauern zu sorgen oder sie hatte zu verschwinden. Insofern ist es sicher kein Zufall, dass die Schwerpunkte des Aufstands zumeist in den traditionellen Hochburgen der Arbeiterbewegung lagen.

Aber der Protest gegen Normerhöhung war nur der Anfang. Mit den Streiks und Demonstrationen vom 16. Juni in Ost-Berlin war der Bann gebrochen. In der gesamten DDR zielten Streiks und Demonstrationen auf den Sturz Ulbrichts, eine neue Regierung, demokratische Freiheitsrechte und Überwindung der Teilung. Die Aktionen wurden wütender und radikaler, Gefängnisse und Stasi-Zentralen gestürmt. Für Stunden konnte man den Eindruck gewinnen, das SED-Regime stünde vor dem Aus. Dann sicherte das Eingreifen der sowjetischen Panzer Ulbricht und Genossen die Macht.

Die bloße Menge der SED- und Stasi-Akten verleitet dazu, den 17. Juni als eine »Unterdrückungsgeschichte« zu erzählen. Dabei war er doch auch – und vor allem – eine »Freiheitsgeschichte« – und das bei den als notorisch obrigkeitshörig geltenden Deutschen.

Auffällig ist auch Folgendes: Der 17. Juni war offenbar kein Akt schierer Verzweiflung. Fotos und Filme zeigen – vor dem Eingreifen der Panzer – viele entspannte, oft fröhliche Gesichter. Da gingen durchaus selbstbewusste Menschen auf die Straße, die es »denen da oben« einmal zeigen wollten. Mit dem kurz zuvor verkündeten »Neuen Kurs« hatte die SED ja bereits einen Rückzieher gemacht. Das Ulbricht-Regime schien keineswegs unanreifbar.

Der Aufstand vom 17. Juni ereignete sich nicht im luftleeren Raum. Insbesondere ist seine blutige Niederschlagung durch die Sowjets im internationalen Kontext zu sehen. Während in der DDR Ulbrichts Herrschaft ins Wanken geriet, tobte in Moskau ein erbitterter Machtkampf zwischen Berija auf der einen Seite und Chruschtschow, Malenkow und Genossen auf der anderen. Es spricht vieles dafür (die Akten aus jener Zeit sind leider sehr spärlich), dass in dieser aufs Äußerste gespannten Situation keiner der beiden Seiten der Sinn nach liberalen

Experimenten in der DDR stand, wie sie ein Rudolf Herrnstadt oder Franz Dahlem vielleicht hätten einleiten können. Ein ungeliebter Ulbricht als »Ordnungsmacht« war dem Kreml, offenkundig lieber als jeder Reform-Sozialismus, der womöglich in andere Staaten des sowjetischen Herrschaftsbereichs, sogar bis nach Russland hätte ausstrahlen und über kurz oder lang zu einer deutschen Annäherung, ja Wiedervereinigung unter »sozialdemokratischen« Vorzeichen hätte führen können.

Dem niedergeschlagenen Aufstand haftet insgesamt etwas Tragisch-Paradoxes an. Keines ihrer Ziele erreichten die Demonstranten, mit Ausnahme einiger sozialer Verbesserungen. Im Gegenteil: Ulbricht, dessen Sturz mit Verkündung des »Neuen Kurses« bereits beschlossen schien, ging gestärkt aus dem 17. Juni hervor. Die Ulbricht-Kritiker um Herrnstadt, Dahlem und Zaisser, die möglicherweise demokratische Reformen begonnen hätten, wurden kaltgestellt. Die deutsche Teilung vertiefte sich. Der kurzzeitige »Sieg« über Einrichtungen der Staatssicherheit führte zum Ausbau des Repressionsapparates. In der SED-Spitze wuchs das Misstrauen gegen das eigene Volk, so dass demokratische Reformen auf Dauer ausgeschlossen wurden.

Was fing die SED an mit ihrem »Sieg«? Der Schriftsteller Stefan Heym, überzeugter Sozialist und Ulbricht-Kritiker, hatte in einem Artikel kurz nach dem »17. Juni« ausgerechnet Stalin zitiert, der Aufstände einmal als eine Form der Kritik durch das Volk bezeichnet hatte.[471] Indem Ulbricht und Genossen jedoch den Aufstand vom 17. Juni als »faschistische Provokation« hinstellten, unterbanden sie um ihres Machterhaltes willen jede tiefer gehende Frage nach den politischen und ökonomischen Ursachen für seinen Ausbruch.

Doch wie sangen die aufständischen Bauern nach ihrer Niederlage gegen das Fürstenheer im Frühjahr 1525: »Geschlagen ziehen wir nach Haus, die Enkel fechten's besser aus«. In der DDR dauerte es 36 Jahre, bis eine friedliche Revolution der SED-Herrschaft ein Ende machte.

Anhang

Anmerkungen

1 BuArch-SAPMO, NY 4090, Nr. 437, Bl. 10
2 Havemann, 1990, S. 127
3 Beier, 1993, S. 61f
4 WAZ, 18.6.1953 (zit. n. Diedrich, 1991, S. 75f)
5 Film »Juni-Aufstand«, ZDF, 15.6.1993
6 Zit. n. Hagen/Wendorf, 1992, S. 168f
7 Herrnstadt, 1990, S. 83
8 Bogomolow, 2000, S. 55
9 Barch-SAPMO, NY 4090/Nr. 437, Bl. 33
10 Zit. n. Bouvier, 1996, S. 306
11 Bouvier, 1996, S. 309
12 Barch-SAPMO, DY 30/3688 Bl. 92
13 Hagen, 1992, S. 168
14 Fricke, in: Roth, 1999, S. 56
15 Chruschtschow, 1971, S. 335
16 Protokoll der II. Parteikonferenz der SED, 1952, S. 58f
17 Buck, 1995, S. 1120
18 Krämer, 1996, S. 46
19 Klemperer, 1999, S. 299
20 Protokoll der II. Parteikonferenz, 1952, S. 88
21 Protokoll der II. Parteikonferenz, 1952, S. 94
22 Kaminsky, 2001, S. 28
23 Protokoll der II. Parteikonferenz, 1952, S. 61
24 Zit. n. Lapp, 1997, S. 22
25 Zit. n. Graml, in: Zarusky, 2002, S. 135
26 Im März 1952 hatte Stalin an die Westmächte eine Note gerichtet, in der er u. a. die Wiedervereinigung eines entmilitarisierten, neutralen Deutschland in Aussicht stellte. Die Westalliierten und die Bonner Bundesregierung lehnten die Note ab. Über die Absichten, die Stalin mit dieser Initiative verfolgte, ob sie tatsächlich ernst oder rein taktisch-propagandistisch gemeint war, gibt es seit Jahrzehnten eine wissenschaftliche Kontroverse. Vgl. dazu Zarusky, J. (Hg.), Die Stalin-Note vom 10. März 1952. Neue Quellen und Analysen, München 2002.

27 Einheit, 12/1952 (zit. n. Diedrich, 1991, S. 39)
28 Protokoll der II Parteikonferenz, 1952, S. 74
29 Schröder, 1998, S. 120; Malycha, 2000, S. 471
30 Diedrich, 1998, S. 342
31 Alfred Lemmnitz, Dozent an der Parteihochschule »Karl Marx«; später Minister für Volksbildung; zit. n. Buck, 1995, S. 1142
32 LAB, C Rep. 303–26, Nr. 94, Bl. 22
33 Barch-SAPMO DY 30/IV/2/5/304, Bl. 177
34 Die Flucht aus der Sowjetzone ..., 1962, S. 17
35 Barch-SAPMO DY 30/IV/2/5/271, Bl. 9
36 LAB C Rep. 303–26, Nr. 94, Bl. 22
37 LAB C Rep. 303–26, Nr. 94, Bl. 35
38 Zit. n. Müller-Enbergs, 1991, S. 157
39 Klemperer, 1999, S. 371/376
40 Diedrich, 1991, S. 26f
41 Zit. n. Hartweg, (Hg.), 1995, S. 66
42 PB-Beschluss vom 27.1.1953, zit. n. Hartweg, 1995, S. 88
43 Skyba, 2000, S. 209
44 Innenminister Willi Stoph forderte im Dezember 1952 mit dieser Begründung das Verbot der »Jungen Gemeinde«. Vgl. Skyba, 2000, S. 216f
45 Zit. n. Besier, 1993, S. 107
46 Interview Liebehenschel
47 Zit. n. Besier, 1993, S. 19f
48 Barch-SAPMO NY 4090, Nr. 456, Bl. 60f
49 Barch-SAPMO DY 30/3675, Bl. 41
50 PB-Beschluss vom 27.1.1953, zit. n. Hartweg, 1995, S. 89
51 Die SED versuchte sogar, eine Kartoffelkäfer-Plage auf US-amerikanische Sabotage zurückzuführen.
52 Rede auf der II. Parteikonferenz der SED, 1952, Protokoll, S. 71
53 Barch-SAPMO DY 30/3675, Bl. 11
54 Barch-SAPMO DY 30/IV/2/5/304, Bl. 166
55 Mählert, in: Mählert/Weber 2001, S. 431; Weber, 2001, S. 479
56 Barch-SAPMO, NY 4090, Nr. 699, Bl. 25

57 Weber, 2001, S. 475ff
58 Werkentin, 1995, S. 368/409. Karl Hamann wurde 1956, Georg Dertinger erst 1964 aus der Haft entlassen.
59 Berger, 1998, S. 15f
60 Höhne/Zolling, 1971, S. 255
61 Zit. n. Stöver, 2002, S. 277
62 Merz, 1987, S. 158
63 Stöver, 2002, S. 542
64 Zit. n. Der Spiegel, 2.7.1958
65 Der Spiegel, 2.7.1958
66 Stöver, 2002, S. 536
67 Der Spiegel, 2.7.1958
68 Der Tagesspiegel, 16.12.1952
69 Zit. n. Merz, 1987, S. 192 (Hervorhebung im Original)
70 Buschfort, 2000, S. 51ff
71 Buschfort, 2000, S. 36ff
72 Buschfort, 1991, S. 61; Helmut Bärwald, seit 1949 führender Mitarbeiter des Ostbüros, spricht von »guten Beziehungen« zwischen Ostbüro und westlichen Geheimdiensten, die sich aus der Informationsfülle des Ostbüros immer wieder gern bedient hätten. Vgl. Bärwald, 1991, S. 53
73 Buschfort, 1991, S. 78
74 Buschfort, 1991, S. 72f
75 Zwar hielt sich Stephan Thomas am 15. Juni 1953 in Berlin auf, soll aber in Gesprächen mit Hennigsdorfer Arbeitern von einem Streik wegen der Normerhöhungen abgeraten haben. Vgl. Buschfort, 1991, S. 94
76 Berger, 1998, S. 17
77 Monatsbericht über die Sonderaktionen in der Sowjetischen Besatzungszone, Juni 1953; zit. n. Buschfort, 1991, S. 97
78 Bouvier, 1996, S. 318
79 Zit. n. Wolle, 1995, S. 260
80 Zit. n. Buschfort, 1991, S. 97
81 Heimann, 2002, S. 402ff
82 Berger, 1998, S. 15f
83 Kundler, 1994, S. 170
84 Heym, 1988, S. 564
85 LAB, B Rep. 037, Nr. 2535/33, Bl. 19ff (Übersetzung T. F.)
86 LAB, B Rep. 037, Nr. 2535/33, Bl. 21 (Übersetzung T.F.)
87 LAB B Rep. 037, Nr. 2541/7, (Übersetzung T. F.)
88 LAB, B Rep. 037, Nr. 2535/34
89 Zit. n. Wacket, 1993, S. 1037

90 Zit. n. Wacket, 193, S. 1038
91 LAB B Rep. 037, Nr. 2541/9
92 Zit. n. Wacket, 1993, S. 1042
93 Chamberlin/Wetzel, 1982, S. 168
94 Die Flucht aus der Sowjetzone …, 1962, Anhang
95 Kowalczuk, 1995, S. 47
96 Barch-SAPMO DY 30 IV/2/5/304
97 Hagen, 1992, S. 29
98 Bearch-SAPMO DY 30/IV/2/5/271, Bl. 2
99 Barch-SAPMO NY 4090, Nr. 699, Bl. 35
100 Chruschtschow in seiner Abrechnung mit dem bereits verhafteten Berija vor dem ZK der KPdSU am 2. Juli 1953. Zit. n. Knoll, 1993, S. 67
101 Barch-SAPMO NY 4090, Nr. 699, Bl. 27
102 Bearch-SAPMO NY 4090, Nr. 699, Bl. 27–32
103 Bis 1953 hatte es nur der jugoslawische Parteichef Josip Tito gewagt, Moskau die Stirn zu bieten.
104 Zit. n. Bailey u. a., 1997, S. 202
105 Zit. n. Bailey u. a., 1997, S. 204
106 Schenk, 1962, S. 185; Müller-Enbergs, 1991, S. 172
107 Barch-SAPMO Dy 30/4546, Bl. 7
108 Vgl. die Notizen von Herrnstadt zur PB-Sitzung vom 6.6.1953; Barch-SAPMO, Nr. 699, Bl. 49
109 PB-Beschluss vom 9.6.1953, Barch-SAPMO, DY 30/4546, Bl. 17
110 Bearch-SAPMO Dy 30/4546, Bl. 11
111 Barch-SAPMO NY 4090, Nr. 456, Bl. 252
112 Herrnstadt, 1990, S. 74
113 Zit. n. Hagen, 1992, S. 34
114 LA Me SED IV/2/3/611, Bl. 9
115 LA Me SED IV/2/3/611, Bl. 12
116 LAB C Rep. 303–26, Nr. 94, Bl. 40ff
117 LAB C Rep. 303–26, Nr. 94, Bl. 40ff
118 Barch-SAPMO NY 4090, Nr. 435, Bl. 9
119 Schirdewan, 1994, S. 51
120 Zit. n. Herrnstadt, 1990, S. 63
121 Barch-SAPMO NY 4090, Nr. 699, Bl. 41
122 Barch-SAPMO NY 4090, Nr. 699, Bl. 43
123 Barch-APMO NY 4090, Nr. 699, Bl. 43
124 Barch-SAPMO, NY 4090, Nr. 699, Bl. 43
125 Herrnstadt, 1990, S. 62
126 Barch-SAPMO, NY 4090, Nr. 699, Bl. 42
127 Barch-SAPMO, NY 4090, Nr. 99, Bl. 41

128 Barch-SAPMO NY 4090, Nr. 699, Bl. 40
129 Herrnstadt, 1990, S. 65
130 Aufzeichnunen von Grotewohl; Barch-SAPMO, NY 4090, Nr. 699, Bl. 69
131 Herrnstadt, 1990, S. 79
132 Film »Juni-Aufstand«, ZDF, 15.6.1993
133 Barch-SAPMO, NY 4090, Nr. 437, Bl. 8
134 Brandt (zit. n. Spickmann, Fricke S. 126)
135 Interview Alfred Berlin, zit. n. Beier, 1993, S. 56
136 Stasi-Bericht abgedruckt in: Kronberger Bogendruck, hrsg. Von Gerhard Beier, 3/1993, S. 5–8.
137 Beier, 1993, S. 41
138 Barch-SAPMO NY 4090, Nr. 437, Bl. 8
139 Barch-SAPMO NY 4090, Nr. 437, Bl. 6f
140 Film »Wehe den Besiegten«, BR, 17.6.1991
141 Havemann, 1990, S. 124
142 Interview mit Alfred Brun, zit. n. Beier, 1993, S. 61
143 Barch-SAPMO, DY 30 J IV/2/2/290, Bl. 6
144 Vgl. Havemann, 1990, S. 125. Robert Havemann, 1953 noch weitgehend linientreues SED-Mitglied, hatte sich zusammen mit Heinz Brandt den Demonstranten angeschlossen.
145 Lippmann, 1971, S. 158
146 Havemann, 1990, S. 127
147 Beier, 1993, S. 61f
148 Zit. n., Beier, 1993, S. 163.
149 Der Bericht eines sowjetischen Journalisten ist vom 22. Juni 1953 datiert und wurde am 24. Juni 1953 an Nikita Chruschtschow weitergeleitet.
150 Interview Alfred Berlin, zit. n. Beier, 1993, S. 59
151 Havemann, 1990, S. 129
152 Havemann, 1990, S. 128
153 LAB C Rep. 303–26, Nr. 88, Bl. 76. Es handelt sich um einen wenige Tage nach dem 17. Juni 1953 verfassten Bericht eines VP-Kommandeurs. Zaisser stand bereits im Zentrum der Kritik, so dass seine zitierte Äußerung möglicherweise nachträglich verschärft wurde, um einen Beweis für das »Kapitulantentum« Zaissers zu liefern.
154 LAB C Rep. 303–26, Nr. 88, Bl. 99
155 Zit. n. Beier, 1993, S. 166
156 Zit. n. Bailey u. a., 1997, S. 213

157 Zit. n. Ostermann, 2001, S. 203 (Übersetzung T. F.)
158 RIAS Tätigkeitsbericht, S. 3
159 Bahr, 1999, S. 78
160 Interview mit Gordon Ewing, zit. n. Chamberlin/Wetzel, 1982, S. 171
161 Zit. n. Wacket, 1993, S. 1043
162 Bahr, 1999. S. 78
163 Zit. n. Chamberlin/Wetzel, 1982, S. 174
164 RIAS-Tätigkeitsbericht, S. 5
165 Zit. n. Beier, 1993, S. 104f
166 Bahr, 1999, S. 79f
167 Zit. n. Beier, 1993, S. 104
168 Bahr, 1999, S. 80
169 Neues Deutschland, 18.6.1953; Hagen/Wendorf, 1992, S. 144
170 Zit. n. Hagen/Wendorf, 1992, S. 159
171 LAB C Rep. 303–26, Nr. 88, Bl. 77
172 Lippmann, 1971, S. 160
173 LAB C Rep. 303–26, Nr. 88, Bl. 99
174 LAB C Rep. 902, Nr. 602
175 Barch-SAPMO, DY 30/3688, Bl. 35f
176 Legationsrat Erich Meyen an das Auswärtige Amt, Bonn, 17.6.1953, in: Akten zur Auswärtigen Politik der Bundesrepublik Deutschland, Bd. 1, 2001, S. 580
177 Brant, 1954, S. 127
178 Vgl. Beier, 1993, S. 337
179 LAB C Rep 303–26, Nr. 88 Bl. 79
180 LAB C Rep. 303–26, Nr. 88, Bl. 80. Nach dem 17. Juni 1953 stand die Ost-Berliner Polizeiführung unter erheblichem Rechtfertigungsdruck, warum sie den Aufstand nicht im Keim hatte unterdrücken können. Das ist bei der Interpretation derartiger Quellen zu berücksichtigen. Berichte wie der zitierte decken sich aber vielfach mit Schilderungen von Demonstranten, was die Glaubwürdigkeit beider Seiten erhöht.
181 Loest, 1981, S. 199/200
182 Hagen/Wendorf, 1992, S. 171
183 Interview Liebehenschel; Hagen,1992, S. 63
184 LAB C Rep. 902, Nr. 602. Dieser »Informationsdienst« hatte die offizielle Bezeichnung »Leitende Organe der Partei und Massenorganisationen« (LOPM). Chef war seit Anfang 1953 Karl Schirdewan. Aufgabe dieser Abteilung war es, Informationen und Stimmungsberichte aus Partei und Bevölkerung zu sammeln und auszuwerten. Da diese Berichte zumeist relativ ungeschminkt waren, bilden sie eine wichtige Quelle für

die Stimmungslage der DDR-Bevölkerung.
185 Bericht von Alfred Brun, zit. n. Beier, 1993, S. 63
186 Bericht von Wolfgang Dittberner, zit. n. Beier, 1993, S. 78
187 Hoerning, 1992, S. 107
188 Grafe, 2002a, S. 354f
189 Bericht von Heinz Kliem, zit. n. Beier, 1993, S. 67
190 LAB C Rep. 303–26, Nr. 88, Bl. 176
191 Herrnstadt, 1990, S. 82
192 Herrnstadt,1990, S. 83
193 Bogomolow, 2000, S. 55
194 Mitter, 1995, S. 10. Das Innenministerium der DDR nannte offiziell die Zahl von 496 700 Teilnehmern. Neuere Forschungen schätzen die Teilnehmerzahl auf mehr als eine Million. Vgl. Wolfrum, 1999, S. 67.
195 Zolling/Höhne, 1971, S. 161
196 Arthur Werner, Erinnerungen; Ms, LAB E Rep. 300–09, Nr. 20/8, S. 1107f. Ich danke Dieter Hanauske für den Hinweis auf diese Quelle.
197 Semjonow/Gretschko an Chruschtschow, Molotow, Berija, Bulganin u. a., 17.6.1953, 7.26 Uhr; abgedr. in: Ostermann, 2001, S. 181f (Übersetzung T. F.)
198 Semjonow/Gretschkow an Chruschtschow, Molotow u. a., 17.6.1953, 11.15 Uhr, abgedr. in: Ostermann, 2001, S. 183 (Übersetzung T. F.)
199 Zit. n. Bailey u. a., 1997, S. 214f. Da das Telegramm Fadeikins erst um 12.35 Uhr am 17. Juni abgeschickt wurde, ist fraglich, ob es die Entscheidung des Kreml zum Militäreinsatz noch beeinflusst hat.
200 Semjonow, 1995, S. 295
201 Herrnstadt, 1990, S. 83
202 Semjonow, 1995, S. 296
203 Zit. n. Ribbe, 1993, S. 57
204 Hagen, Wendorf,1992, S.166
205 Vgl. Diedrich, 1991, S. 177
206 Kowalczuk/Wolle, 2001, S. 167ff
207 Zit. n. Hagen/Wendorf, 1992, S. 167
208 Interview Liebehenschel
209 Zit. n. Hagen/Wendorf, 1992, S. 170
210 Zit. n. Hagen/Wendorf, 1992, S. 200
211 Zit. n. Hagen/Wendorf, 1992, S. 222
212 Zit. n. Spurensicherung, 1999, S. 138
213 LAB C Rep. 303–26, Nr. 72, Bl. 152

214 Zit. n. Hagen/Wendorf, 1992, S. 219
215 Berger, 1998, S. 19
216 Zit. n. Der Volksaufstand, 1953, S. 44f
217 Wolfrum, 1999, S. 67
218 Zit. n. Hagen/Wendorf, 1992, S. 229
219 LAB C Rep. 303–26, Nr. 88, Bl. 16
220 LAB C Rep. 303–26, Nr. 72, Bl. 35
221 LAB C Rep. 303–26, Nr. 72, Bl. 119
222 Zit. n. Ostermann, 2001, S. 186f
223 Interview Kretzschmar
224 Zit. n. Roth, 1999, S. 249
225 Interview Knobloch
226 Interview Liebehenschel
227 Interview Knobloch
228 Roth, 1999, S. 281. Jene »Fahrkarten nach Berlin« widersprachen eigentlich der mehrfach bezeugten Siegeszuversicht, wie sie bei vielen Görlitzern um die Mittagszeit des 17. Juni noch vorherrschte.
229 Roth, 1999, S. 281
230 Bericht eines SED-Funktionärs; RAGö, 615,1
231 RAGö, 615,1 (»Kurzer Bericht über die Vorgänge auf dem Leninplatz am 17. Juni«)
232 Interview Liebehenschel
233 Interview Havenstein; RAGö, 615,1 (»Kurzer Bericht über die Vorgänge auf auf dem Leninplatz«)
234 SHSAr SED IV/2/4/60, Bd. 1, Bl. 181ff
235 SHSAr SED IV/2/4/60, Bd. 1, Bl 189
236 RAGö 615,1 (»Liste der Rädelsführer«)
237 SHSAr SED IV/2/12/008, Bl. 13
238 Interview Herbig (concord)
239 RAGö, 6155,1. Diese Quelle (»Ein kurzer Bericht über die Vorgänge auf dem Leninplatz«) wurde später von mehreren SED-Funktionären verfasst, die möglicherweise einige Vorgänge im Sinne der offiziellen »Putsch-Version« überzeichnet haben.
240 Barch-SAPMO DY 30/3688, Bl. 126; Bl. 155 (SED-»Analyse«; 20. 7. 1953)
241 Zit. n. Roth, 1999, S. 270
242 Zit. n. Roth, 1999, S. 271
243 Aussage Weichold vor der SED-Parteikontrollkommission, 21.6. 1953, SHSAr SED IV/2/4/60, Bd. 1., Bl. 168
244 Interview Liebehenschel

245 Roth, 1999, S. 288
246 Brant, 1954, S. 227
247 Interview Liebehenschel
248 Roth, 1999, S. 289
249 LA Me SED IV/2/3/611, Bl. 114
250 Vgl. Diedrich, 1991, S. 288
251 BDVP-Bericht vom 25.6.1953, zit. n. Zeitgeschichte(n), 2001, S. 7
252 Zit. n. Zeitgeschichte(n), 2001, S. 7
253 Vgl. die SED-»Analyse« vom 20.7.1953; Barch-SAPMO DY 30/3688, Bl. 92f
254 Bahr, 1999, S. 80
255 Hagen, 1992, S. 154
256 Spurensicherung, 1999, S. 96
257 Klemperer, 1999, Eintrag vom 24.6.1953
258 LA Me SD IV2/3/61, Bl. 117
259 Zit. n. Zeitgeschichte(n), 2001, S. 8
260 Hagen, 1992, S. 154f; Diedrich, 1991, S. 120f
261 Barch-SAPMO DY 30/3688, Bl. 50
262 Zit. n. Film »Pulverfaß Provinz«; MDR, 16.6.1993; Diedrich, 1991, S. 121
263 LA Me SED IV/2/3/611, Bl. 118
264 Spurensicherung, 1999, S. 96
265 Spurensicherung, 1999, S. 98f
266 Ebert/Eschebach, 1994, S. 69
267 Spurensicherung, 1999, S. 96
268 Zit. n. Ebert/Eschebach, 1994, S. 171; Vgl. Werkentin, 1995, S. 198ff
269 Stephan Hermlin hat das Geschehen in seiner 1954 erschienenen Erzählung »Die Kommandeuse« verarbeitet. Darin übernahm er weit gehend die offizielle SED-Version. Trotzdem trug sie ihm auch in der DDR einigen Ärger ein. So wurde z. B. kritisiert, dass der Text aus der erzählerischen Perspektive der »Kommandeuse« geschrieben sei.
270 Brant, 1954, S. 181f; Diedrich, 1991, S. 125
271 Zeitgeschichte(n), 2001, S. 23
272 LA Me SED IV/2/3/611, Bl. 140/143
273 Zeitgeschichte(n), 2001, S. 20
274 LA Me SED IV/2/3/611, Bl. 146–149
275 LA Me SED IV/2/3/611, Bl. 138
276 Faksimile des Telegramms abgedruckt bei Schmidt/Wagner, 2001, S. 9
277 LAMe SED IV/2/3/611, Bl. 116
278 Vgl. Vernehmungsprotokoll bzw. »Geständnis« von Paul Othma vom 20.6./12. 8.1953, abgedr. bei Schmidt/Wagner, 2001, S. 13; S. 33

279 Aussage (»Geständnis«) Othma vom 12.8.1953, abgedr. bei Schmidt/Wagner, 2001, S. 35
280 Zit. n. Hildebrand, 1983, S. 125f. Die Authentizität des Zitats ist fragwürdig, da anders als etwa im Fall von Görlitz keinerlei Aufzeichnungen von der Kundgebung überliefert sind. Hildebrandt beruft sich auf ein Gespräch mit Horst Sowada, einem anderen Mitglied des Streikkomitees.
281 Aussage (»Geständnis«) Othmas, 12.8.1953, abdgedr. bei Schmidt/Wagner, 2001, S. 34
282 Barch-SAPMO DY 30/3688, Bl. 92; Vgl. Hildebrandt, 1983, S. 127
283 Freier, 1999, S. 199
284 www.17juni53.de/karte/halle (Bundeszentrale für politische Bildung)
285 Vgl. Urteilsbegründung im Fall Othma, abgdr. bei Schmidt/Wagner, 2001, S. 61
286 Zit. n. Hildebrandt, 1983, S. 139; Schmidt/Wagner, 2001, S. 20
287 Ablehnungsbescheid durch Staatspräsident Wilhelm Pieck vom 3.12.1957; abgdr. bei Schmidt/Wagner, 2001, S. 74
288 Hildebrandt, 1983, S. 148
289 Barch-SAPMO DY 30/3688, Bl. 39
290 Zit. n. Hildebrandt, 1983, S. 149
291 LA Me SED IV/2/3/611, Bl. 59
292 LA Me SED IV/2/3/611, Bl. 102–107
293 Barch-SAPMO NY 4090, Nr. 437, Bl. 305f. Es ist nicht bekannt, ob es tatsächlich zu Sanktionen, z. B. zu einem Strafverfahren gegen die betreffenden Arbeiter gekommen ist.
294 Zit. n. Kowalczuk/Mitter, 1995, S. 69
295 LHSA, BDVP Magdeburg, 18, Nr. 179, Bl. 49
296 Grünwald, 1993, S. 38
297 LHSA Rep. 13 SED BL Magdeburg, IV/2/4/24, Bl. 47
298 LHSA BDVP, Bestand 18, Nr. 180, Bl. 27
299 Zit. n. Grünwald, 1993, S. 43
300 LHSA, BDVP Magdeburg, Bestand 18, Nr. 179, Bl. 10
301 LHSA, BDVP Magdeburg, Bestand 18, Nr. 179, Bl. 5
302 LHSA, Rep. 13 SED BL Magdeburg, IV/2/4/24, Bl. 51
303 Grünwald, 1993, S. 49
304 LHSA BDVP Magdeburg, Bestand 18, Nr. 183, Bl. 5
305 LHSA Rep. M 24 BDVP Magdeburg, Film 23, Nr. 172, Bl. 4

306 Zit. n. Grünwald, 1993, S. 59
307 LHSA BDVP Magdeburg Bestand 18, Nr. 179, Bl. 53
308 Aufstellung der BDVP vom 26.6.1953, zit. n. Grünwald, 1993, S. 85ff.
309 LHSA Rep. M 24 BDVP Magdeburg, Bestand 18, Nr. 179, Bl. 67f
310 LHSA Rep. M 24 BDVP Magdeburg, Bestand 18, Nr. 179, Bl. 273
311 LHSA BDVP Magdeburg Bestand 18, Nr. 180, Bl. 41ff
312 LHSA SED IV/7/97/8, Bl. 17
313 LHSA Rep. 13 SED BL Magdeburg IV/2/4/24, l. 56
314 LHSA Rep M 24 BDVP Magdeburg, Bestand 18, Nr. 179, Bl. 40
315 Hildebrandt, 1983, S. 112
316 Kowalczuk/Wolle, 2001, S. 177f; FAZ, 16.6.2001, Magdeburger Volksstimme, 4.6.2002
317 Hagen, 1992, S. 113
318 Roth, 1999, S. 119f
319 Barch-SAPMO DY 30/3688, Bl. 100
320 Hagen, 1992, S. 113
321 Roth, 1999, S. 132f
322 SHSAr SED IV/2//061, Bd.2, Bl. 37
323 Roth, 1999, S. 134
324 Zit. n. Roth, 1999, S. 183
325 Barch-SAPMO DY 30/3688, Bl. 94
326 Zit. n. Roth, 1999, S. 193
327 Roth, 1999, S. 205
328 Roth, 1999, S. 216
329 Roth, 1999, S. 541
330 Barch-SAPMO DY 30/3688, Bl. 103
331 Roth, 1999, S. 344
332 Roth, 1999, S. 366ff
333 Barch-SAPMO DY 30/3688, Bl. 42; Roth, 1999, S. 385f
334 Barch-SAPMO, NY 4090, Nr. 435, Bl. 11
335 Barch-SAPMO DY 30/3688, Bl. 117
336 Zit. n. Roth, 1999, S. 293
337 Staatsanwaltschaft Dresden, Verfahren gegen Michel u.a., zit. n. Roth, 1999, S. 295
338 SED-Organisation für Kinder
339 Interview Karl-Heinz Höer (ConCord Fernsehfilm)
340 Zit. n. Roth, 1999, S. 296
341 Vgl. Roth, 1999, S. 292ff
342 Barch-SAPMO NY 4090, Nr. 437, Bl. 67, Barch-SAPMO DY 30/3688; Bl. 103
343 Mitter, 1995, S. 109; Barch-SAPMO, NY 4090, Nr. 437, Bl. 67; Bl. 134

344 Barch-SAPMO, DY 30/3688, Bl. 101, Bl. 96. In zahlreichen Bezirken, u.a. in Neubrandenburg, Leipzig und Suhl, hielt die Austrittswelle aus den LPG über längere Zeit an. Vgl. zusammenfassender LOPM-Bericht vom 26.6.1953, Barch-SAPMO DY 30/IV/2/5/547, Bl. 163
345 Mitter, 1995, S. 103
346 Barch-SAPMO DY 30/3688, Bl. 102
347 Mitter, 1995, S. 117
348 Diedrich, 1991, S. 288
349 Wolfrum, 1999, S. 67
350 Roth, 2000, S. 24.
351 Der Spiegel, 9.7.1952
352 Der Spiegel, 9.7.1952. Die SPD von 1952/53 – also vor dem »Godesberger Programm« von 1959 – war eine noch stark sozialistisch orientierte Partei, die auch in Westdeutschland für die Sozialisierung ganzer Industriezweige eintrat. Gleichzeitig war sie aber eine entschiedene Gegnerin kommunistischer Herrschaftspraxis, so dass sie das SED-Regime kaum weniger energisch bekämpfte als die Regierung Adenauer.
353 Der Korea-Krieg (1950–53) hatte zu einem sprunghaften Anstieg der westlichen Rüstungsausgaben geführt, die wiederum der gesamten Wirtschaftsentwicklung in den westlichen Industriestaaten neue Impulse gab.
354 Barch-SAPMO NY 4182, Nr. 1096, Bl. 67
355 Grotewohl, Regierungserklärung, 17.6.1953; Barch-SAPMO NY 4090, Nr. 437, Bl. 16
356 Zit. n. Werkentin, 1995, S. 130
357 SHSA IV/2/4/061, Bd. 1, Bl. 19
358 Berger, 1998, S. 26ff
359 Befehl vom 18.6.1953, LAB C Rep. 303–26, Nr. 72, Bl. 7
360 Zit. n. Leithäuser, 1953, S. 49f
361 Hilde Benjamin, Jg. 1902, engagierte sich als Juristin früh für die Kommunistische Partei und hatte nach 1933 Berufsverbot. Sie beteiligte sich an illegaler Arbeit gegen die Nazis. Ihr Mann kam im KZ ums Leben. Nach 1945 machte Hilde Benjamin rasch Karriere, wobei sie mit großer Härte gegen tatsächliche oder angebliche Nazi-Verbrecher sowie andere »Feinde des Sozialismus« vorging. So war sie als Vizepräsidentin des Obersten Gerichts (1949–1953) an mehreren Schauprozessen beteiligt.
362 Zit. n. Fricke, 1979, S. 289

363 Zit. n. Werkentin, 1995, S. 129

364 Zit. n. Werkentin, 1995, S. 124

365 Zit. n. Werkentin, 1995, S. 161

366 Zit. n. Werkentin, 1995, S. 123

367 Barch-SAPMO. NY 4090, Nr. 699, Bl. 76

368 Bericht des Justizministeriums und der Staatsanwaltschaft, zit. n. Werkentin, 1998, S. 35. Die Zahlendifferenz ist möglicherweise darin begründet, dass vereinzelt auch Geldstrafen verhängt wurden.

369 Werkentin, 1995, S. 122

370 Werkentin, 1995, S. 164

371 Vgl. Fricke, 1979, S. 291ff

372 Diedrich, 1991, S. 300

373 Bericht des Hohen Kommissars der UdSSR über die wirtschaftliche und politische Lage der DDR im 3. Quartal 53; zit. n. Werkentin, 1995, S. 159

374 LAB C Rep. 303–26, Nr. 72, Bl. 27

375 Werkentin, 1995, S. 160

376 Werkentin, 1995, S. 130

377 Zit. n. Werkentin, 1995, S. 159f

378 Zit. n. Werkentin, 1995, S. 126

379 LAB Rep. C 303–26, Nr. 88, Bl. 167

380 Barch-SAPMO, Dy 30 IV 2/5/547, Bl. 12

381 LA Me SED IV/2/4/1132, Bl. 91

382 Zit. n. Werkentin, 1995, S. 160

383 Die Flucht aus der Sowjetzone..., 1962, Anhang

384 Barch-SAPMO DY 30/4547, Bl. 35

385 Zit. n. Herrnstadt, 1990, S. 147

386 Zit. n. Werkentin, 1995, S. 147

387 Brentzel, 1997, S. 236

388 Barch-SAPMO, NY 4090, Nr. 471, Bl. 101

389 Barch-SAPMO, NY 4090, Nr. 471, Bl. 93–98. Mit Befehl vom 5.6.1946 nahm die Sowjetunion schrittweise rund 200 ostdeutsche Betriebe direkt in Besitz und wandelte sie in »Sowjetische Aktiengesellschaften« (SAG) um. Darunter waren zahlreiche Großbetriebe wie die Chemiewerke »Leuna«, und »Buna«, »Kabelwerk Oberspree« in Berlin, Schwermaschinenbau »Ernst Thälmann« in Magdeburg. Ein Großteil der Produktion ging in die Sowjetiunion. An der Spitze der SAG standen sowjetische Generaldirektoren und ein Stab sowjetischer Fachleute. Ab 1947 wurden die SAG in mehreren Gruppen zumeist gegen Geldzahlungen der SBZ bzw. DDR übergeben, die letzten Anfang 1954. Das Uran-Bergbau-Unternehmen »Wismut« blieb – ab 1954 mit einer 50%igen deutschen Beteiligung – als »Sowjetisch-Deutsche Aktiengesellschaft« (SDAG) bis 1990 weitgehend unter sowjetischer Kontrolle.

390 Barch-SAPMO, DY 30/4547, Bl. 8a; DY 30/4546, Bl. 78

391 Barch-SAPMO DY 30/4547, Bl. 37

392 Memorandum von Semjonow, Sokolowski, Judin; 9.7.1953; zit. n. Foizik, 2000, S. 45/S. 49

393 RAGö; Rat der Stadt, Tätigkeitsbericht 1953, Bd. II, Bl. 159

394 Barch-SAPMO DY 30/IV/2/5/251, Bl. 98

395 Zit. n. Herrnstadt, 1990, S. 65

396 Zit. n. Herrnstadt, 1990, S. 79

397 Vgl. Zolling/Höhne, 1971, S. 158ff; Loth, 194, S. 206 Allerdings gibt es über diese Episode, wie bei Geheimdienst-Angelegenheiten nicht unüblich, keine gesicherten Informationen. Semjonow schweigt sich in seinen veröffentlichten Aufzeichnungen darüber aus. Einschlägige Akten des CIA bzw. BND sind bislang nicht aufgetaucht. Sowohl der Wahrheitsgehalt der angeblichen Semjonow-Pläne wie mögliche Hintermänner und deren Motive müssen offen bleiben. Nachgewiesen ist lediglich die Agenten-Tätigkeit Kastners, der um 1949 von der CIA angeworben und ab Anfang der 50er Jahre von der »Organisation Gehlen« bzw. dem BND geführt wurde. 1956 ging Kastner in die Bundesrepublik. Joseph Wirth (1879–1956) lebte 1953 in der Bundesrepublik, wo er die von Bundeskanzler Adenauer betriebene Westintegration kritisierte und für die Verständigung mit der Sowjetunion und ein neutralisiertes Gesamtdeutschland eintrat.

398 Schirdewan, 1994, S. 56

399 Barch-SAPMO, DY 30/4546, Bl. 66

400 Lippmann, 1971, S. 161

401 Herrnstadt, 1990, S. 106

402 Herrnstadt, 1990, S. 123f

403 Zit. n Malycha, 2000, S. 485

404 Zit. n. Herrnstadt, 1990, S. 128

405 Aufzeichnungen von Grotewohl, 8.7.1953, Barch-SAPMO NY 4090, Nr. 699, Bl. 101

406 Barch-SAPMO NY 4090, Nr. 699, Bl. 101f

407 Barch-SAPMO NY 4090, Nr. 699, Bl. 88

408 Chruschtschow, 1971, S. 335

409 Zit. n. Knoll/Kölm, 1993, S. 66

410 Adshubej, 1990, S. 115

411 Loth, 1994, S. 214

412 Herrnstadt, 1990, S. 137

413 Auskunft von Oleg W. Chlewnjuk, einem profunden Kenner der Aktenbestände des Politbüros bzw. Präsidiums der KPdSU

414 Vgl. Malycha, 2000, S. 486

415 Dokumente der Sozialistischen Einheitspartei Deutschlands, Bd. IV, 1954, S. 452f; S. 470f

416 Politbürobeschluss vom 3. 9. 1953; Barch-SAPMO DY 30/3675, Bl. 94

417 Politbürobeschluss vom 23.9.1953; Barch-SAPMO DY 30/3675, Bl. 97

418 Lindenberger, 1998, S. 110

419 Diedrich, 1998, S. 355ff

420 LAB C Rep. 303–26, Nr. 2, Bl. 16

421 Zit. n. Wagner, 1998, S. 287

422 Wagner, 1998, S. 281ff

423 Dokumente der SED, Bd. IV, 1954, S. 474

424 Malycha, 2000, S. 487

425 LHSA Rep. 13 SED BL Magdeburg, IV/2/4/24, Bl. 94

426 LAMer SED IV/2/4/1132, Bl. 20

427 SHSA SED IV/2/4/60, Bl. 169

428 LAB C Rep. 303–26, Nr. 88, Bl. 95

429 Kowalczuk, 1995, S. 237

430 Aufstellung der »Abteilung Leitende Organe ...« vom November 1953; zit. n. Malycha, 2000, S. 487

431 Angaben über Parteiein- bzw. Austritte bei Kowalczuk, 1995, S. 233

432 Barch-SAPMO NY 4090, Nr. 699, Bl. 83

433 Barch-SAPMO, FBS 124/4186, Bl. 128

434 Barch-SAPMO, FBS 124/4186, Bl. 43

435 Barch-SAPMO, FBS 124/4186, Bl. 58

436 Barch-SAPMO FBS 124/4186, Bl. 14

437 Mayer, 1993, S. 84

438 Kowalczuk, 1995, S. 154ff

439 Klemperer, 1999, S. 389f (Hervorhebung im Original)

440 Barch-SAPMO NY 4182, Nr. 1387

441 Zit. n. Spurensicherung, 1999, S. 146 Wekwerth bestreitet im Übrigen, dass Brecht – wie u.a. von Erwin Strittmatter behauptet – die sowjetischen Panzer mützenschwenkend begrüßt hätte.

442 Brecht, 1973, S. 1009

443 Neues Deutschland, 20.6.1953

444 Neues Deutschland, 19.6.1953

445 Neues Deutschland, 20.6.1953

446 Zit. n. Spittmann/Fricke, 1982, S. 209
447 Zit n. Volksaufstand, 1993, S. 84
448 Zit. n. Young, 1996, S. 178
449 Zit. n. Larres, 1999, S. 172
450 Zit. n. Larres, 1999, S. 172
451 Memorandum »Future Policy towards Soviet Russia« vom Februar 1952, zit. n. Kipp, 2002, S. 85
452 Young, 1996, S. 160
453 Zit. n. Larres, 1999, S. 162
454 Kipp, 2002, S. 91
455 Eisenhower im Nationalen Sicherheitsrat am 18.6.1953; zit. n. Ostermann, 2001, S. 229
456 Churchill an Adenauer, 25.6.1953, zit. n.: Der Volksaufstand vom 17. Juni 1953, 1953, S. 88
457 Zit. n. Ostermann, 2001, S. 213
458 Zit. n. Larres, 1999, S. 162
459 Ostermann, 1996, S. 267
460 Larres, 1999, S. 170
461 Zit. n. Ostermann, 2001, S. 227
462 150. Sitzung des nationalen Sicherheitsrates am 18. Juni 1953, abgedr. bei, Ostermann, 2001, S. 230
463 Bericht des Psychological Strategy Board an den Nationalen Sicherheitsrat, 29.6.1953, abgedruckt bei: Ostermann, 1996, S. 270f
464 Ostermann, 1996, S. 269
465 Verhandlungen des Deutschen Bundestages, Bd. 16, S. 3449
466 Verhandlungen des Deutschen Bundestages, Bd. 17, S. 13877
467 Verhandlungen des Deutschen Bundestages, Bd. 17, S. 13870f
468 Verhandlungen des Deutschen Bundestages, Bd. 17, S. 13887; S. 13877
469 Wolfrum, 1999, S. 83
470 Bundesgesetzblatt, Teil I, Nr. 45, 7. 8. 1953
471 »Die Frage ist doch die: entweder wir, die ganze Partei, erlauben den parteilosen Bauern und Arbeitern, uns zu kritisieren, oder sie werden uns durch Aufstände kritisieren. Der Aufstand in Georgien war eine Kritik. Der Aufstand in Tambow war gleichfalls eine Kritik.« Zur Frage des Proletariats und der Bauernschaft (1925), in: Stalin, Josef W., Werke, Bd. 7, Berlin 1952, S. 27

Literatur

Ackermann, Anton, Über den einzig möglichen Weg zum Sozialismus, in: Neues Deutschland, 24. 9. 1948

Adolph, Bernd, Die Anfänge des Forschungsbeirats für Fragen der Wiedervereinigung, in: Deutschland Archiv 28/1995, S. 1048–1064

Adomeit, Hannes, Imperial Overstrech. Germany in soviet Policy from Stalin to Gorbaschev. An Analysis based on New Archival Evidence, Memoirs and Interviews, Baden-Baden 1998

Adshubej, Alexej, Gestürzte Hoffnung. Meine Erinnerungen an Chruschtschow, Berlin 1990

Andert, Reinhold/Herzberg, Wolfgang, Der Sturz. Erich Honecker im Kreuzverhör, Berlin 1990

Akten zur Auswärtigen Politik der Bundesrepublik Deutschland, 1953, 2 Bde, hrsg. von Schwarz, Hans-Peter, bearb. Von Jaroch, Matthias/Lindemann, Mechthild, München 2001

Badstübner, Rolf/Loth, Wilfried (Hg.), Wilhelm Pieck – Aufzeichnungen zur Deutschlandpolitik 1945–1953, Berlin 1994

Bärwald, Helmut, Das Ostbüro der SPD. 1946–1971 Kampf und Niedergang, Krefeld 1991

Bahr, Egon, Zu meiner Zeit, München 1996

Baily, George/Kondraschow, Sergej A./Murphy, David E., Die unsichtbare Front. Der Krieg der Geheimdienste im geteilten Berlin, Berlin 1997

Baring, Arnulf, Der 17. Juni 1953, Stuttgart 1983

Beier, Gerhard, Wir wollen freie Menschen sein. Der 17. Juni 1953: Bauleute gingen voran, hrsg. von Köbele, Bruno, Frankfurt a.M. 1993

Beier, Gerhard, Kronberger Bogendruck, 3/1993

Bender, Peter, Episode oder Epoche? Zur Geschichte des geteilten Deutschland, München 1996

Bender, Peter, Unsere Erbschaft. Was war die DDR – was bleibt von ihr? Hamburg 1992

Berger, Siegfried, »Ich nehme das Urteil nicht an« – Ein Berliner Streikführer des 17. Juni vor dem Sowjetischen Militärtribunal, Berlin 1998

Besier, Gerhard, Der SED-Staat und die Kirche. Der Weg in die Anpassung, München 1993

Bessel, Richard/Jessen, Ralph (Hg.), Die Grenzen der Diktatur. Staat und Gesellschaft in der DDR, Göttingen 1996

Besymenski, Lew, 1953 – Berija will die DDR beseitigen, in: Die Zeit, 15. 10. 1993

Bogomolow, Alexander, Ohne Protokoll. Amüsantes und Bitteres aus der Arbeit eines sowjetischen Diplomaten in Deutschland, Berlin 2000

Bouvier, Beatrix, Ausgeschaltet! Sozialdemokraten in der Sowjetischen Besatzungszone und in der DDR 1945–1953, Bonn 1996

Brandt, Heinz, Ein Traum, der nicht entführbar ist. Ein Weg zwischen Ost und West, München 1967

Brant, Stefan (d.i. Klaus Harpprecht)/Klaus Bölling, Der Aufstand. Vorgeschichte, Geschichte und Deutung des 17. Juni, Stuttgart 1953

Brandt, Willy, Arbeiter und Nation, Bonn 1954

Brandt, Willy, Erinnerungen, Berlin 1989

Brecht, Bertolt, Arbeitsjournal, Bd. 2, 1942 bis 1955, Frankfurt a.M. 1973

Brentzel, Marianne, Die Machtfrau. Hilde Benjamin 1902–1989, Berlin 1997

Bundesministerium für gesamtdeutsche Fragen (Hg.), Der Volksaufstand vom 17. Juni 1953. Denkschrift über den Juni-Aufstand in der sowjetischen Besatzungszone und in Ostberlin, Bonn 1953

Dass. (Hg.), Der Volksaufstand vom 17. Juni 1953 in der sowjetischen Besatzungszone und in Ostberlin. Eine kartographische Darstellung, Bonn 1961

Dass. (Hg.), Der Aufstand vom 17. Juni 1953. Eine Denkschrift über den Juni-Aufstand in der sowjetischen Besatzungszone und in Ost-Berlin, Bonn 1963

Buschfort, Wolfgang, Das Ost-Büro der SPD. Von der Gründung zur Berlin-Krise, München 1991

Buschfort, Wolfgang, Parteien im Kalten Krieg. Die Ostbüros von SPD, CDU und FDP, Berlin 2000

Bust-Bartels, Axel, Der Arbeiteraufstand vom 17. Juni 1953. Ursachen, Verlauf und gesellschaftspolitische Ziele. In: Aus Politik und Zeitgeschichte, Beilage Das Parlament, 21.6.1980

Chruschtschow, Nikita S., Chruschtschow erinnert sich, hrsg. von Strobe Talbott, Hamburg 1971

Courtois, Stéphane u.a., Das Schwarzbuch des Kommunismus, München 1998

Czerny, Jochen, Stalinstadt im Juni `53, in: Beiträg zur Geschichte der Arbeiterbewegung 40/1998, S. 3–15

Dahlem, Franz, Am Vorabend des Zweiten Weltkrieges. Erinnerungen, Berlin 1977

Der 17. Juni – vierzig Jahre danach. Podiumsdiskussion mit Lutz Niethammer, Arnulf Baring u.a. … in: Kocka, Jürgen/Sabrow, Martin (Hg.), Die DDR als Geschichte. Fragen – Hypothesen – Perspektiven, Berlin 1994, S. 40–66

Diedrich, Torsten, Der 17. Juni 1953 in der DDR. Bewaffnete Gewalt gegen das Volk, Berlin 1991

Diedrich, Torsten, Zwischen Arbeitererhebung und gescheiterter Revolution in der DDR. Retrospektive zum Stand der zeitgeschichtlichen Aufarbeitung des 17. Juni 1953, in: Jahrbuch für Historische Kommunismusforschung, Berlin 1994, S. 288ff

Diedrich, Torsten, Die Kasernierte Volkspolizei (1952–1956), in: Ders. u.a. (Hg.), Im Dienste der Partei. Handbuch der bewaffneten Organe der DDR, Berlin 1998, S. 339–369

Ein dokumentarischer Bericht: Der Aufstand im Juni, Berlin 1954

Dokumente der Sozialistischen Einheitspartei Deutschlands, Bd. IV, Berlin 1954

Dutschke, Rudi, Der Kommunismus, die despotische Verfremdung desselben und der Weg der DDR zum Arbeiteraufstand vom 17. Juni 1953, in: Ders./Manfred Wilke (Hg.), Die Sowjetunion, Solschenizyn und die westliche Linke, Reinbek 1975, S. 117–149

Eberle, Henrik (Hg.), Mit sozialistischem Gruß. Parteiinterne Hausmitteilungen, Briefe, Akten und Intrigen aus der Ulbricht-Zeit, Berlin 1998

Ebert, Jens/Eschebach, Insa (Hg.), Die Kommandeuse: Erna Dorn – zwischen Nationalsozialismus und Kaltem Krieg, Berlin 1994

Diess. »Rädelsführerin« und »SS-Kommandeuse«, Erna Dorn und der 17. Juni, in: Deutschland Archiv 27/1997, S. 595–599

Eckelmann, Wolfgang/Hertle, Hans-Hermann/Weinert, Rainer, FDGB intern. Innenansichten einer Massenorganisation der SED, Berlin 1990

Elfert, Eberhard, Bestehende Denkmäler zum 17. Juni. Entstehung und Nutzung, in: Senatsverwaltung für Bauen, Wohnen und Verkehr (Hg.), Symposium zum Denkmal für die Ereignisse des 17. Juni am 26. und 27. September 1996, Dokumentation, Berlin 1997, S. 70–79

Faulenbach, Bernd/Leo, Annette/Weberskirch, Klaus, Zweierlei Geschichte. Lebensgeschichte und Geschichtsbewußtsein von Arbeitnehmern in West- und Ostdeutschland, Essen 2000

Felfe, Heinz, Im Dienste des Gegners. 10 Jahre Moskaus Mann im BND, Hamburg 1986

Feth, Andrea, Hilde Benjamin – Eine Biographie, Berlin 1997

Foitzik, Jan, »Hart und konsequent ist der neue politische Kurs zu realisieren«. Ein Dokument zur Politik der Sowjetunion gegenüber der DDR nach Berijas Verhaftung im Juni 1953, in: Deutschland Archiv 1/2000, S. 32

Foitzik, Jan (Hg.), Entstalinisierungskrise in Ostmitteleuropa 1953–1956. Vom 17. Juni bis zum ungarischen Volksaufstand. Politische, militärische, soziale und nationale Dimensionen, Paderborn 2001

Frank, Mario, Walter Ulbricht. Eine deutsche Biografie, Berlin 2001

Freier, Olaf, Aufstand gegen die Arbeiter- und Bauernmacht: Der 17. Juni 1953 in Bitterfeld/Wolfen, in: Freitag, Werner u.a. (Hg.), Politische, soziale und kulturelle Konflikte in der Geschichte von Sachsen-Anhalt, Halle/Saale 1999, S. 195–204

Fricke, Karl Wilhelm, Politik und Justiz in der DDR. Zur Geschichte der politischen Verfolgung 1945–1968. Bericht und Dokumentation, Köln 1979

Gallus, Alexander, Der 17. Juni im deutschen Bundestag von 1954 bis 1990, in: Aus Politik und Zeitgeschichte B 25/1993, S. 12–21

Gehlen, Reinhard, Der Dienst. Erinnerungen 1942–1971, Mainz 1971

Gehler, Michael, Von der Arbeiterrevolte zur spontanen politischen Volkserhebung. Der 17. Juni in der DDR im Urteil westlicher Diplomatie und Politik, in: Militärgeschichtliche Mitteilungen, 54/1995, S. 363–417

Gniffke, Erich W., Jahre mit Ulbricht, Köln 1966

Grafe, Roman, Die Grenze durch Deutschland, in: Deutschland Archiv 2/2002, S. 352–359

Grafe, Roman, Die Grenze durch Deutschland. Eine Chronik von 1945 bis 1990, Berlin 2002

Grashoff, Udo, Der 17. Juni 1953 in Halle – ein Tag der Zivilcourage, Halle 2001

Grass, Günter, Die Plebejer proben den Aufstand. Ein deutsches Trauerspiel, Neuwied 1966

Grimmer, Reinhard u.a. (Hg.), Die Sicherheit. Zur Abwehrarbeit des MfS. Berlin 2002

Gromyko, Andrej, Memories, London 1989

Grünwald, Karin/Puhle, Matthias (Hg.), Magdeburg 17. Juni 1953 (Magdeburger Museumshefte 2), Magdeburg 1993

Hagen, Manfred, DDR – Juni '53. Die erste Volkserhebung im Stalinismus, Stuttgart 1992

Hagen, Manfred/Wendorf, Joachim (Hg.), Film-, Foto- und Tonquellen zum 17. Juni 1953 in Berlin, Göttingen 1992

Hartweg, Frédéric (Hg.), SED und Kirche. Eine Dokumentation ihrer Beziehungen, Bd. 1 1946–1967, bearb. von Heise, Joachim, Neukirchen 1995

Haupts, Leo, Die Blockparteien in der DDR und der 17. Juni 1953, in: VHfZ 3/1992, S. 383–412

Hegedüs, András B./Wilke, Manfred, Satelliten nach Stalins Tod. Der »Neue Kurs«. 17. Juni 1953 in der DDR. Ungarische Revolution 1956, Berlin 2000

Heimann, Siegfried, Die SPD in Ostberlin 1945–1961, in: Stephan, Gerd-Rüdiger u.a. (Hg.), Die Parteien und Organisationen der DDR. Ein Handbuch, Berlin 2002, S. 402–425

Heimann, Siegfried, The Berlin Uprising of June 1953 – Reconsidered, in: Monteath, Peter (Ed.), Modern Europe. Histories and Identities, Adelaide 1998

Hermlin, Stephan, Die Kommandeuse, in: Entscheidungen. Sämtliche Erzählungen, Berlin 1995

Herrnstadt, Rudolf, s. Stulz-Herrnstadt, Nadja

Hettling, Manfred, Ein Picknick für die Freiheit. Der 17. Juni als bundesdeutscher Nationalfeiertag, FAZ, 16.6.2001

Heym, Stefan, 5 Tage im Juni, München 1974

Heym, Stefan, Nachruf, München 1988

Hildebrandt, Rainer, Als die Fesseln fielen. Neun Schicksale in einem Aufstand, Berlin 1956

Hodos, George H., Schauprozesse. Stalinistische Säuberungen in Osteuropa 1948 bis 1954, Berlin 2001

Hoerning, Erika M., Zwischen den Fronten. Berliner Grenzgänger und Grenzhändler 1948–1961, Köln 1992

Honecker, Erich, Aus meinem Leben, Berlin 1980

Hübner, Peter, Konsens, Konflikt und Kompromiß. Soziale Arbeiterinteressen und Sozialpolitik in der SBZ/DDR 1945–1970, Berlin 1995

Huschner, Anke, Der 17. Juni 1953 an Universitäten und Hochschulen der DDR, in: BzG 33/1991, S. 681–692

Ihme-Tuchel, Beate, Die DDR (Kontroversen um die Geschichte), Darmstadt 2002

Jänicke, Martin, Der Dritte Weg. Die antistalinistische Opposition gegen Ulbricht seit 1953, Köln 1964

Jarausch, Konrad H., Realer Sozialismus als Fürsorgediktatur. Zur begrifflichen Einordnung der DDR, in: Aus Politik und Zeitgeschichte, B 20/1998, S. 33–46

Jarausch, Konrad H. u.a. (Hg.), Die DDR-Geschichtswissenschaft (Historische Zeitschrift-Sonderheft), München 1998

Jodel, Markus, Amboß oder Hammer? Otto Grotewohl. Eine politische Biographie, Berlin 1997

Johnson, Uwe, Ingrid Babendererde. Reifeprüfung 1952, Frankfurt a.M 1985

Kaelble, Hartmut/Kocka, Jürgen/Zwahr, Hartmut (Hg.), Sozialgeschichte der DDR, Stuttgart 1994

Kaminsky, Annette, Wohlstand, Schönheit, Glück. Kleine Konsumgeschichte der DDR, München 2001

Kant, Hermann, Das Impressum, Berlin 1972

Kipp, Yvonne, Willkommener Ausbruch ostdeutschen Freiheitsstrebens oder Störfaktor? Der 17. Juni 1953 im Urteil der britischen Regierung, in: Bauerkämper, Arnd (Hg.), Britain and the GDR. Relations and Perceptions in a Divided World, Berlin 2002, S. 83 – 111

Klein, Angelika, Der Arbeiteraufstand des 17. Juni 1953 im Bezirk Halle, Leipzig 1997

Klein, Thomas, »Für die Einheit und Reinheit der Partei«. Die innerparteilichen Kontrollorgane der SED in der Ära Ulbricht, Köln 2002

Klemperer, Victor, So sitze ich denn zwischen allen Stühlen. Tagebücher 1945–1959, Berlin 1999

Kleßmann, Christoph, Die doppelte Staatsgründung. Deutsche Geschichte 1945–1955, Göttingen 51991

Kleßmann, Christoph/Stöver, Bernd (Hg.), 1953 – Krisenjahr des Kalten Krieges in Europa, Köln 1999

Knight, Amy, Beria. Stalin's First Lieutenant, Princeton 1993

Knoll, Viktor/Kölm, Lothar (Hg.), Der Fall Berija. Protokoll einer Abrechnung. Das Plenum des ZK der KPdSU Juli 1953, Stenographischer Bericht, Berlin 1993

Kocka, Jürgen (Hg.), Historische DDR-Forschung. Aufsätze und Studien, Berlin 1993

Kocka, Jürgen/Sabrow, Martin (Hg.), Die DDR als Geschichte. Fragen – Hypothesen – Perspektiven, Berlin 1994

Kowalczuk, Ilko-Sascha/Mitter, Armin/Wolle, Stefan (Hg.), Der Tag X – 17. Juni 1953. Die »Innere Staatsgründung« der DDR als Ergebnis der Krise 1952/54, Berlin 1995

Kowalczuk, Ilko-Sascha/Wolle, Stefan, Roter Stern über Deutschland. Sowjetische Truppen in der DDR, Berlin 2001

Kowalczuk, Ilko-Sascha, Volkserhebung ohne »Geistesarbeiter«? Die Intelligenz in der DDR, in: Kowalczuk, Ilko-Sascha u.a. (Hg.), Der Tag X – 17. Juni 1953, Berlin 1995, S. 129–169

Kowalczuk, Ilko-Sascha, Die Historiker der DDR und der 17. Juni 1953, in: Geschichte in Wissenschaft und Unterricht 44/1993, S. 705–724

Kowalczuk, Ilko-Sascha, Die Ereignisse von 1953 in der DDR. Anmerkunegn zu einer »Retrospektive« zum Stand der zeitgeschichtlichen Aufarbeitung des 17. Juni 1953, in: Jahrbuch fü historische Kommunismusforschung, 1996, S. 181–186

Kramer, M., The Early Post-Stalin-Succession Struggle and Upheavals in East-Central-Europe, in: Journal of Cold War Studies, 1/1999, S. 47

Laak, Dirk van, Der Tag X. Vorbereitungen für die deutsche Wiedervereinigung vor 1989, in: Bünz, Enno/Gries, Rainer/Möller, Frank (Hg.), Der Tag X in der Geschichte. Erwartungen und Enttäuschungen seit tausend Jahren, Stuttgart 1997, S. 256–286

Lapp, Peter-Joachim/Ritter, Jürgen, Die Grenze. Ein deutsches Bauwerk, Berlin 1997

Larres, Klaus, Großbritannien und der 17. Juni 1953. Die deutsche Frage und das Scheitern von Churchills Entspannungspolitik nach Stalins Tod, in: Kleßmann, Christoph/Stöver, Bernd (Hg.), 1953 – Krisenjahr des Kalten Krieges in Europa, Köln 1999, S. 155–179

Leithäuser, Joachim G., Der Aufstand im Juni. Ein dokumentarischer Bericht, Berlin 1954

Lemke, Michael, Einheit oder Sozialismus? Die Deutschlandpolitik der SED 1949–1960, Köln 2001

Lemmer, Ernst, Manches war doch anders. Erinnerungen eines deutschen Demokraten, Frankfurt a.M. 1968

Lindenberger, Thomas, Die Deutsche Volkspolizei (1945–1990), in: Diedrich, Torsten u.a. (Hg.), Im Dienste der Partei. Handbuch der bewaffneten Organe der DDR, Berlin, 1998, S. 97–152

Lippmann, Heinz, Der 17. Juni im Zentralkomitee der SED, in: Aus Politik und Zeitgeschichte, 13.6.1956

Lippmann, Heinz, Honecker. Portrait eines Nachfolgers, Köln 1971

Loest, Erich, Durch die Erde ein Riß. Ein Lebenslauf, Hamburg 1981

Loth, Wilfried, Stalins ungeliebtes Kind. Warum Moskau die DDR nicht wollte, Berlin 1994

Lüdtke, Alf, Die DDR als Geschichte. Zur Geschichtsschreibung über die DDR, in: Aus Politik und Zeitgeschichte B 36/1998, S. 3–16

Mählert, Ulrich, Kleine Geschichte der DDR, München 1998

Mählert, Ulrich, Die Partei hat immer recht. Parteisäuberungen und Kaderpolitik in der SED (1948–1953), in: Weber, Hermann/Mählert, Ulrich (Hg.), Terror – Stalinistische Säuberungen 1936–1953, Paderborn 1998

Malycha, Andreas, Die SED. Geschichte ihrer Stalinisierung 1946–1953, Paderborn 2000

Mayer, Hans, Ein Deutscher auf Widerruf. Erinnerungen, Bd. II, Frankfurt a.M. 1984

Mayer, Hans, Der Turm von Babel. Erinnerung an eine Deutsche Demokratische Republik, Frankfurt a.M. 1993

Merkel, Ina, … und Du, Frau an der Werkbank. Die DDR in den 50er Jahren, Berlin 1990

Merz, Kai-Uwe, Kalter Krieg als antikommunistischer Widerstand. Die Kampfgruppe gegen Unmenschlichkeit 1948–1959, München 1987

Meuschel, Sigrid, Legitimation und Parteiherrschaft. Zum Paradox von Stabilität und Revolution in der DDR 1945–1989, Frankfurt a.M. 1992

Mielke, Siegfried, FDGB-UGO-DGB: Kampf um eine demokratische Gewerkschaftsbewegung, in: BzG 41/1999, S. 53–64

Mitter, Armin, Die Ereignisse im Juni und Juli 1953 in der DDR, in: Aus Politik und Zeitgeschichte B 5/1991, 25.1.1991

Mitter, Armin/Wolle, Stefan, Untergang auf Raten. Unbekannte Kapitel der DDR-Geschichte, München 1993

Mitter, Armin, Der »Tag X« und die »Innere Staatsgründung« der DDR, in: Kowalczuk, Ilko-Sascha u.a. (Hg.), Der Tag X – 17. Juni 1953. Die »Innere Staatsgründung« der DDR als Ergebnis der Krise 1952/54, Berlin 1995, S. 9–30

Mitter, Armin, »Am 17.6.1953 haben die Arbeiter gestreikt, jetzt aber streiken wir Bauern«. Die Bauern und der Sozialismus, in: Kowalczuk, Ilko-Sascha u.a. (Hg.), Der Tag X – 17. Juni 1953. Die »Innerer Staatsgründung« der DDR als Ergebnis der Krise 1952/54, Berlin 1995, S. 75–128

Mohr, Heinrich, Der 17. Juni als Thema der Literatur in der DDR, in: Spittmann, Ilse/Fricke, Karl-Wilhelm (Hg.), 17. Juni 1953. Arbeiteraufstand in der DDR, Köln 1982, S. 87–111

Mohr, Heinrich, Der 17. Juni in der autobiographischen Literatur, in: Deutschland Archiv 16/1983, S. 602–623

Müller, Heiner, Krieg ohne Schlacht. Leben in zwei Diktaturen, Köln 1992

Müller, Peter F./Mueller, Michael, Gegen Freund und Feind. Der BND: Geheime Politik und schmutzige Geschäfte, Reinbek 2002

Müller-Enbergs, Helmut, Der Fall Rudolf Herrnstadt. Tauwetterpolitik vor dem 17. Juni, Berlin 1991

Münckler, Herfried, Das kollektive Gedächtnis der DDR, in: Vorsteher, Dieter (Hg.), Parteiauftrag: Ein neues Deutschland. Bilder, Rituale und Symbole der frühen DDR, Berlin 1996, S. 458–468

Neubert, Ehrhart, Politische Verbrechen in der DDR, in: Courtois, Stéphane u.a., Das Schwarzbuch des Kommunismus. Unterdrückung, Verbrechen und Terror, München 1998

Neubert, Ehrhardt, Geschichte der Opposition in der DDR 1949–1989, Berlin 1998

Niethammer, Lutz/von Plato, Alexander/Wierling, Dorothee, Die volkseigene Erfahrung. Eine Archäologie des Lebens in der Industrieprovinz der DDR. 30 biographische Eröffnungen, Berlin 1991

Ostermann, Christian F., The United States, the East Germany Uprising of 1953 and the Limits of Rollback, Cold War International History Project, Working Paper No. 11, Washington 1994

Ostermann, Christian F., »Keeping the Pot Simmering«. The United States and the East German Uprising of 1953, in: German Studies Review XIX/1996, S. 61–90

Ostermann, Christian F. (Ed.), The Post-Stalin Succession Struggle and the 17. Juni 1953 Uprising in East Germany: The Hidden History. Declassified Documents from U.S., Russian and Other Europan Archives, Washington 1996

Ostermann, Christian F., »Die Ostdeutschen an einen langwierigen Kampf gewöhnen«. Die Vereinigten Staaten und der Aufstand vom 17. Juni 1953, in: Deutschland Archiv 30/1997, S. 350–368

Ostermann, Christian F., Subversive Aktionen gegen die DDR: Die amerikanische Reaktion auf den 17. Juni 1953, in: Jahrbuch für historische Kommunismusforschung, 1996, S. 266–271

Ostermann, Christian F. (Ed.), Uprising in East Germany 1953. The Cold War, the German Question, and the First Major Upheaval behind the Iron Curtain, New York 2001

Otto, Wilfriede, Dokumente zur Auseinandersetzung in der SED 1953, in: Beiträge zur Geschichte der Arbeiterbewegung 32/1990, S. 655–672

Otto, Wilfriede, Erich Mielke. Aufstieg und Fall eines Tschekisten, Berlin 2000

Pernkopf, Johannes, Der 17. Juni in der Literatur der beiden deutschen Staaten, Stuttgart 1982

Protokoll der Verhandlungen des II. Parteikonferenz der Sozialistischen Einheitspartei Deutschlands vom 9. bis 12. Juli 1952 in Berlin, Berlin 1952

Przybylski, Peter, Tatort Politbüro. Die Akte Honecker, Berlin 1991

Reiman, Michal, Berija, Malenkov und die deutsche Einheit, in: Deutschland Archiv 32/1999, S. 456–460

Rexin, Manfred, Der 17 Juni 1953: »Volksaufstand« oder »konterrevolutionärer Putsch«, in: Berlinische Monatsschrift 10/2001, S. 18–25

Ribbe, Wolfgang, Der 17. Juni 1953 in Berlin, Berlin 1993

Richter, James, Reexamining Soviet Policy Towards Germany During the Beria Interregnum, in: CWIHP (Cold War International History Project) Working Paper, No. 3, 1992

Riess, Curt, Der 17. Juni, Berlin 1954

Ritter, Gerhard A., Die DDR in der deutschen Geschichte, in: VHfZ 2/2002, S. 171–200

Roth, Heidi, Der 17. Juni 1953 in Sachsen, Köln 1999

Roth, Heidi, Der 17. Juni 1953 in Görlitz, Dresden 1998

Roth, Heidi, »Ich bin der Meinung, daß morgen die Banditen auf die Straße fliegen, damit wir leben können«, in: Jahrbuch für historische Kommunismusforschung, 7/1999, S. 259–286

Roth, Karl-Heinz, Anschließen, angleichen, abwickeln. Die westdeutschen Planungen zur Übernahme der DDR 1952–1990, Hamburg 2000

Russig, Peter, Wilhelm Grothaus. Dresdner Antifaschist und Aufstandsführer des 17. Juni, Dresden 1997

Sabrow, Martin, Geschichtskultur und Herrschaftslegitimation. Der Fall DDR, in: Ders. (Hg.), Verwaltete Vergangenheit. Geschichtskultur und Herrschaftslegitimation in der DDR, Leipzig 1997, S. 7–15

Schenk, Fritz, Im Vorzimmer der Diktatur. Zwölf Jahre Pankow, Köln 1962

Scherstjanoi, Elke, »Wollen wir den Sozialismus?« Dokumente aus der Sitzung des Politbüros des ZK der SED am 6. Juni 1953, in: Beiträge zur Geschichte der Arbeiterbewegung 33/1991, S. 658–680

Scherstjanoi, Elke, Die DDR im Frühjahr 1952. Sozialismuslosung und Kollektivierungsbeschluß in sowjetischer Perspektive, in: Deutschland Archiv 4/1994, S. 354

Scherstjanoi, Elke, Die sowjetische Deutschlandpolitik nach Stalins Tod 1953. Neue Dokumente aus dem Archiv des Moskauer Außenministeriums, in: VhfZ 3/1998, S. 497–549

Scherstjanoi, Elke, »In 14 Tagen werden Sie vielleicht keinen Staat mehr haben.« Vladimir Semjonow und der 17. Juni 1953, in: Deutschland Archiv 6/1998, S. 907–936

Scherstjanoi, Elke (Bear.), Das SKK-Statut. Zur Geschichte der Sowjetischen Kontrollkommission in Deutschland 1949–1953. Eine Dokumentation, München 1998

Schirdewan, Karl, Aufstand gegen Ulbricht. Im Kampf um politische Kurskorrektur, gegen stalinistische, dogmatische Politik, Berlin 1994

Schirdewan, Karl, Ein Jahrhundert Leben. Erinnerungen und Visionen, Berlin 1998

Schmidt, Heidemarie/Wagner, Paul Werner (Hg.), »... man muß doch mal zu seinem Recht kommen«. Paul Othma – Streikführer am 17. Juni 1953 in Bitterfeld, Magdeburg 2001

Scholz, Arno/Nieke, Werner, Der 17. Juni. Die Volkserhebung in Ostberlin und in der Sowjetzone, Berlin 1953

Schroeder, Klaus, Der SED-Staat. Geschichte und Strukturen der DDR, München 1998

Schütrumpf, Jörn, Personenkult unter Verschluß. Der Propagandafilm »Baumeister des Sozialismus« zum 60. Geburtstag von Walter Ulbricht, in: Sächsische Zeitung, 12./13. 4. 1997

Schuller, Konrad, Fast wie im Märchen. Weigerten sich am 17. Juni 1953 achtzehn russische Offiziere und Soldaten wirklich, in Magdeburg auf Aufständische zu schießen?, FAZ, 16. 6. 2001

Schulz, Dieter, Der Weg in die Krise 1953. Hefte zur DDR-Geschichte, Nr. 6, Berlin 1993

Selbmann, Fritz, Acht Jahre und ein Tag. Bilder aus den Gründerjahren der DDR, Berlin 1999

Semjonow, Wladimir S., Von Stalin bis Gorbatschow. Ein halbes Jahrhundert in diplomatischer Mission 1939–1991, Berlin 1995

Skyba, Peter, Vom Hoffnungsträger zum Sicherheitsrisiko. Jugend in der DDR und Jugendpolitik der SED 1949–1961, Köln 2000

Sowade, Hanno, Geheimkamera. Hrsg. von der Stiftung Haus der Geschichte der Bundesrepublik Deutschland, Bonn 1998

Spittmann, Ilse/Fricke, Karl-Wilhelm (Hg.), 17. Juni 1953. Arbeiteraufstand in der DDR, Köln 1982

Spittmann, Ilse/Helwig, Gisela (Hg.), DDR-Lesebuch, Bd. 2, Stalinisierung 1949–1955, Köln 1991

Spurensicherung. Zeitzeugen zum 17. Juni 1953, hrsg. von der Unabhängigen Autorengemeinschaft »So habe ich das erlebt«, Schkeuditz 1999

Staritz, Dietrich, Geschichte der DDR 1949–1985, München 1985

Staritz, Dietrich, Die SED, Stalin und der »Aufbau des Sozialismus« in der DDR. Aus den Akten des Zentralen Parteiarchivs, in: Deutschland Archiv 7/1991, S. 686

Stern, Carola, Ulbricht. Eine politische Biographie, Köln 1964

Stöckigt, Rudolf, Ein Dokument von großer historischer Bedeutung vom Mai 1953, in: Beiträge zur Geschichte der Arbeiterbewegung 5/1990, S. 648

Stöver, Bernd, Die Befreiung vom Kommunismus. Amerikanische Liberation Policy im Kalten Krieg 1947–1991, Köln 2002

Stulz-Herrnstadt, Nadja, Das Herrnstadt-Dokument. Das Politbüro der SED und die Geschichte des 17. Juni 1953, Reinbek 1990

Sütterlin, Sabine, Der Tag der deutschen Einheit im Wandel der Zeit, Phil. Diss. Kiel 1992

Tätigkeitsbericht der Hauptabteilung Politik des Rundfunks im amerikanischen Sektor in der Zeit vom 16. Juni bis zum 23. Juni 1953, Berlin 1953

Tag der deutschen Einheit. Eine Denkschrift, hrsg. vom Kuratorium unteilbares Deutschland, Bonn 1967

Timmermann, Heiner (Hg.), Diktaturen in Europa im 20. Jahrhundert – der Fall DDR, Berlin 1996

Timmermann, Heiner (Hg.), Die DDR – Erinnerung an einen untergegangenen Staat, Berlin 1999

Timmermann, Heiner (Hg.), Die DDR – Politik und Ideologie als Instrument, Berlin 1999

Timmermann, Heiner (Hg.), Die DDR – Analysen eines aufgegebenen Staates, Berlin 2001

Tischner, Wolfgang, Die Kirchen im Umfeld des Volksaufstandes vom 17. Juni 1953, in: Historisch-politische Mitteilungen 7/2000, S. 151–181

Der Volksaufstand am 17. Juni 1953, in: Materialien der Enquete-Kommission »Aufarbeitung von Geschichte und Folgen der SED-Diktatur in Deutschland«, hrsg. vom Deutschen Bundestag, Bd. II,1, Baden-Baden 1995, S. 746ff

Voßke, Heinz, Walter Ulbricht. Biographischer Abriß, Berlin 1984

Wagner, Armin, Die Kampfgruppen der Arbeiterklasse (1953–1990), in: Diedrich, Torsten u.a. (Hg.), Im Dienste der Partei. Handbuch der bewaffneten Organe der DDR, Berlin 1998, S. 281–337

Wagner, Helmut, Schöne Grüße aus Pullach – Operationen des BND gegen die DDR, Berlin 2000

Wassmund, Hans, Kontinuität im Wandel. Bestimmungsfaktoren sowjetischer Deutschlandpolitik in der Nach-Stalin-Zeit, Köln 1974

Weber, Hermann, Die DDR 1945–1990, München 21993

Weber, Hermann/Mählert, Ulrich (Hg.), Terror. Stalinistische Parteisäuberungen 1936–1953, Paderborn 2001

Weichlein, Siegfried, Der 17. Juni 1953 in der deutschen Geschichte. Ein Tagungsbericht, in: Internationale Wissenschaftliche Korrespondenz zur Geschichte der deutschen Arbeiterbewegung, 29/1993, S. 229–235

Wendel, Eberhard, Ulbricht als Richter und Henker. Stalinistische Justiz im Parteiauftrag, Berlin 1996

Wendorf, Joachim, Über den Quellenwert historischer Film, Photo- und Tonquellen. Eine Untersuchung am Beispiel des 17. Juni 1953, Phil. Diss. Göttingen 1997

Wengst, Udo, Der Aufstand am 17. Juni 1953 in der DDR. Aus den Stimmungsberichten der Kreis- und Bezirksverbände der Ost-CDU im Juni und Juli 1953, in: VHfZ 41/1993, S. 277–321

Wentker, Hermann, Justiz in der SBZ/DDR 1945–1953. Transformation und Rolle ihrer zentralen Institutionen, München 2001

Werkentin, Falco, Politische Strafjustiz in der Ära Ulbricht, Berlin 1995

Wettig, Gerhard, Zum Stand der Forschung über Berijas Deutschland-Politik im Frühjahr 1953, in: Deutschland Archiv 6/1993, S. 674

Wettig, Gerhard, Neue Erkenntnisse über Berijas Deutschland-Politik im Frühjahr 1953, in: Deutschland Archiv 12/1994, S. 1412

Wettig, Gerhard, Die Interessen der Mächte angesichts der Stalin-Note vom 10. März 1952. Stand der Ost-West-Konfrontation in Deutschland 1952, in: Deutschland Archiv 2/2002, S. 231–236

Wilke, Manfred (Hg.), Die Anatomie der Parteizentrale. Die KPD/SED auf dem Weg zur Macht, Berlin 1998

Wolff, Friedrich. Verlorene Prozesse 1953–1998. Meine Verteidigungen in politischen Verfahren, Baden-Baden 1999

Wolfrum, Edgar, Geschichtspolitik in der Bundesrepublik Deutschland. Der Weg zur bundesrepublikanischen Erinnerung 1948–1990, Darmstadt 1999

Wolfrum, Edgar, »Kein Sedantag glorreicher Erinnerung«. Der Tag der deutschen Einheit in der »alten« Bundesrepublik, in: Deutschland Archiv 29/1996, S. 432–443

Wolle, Stefan, »Agenten, Saboteure, Verräter...« Die Kampagne der SED-Führung gegen den »Sozialdemokratismus«, in: Kowalczuk, Ilko-Sascha u.a. (Hg.), Der Tag X – 17. Juni 1953, Berlin 1995, S. 243–277

Wollweber, Ernst, Aus Erinnerungen. Ein Porträt Walter Ulbrichts, in: Beiträge zur Geschichte der Arbeiterbewegung 3/1990, S. 350

Young, John W., Winston Churchill´s Last Campaign. Britain and the Cold War 1951–5, New York 1996

Zariczny, Piotr, Die Erhebung vom 17. Juni 1953 in Pressestimmen dieser Tage, in: Timmermann, Heiner (Hg.), Die DDR – Politik und Ideologie als Instrument, Berlin 1999, S. 647–678

Zarusky, Jürgen (Hg.), Die Stalin-Note vom März 1952. Neue Quellen und Analysen, München 2002

Zeidler, Stephan, Auf dem Weg zur Kaderpartei? Zur Rolle der Ost-CDU in der inneren Entwicklung der DDR 1952–53, Hamburg 1996

Zeitgeschichte(n) e.V. (Hg.), Der 17. Juni 1953 in Halle – ein Tag der Zivilcourage, Halle 2001

Zolling, Hermann/Höhne, Heinz, Pullach intern. General Gehlen und die Geschichte des Bundesnachrichtendienstes, Hamburg 1971

Zubok, Vladislav M., Soviet Intelligence and the Cold War: The »Small« Committee for Information, CWIHP Working Paper No. 4 (December 1992)

Zubok, Vladislav M./Pleshakov, Constantine, Inside the Kremlin's Cold War. From Stalin to Khrushev, Cambridge/Mass. 1996

Archive

Bundesarchiv Berlin, Stiftung Parteien und Massenorganisationen der DDR
Landesarchiv Berlin
Sächsisches Hauptstaatsarchiv Dresden
Landeshauptarchiv Sachsen-Anhalt, Magdeburg
Landesarchiv Merseburg
Ratsarchiv Görlitz

Bildnachweis

Bildarchiv Preußischer Kulturbesitz 64, 65, 70, 112, 138
be.bra verlag 73 (4)
Bundesarchiv Berlin 11, 38, 40, 58, 76, 116, 128, 145
Bundesarchiv Koblenz 15, 42, 43, 66, 122, 124, 139, 140, 141
Landesarchiv Berlin 54, 56, 60 (2), 61, 67, 107, 119, 121, 152, Umschlag Rückseite
Landesbeauftragte für die Unterlagen des Staatssicherheitsdienstes der ehemaligen DDR in Sachsen-Anhalt, Halle 84, 85, 87, 89 Magdeburg 100, 101, 102, 104
Ullstein Bilderdienst 9, 62

Wir danken der Gedenkstätte Moritzplatz, Magdeburg, für die freundliche Unterstützung.

Quellennachweis

Bertolt Brecht: Auszug Arbeitsjournal, »Die Lösung«, »Solidaritätsadresse« aus: Bertolt Brecht, Werke. Große kommentierte Berliner und Frankfurter Ausgabe, Band 12, Suhrkamp Verlag Frankfurt 1988
Erich Loest: Auszug aus »Durch die Erde ein Riß. Ein Lebenslauf«, © Linden-Verlag, Leipzig, EA HoCa 1981

Der Autor

Thomas Flemming, geboren 1957 in Bochum, studierte Geschichte, Germanistik und Philosophie an der Ruhruniversität Bochum und der Freien Universität Berlin. Publizist und Historiker, Mitarbeit an Ausstellungen zu historischen Themen und zahlreiche Veröffentlichungen insbesondere zur Nachkriegsgeschichte und Geschichte Berlins, darunter »Die Berliner Mauer. Geschichte eines politischen Bauwerks«, be.bra verlag 1999.

Personenregister